The Epistemology
of
EROS
The Politics, Affects,
and Ethics of
Male Homoerotic Literature

愛的
認識論

男同性愛欲文學的
政治、情感
與倫理

蔡孟哲

Meng-Che
TSAI

———

著

目次

百年同性愛戀典範的上位與轉身

朱偉誠

國立臺灣大學外國語文學系暨研究所副教授

《臺灣同志小說選》主編

　　從比較宏觀的歷史眼光來看，全球——尤其是其中深深嵌入世界
體系網絡的地區——在今日早已習以為常、或仍在戮力「向前」推動
以為理想狀況的性別（gender）與性相（sexuality）概念與配置，其實無
非是百多年以來在西方現代帝國主義／殖民主義擴散侵入各地的巨大
壓力下，所強加被迫採取或是不得不主動學習的現代西方社會文化
相關形構的在地模仿。這整個現今仍多被不假思索地理解為「進步」
的所謂「現代化」改變，因此是一個相當粗暴的典範轉移（paradigm
shift）過程，因為各地原先歷史悠久的社會文化模式在一夕之間被貶
抑為「不文明」、「不進步」，必須在最短時間內被取代，其牽涉之廣
變化之劇烈可以想見；而如果這個轉換實際上難以驟爾全面達成，因
而傳統仍以某種方式持續存活下來，也只能在新上位的外來典範強力
籠罩與壓制之下被視／斥為「傳統陋習」而不斷受到攻擊與質疑。

　　以「homosexuality」——中譯「同性愛」（或後來在台灣較為通用的
「同性戀」）——此一概念框架來理解涉及親密接觸的同性關係，便是
這其中一個最顯著的構成部分。就本書所檢視的中文世界而言（雖如
上所述這具有相當程度的全球普遍性），它在一開始（二十世紀初）或
許還只是在西化／現代化先鋒推動隊伍（主要是受新教育的城市知識

分子)的範圍內散布,但在當時普遍認為跟上西方腳步方能救亡圖存的思考與實踐大脈絡中,此新興典範旋不及時(二十世紀中)便儼然全面取代傳統的理解概念(如「男色」)與文化表現(就晚清而言主要是「梨園相公」),而成為看待同性親密關係的主導框架,直到現下依然如是。雖說這個知識框架的內含價值判斷已經從百年前原先的病態化高度歧視,逐步反轉為處境有利於弱勢平反與權益爭取的身分政治憑藉,但是這個知識架構本身依然無太大改變,儘管近來或許已經有了一些不太一樣的另類知識理解框架逐漸浮現,但似乎仍未有足以與之競逐或甚至取而代之的新典範轉移態勢。

百多年以來這麼劇烈的典範轉移,以及這個外來新典範本身幾近逆反的價值翻轉,無疑產生了非常多意涵豐富的現象吸引著研究者的目光。的確,以相關性別與性相典範轉移早期變化最為劇烈的民國時期而言,西方(以及中介的日本)蓬勃新思潮的紛然引入,所因之造成的對於舊傳統的強烈衝擊,以及親身捲入這場劇變風暴中活生生個人所面臨的多方拉扯與困惑徬徨,就算今日隔著文獻看來,仍頗令人有暈頭轉向難以招架之感。譬如在兩性關係上,傳統男尊女卑與貞操觀念還未見消散便已被鼓吹追求自由戀愛,可以想見個人、尤其是女性所動輒陷入的左支右絀風險;而在推動西化／現代化代表兩性平權的一夫一妻制以取代中國傳統納妾風俗還未竟全功,便同時面臨西方進步思潮倡議的多伴侶關係,其錯亂與扞格也完全可以想見——東西方原先在傳統模式上就有的文化差異,再加以典範轉移上的時間差,使得相關衝擊的龐大與複雜可說是遠遠超過當時人們所能夠面對處理的程度,也因此格外引發研究關注。

儘管就同性文化的部分而言,其影響之廣與糾纏之複雜未必能及於男女性別部分,但是在這一百多年間的相關變化幅度其實頗有過之

而無不及，無怪乎已然吸引了不少學者投以專著來加以探討。如最早出版、依時序檢視且涵蓋跨度極廣（從傳統到當代兩岸）但集中在女同性的桑梓蘭《浮現中的女同性戀：現代中國的女同性愛欲》、最為聚焦（二十世紀前半、男同性）的康文慶《癖：中國1900-1950的男同性關係》、以及同樣跨度很廣但打散時序以強調跨時代連結與對照的許維賢《從豔史到性史：同志書寫與近現代中國的男性建構》等。[1]

　　孟哲此書從現代中國同性愛的新典範替代開始，一路追索到二十一世紀初台灣的同志社群與文化狀況，其時空跨度同樣很廣，但實際的書寫內容卻又相對而言更為聚焦，這既是踵繼前輩的研究成果才能夠享有的餘裕，也是此書在自我設定上的長處。因為在這樣的時空大跨度中，孟哲不為明顯紛然雜陳的諸多現象所困，而能夠在前後各半個世紀與海峽兩岸之中，只分別選取兩個具代表性的主題來進行聚焦的探討，實屬慧眼獨具。雖說這四個焦點主題並非之前全無人探討，但是此書在既有研究成果的基礎上，一方面（民國時期的兩章）提出了更具提綱挈領效果的組織概念（社會主義同性烏托邦或理想國，及學校青少年彼此與師生間的同性愛戀），同時更進一步逼近相關論述與文學文本的細部來進行閱讀解析；另一方面（戰後台灣的兩章），則是將前此已有所探討的主題，往後延伸到較近現在但仍少人論及的最新發展（從無法結婚到同婚爭議，從愛滋文學到性藥派對），卻又

1　　參見：Tze-lan D. Sang [桑梓蘭], *The Emerging Lesbian: Female Same-Sex Desire in Modern China*, Chicago: University of Chicago, 2003（中譯：桑梓蘭著，王晴鋒譯，《浮現中的女同性戀：現代中國的女同性愛欲》，台北：國立臺灣大學出版中心，2014）；Wenqing Kang [康文慶], *Obsession: Male Same-Sex Relations in China, 1900-1950*, Hong Kong: Hong Kong University Press, 2009；許維賢《從豔史到性史：同志書寫與近現代中國的男性建構》（桃園：國立中央大學出版中心，2015）。

不只是相關議題後續發展的更新延伸而已，而是能夠透過這些較新發展所引出的不同觀點來回看原先的歷史文本。因此本書頗能夠燭照出一些不太一樣的文本與歷史圖像，洵非偶然。

　　然而本書在細部閱讀前此常被一筆帶過的文本以曲盡其內蘊幽微、或是敏銳觀照尚少研究者觸及的當代發展並以之為觀點重探舊日文本之外，還值得特別肯定的是其在文獻爬梳上所花下的驚人工夫。民國部分與同性愛相關的論述、文學創作與社會反應等方面基本材料的掌握自不待言，尤其新典範的引介涉及許許多多外來影響，孟哲都一一加以追索而有所著落。儘管這些成果多半僅誌記於腳註之中，但這無疑使得前兩章的相關部分成為後續研究者相當豐富的寶藏來源。台灣部分則不管在歷史文本重探或觀照當代最新發展方面，本書也都有成績：既挖掘出已被湮沒的舊日文本（其中最重要的當屬一九八〇年代邱清寶的相關作品），也針對當代繁雜多樣的最新文本進行領域開拓所必須的挑選整理。這些不厭其煩披沙瀝金的詳盡基礎文獻工作，既反映出孟哲嚴謹的治學態度，也為將來更深更廣的研究推進提供了不可或缺的賡續指引。

　　以上所說多在強調此書對於相關學術研究發展上的重要貢獻，那是因為在這樣一個已有不少前行專著的領域中，能夠另闢蹊徑走出一條自己的道路其實是頗不容易的。然而如前所述，此書在章節主題選取上更具提綱挈領效果的概念提出，以及更近距離的文本細部解讀檢視，事實上都將使得一般讀者更易透過本書切入百年來中文同性愛戀典範橫空上位與後來價值反轉的一整個眩惑場景，加上孟哲的行文流暢、筆鋒銳利，此書或許能夠成為相關場域最引人興味與便於進入的知識入門書，也未可知。謹此推薦、期盼以為序。

同性戀認識論的歷史關係性

簡言之，我希望，一本書不要以文本（*texte*）的身分
出現，那是教學法或批評爛熟的化約對象；我要它
灑脫大方，以論述（*discours*）的樣貌出現：同時既是
戰鬥亦是武器，既是戰略亦是撞擊，既是鬥爭亦是
戰利品或傷口，既是時局亦是遺跡，既是不規則的
遇合亦是可重複的場景。

——傅柯（Michel Foucault），《古典時代瘋狂史》[1]

一、「愛」與同性戀認識論

　　本書主要考察華文男同性愛欲文學在歷史過程中所形構的「愛的
認識論」，主張以「愛」來閱讀與理解華文男同性愛欲文學。「愛」指涉
的既是歷史過程中人們所認識與理論的同性愛欲（homoerotic）關係與
模式（例如民國時期的同性愛、冷戰期間的同性戀，或者一九九〇年
代之後通行的同志），也是性／親密關係（intimacy）的多種樣態（例如

1　傅柯（Michel Foucault）著，林志明譯，《古典時代瘋狂史》（台北：時報，2016），頁6。

無政府主義曾倡議的多人雜交共居，或是自由主義以身分認同和專偶婚姻形式〔monogamous marriage〕為立法核心的同性婚姻法），更是身體、疾病和情感逸軌式的愉悅／踰越（例如愛滋與娛樂性藥物在當代文學作品裡，以性、享樂、失控、脫序、暴力、死亡來反思生命存有的種種展示和再現）。「愛」是賦予生命深度的根基，也是充滿誘惑與令人致命的知識。我透過分析作為論述的男同性愛欲文學文本，用以呈現「愛的認識論」並非單一、普世與連續的整體框架，而是斷裂、矛盾甚至對張的歷史構成狀態。因此本書所討論的「愛」不只是個人性、內在性與心理性的情緒感受，更是集體性、社會性與歷史性的論述實踐，我藉此分析關於男同性愛欲的華文文學再現，進而說明「愛的認識論」多重疊加且相互並置的模式與內涵。

　　本書將「同性戀」設想為一個歷史建構的符號場域，歷來相關的意義、論述、情感、形象和幻想都歸屬在這個符號之中，因此本書要探問的不只是「同性戀」如何再現的問題，而是分析這些再現憑藉的是什麼樣的知識／權力體制？也就是探討「同性戀」再現的政治，及其相聯繫的情感與倫理，這是我所稱「愛的認識論」的意涵。如同馬克思主義學者艾思奇所說的：「認識的能力，並不是固定不變的；認識是一種歷史的過程，一種發展的過程，是一種運動，沒有靜止的認識〔中略〕認識能力不是靜止的東西，認識也就是一種歷史，因此我們也把它當做歷史來研究。」[2] 本書探究同性戀認識論的構成及轉變，不僅是把同性戀論述作為對象的一種知識性探索，更是將之視為現代政治與意識形態的歷史過程來考察，是關乎權力部署及運作、資源分配、社會組織方式以及具體生命存活的政治體制。與其說同性戀是我

2　　艾思奇，《大眾哲學》，《艾思奇全書・第一卷》（北京：人民，2006），頁200-201。

透過歷史鉤沉、透過文學分析所要重新尋找的某種認識對象，不如說同性戀恰恰就是這種認識本身。過往研究指出同性戀曾經是一種行為、一種疾病、甚至是一種風尚，後來成為一種「人」。[3] 而本書力圖說明的則是，同性戀是一種知識構成、是一種流動不居的意義、是一種依隨歷史脈絡而變化的異質存在，同性戀本體論就是同性戀認識論的歷史性建構。同性戀認識論的文學生產與論述實踐正是歷史的知識內容，而問題是對於歷史關係性的解讀、詮釋與再生產。進入歷史，與之纏鬥，或者從歷史脫身，擺脫早已內置的過往，這不是二擇一的問題，而是在歷史中辨析歷史所形構而成的認識。這些看似歷史的遺跡沉澱在當下的知識狀態裡頭，這些過去存活於現在之中。在後結構主義研究影響之後，同性戀已不再是一個既存的概念認知或身分認同，其不具本質存在或普遍狀態，而是在特定歷史與文化過程中，透過社會規範與權力技術所形塑而成的關係樣態，我們也就需要考察不同歷史階段所被認識與被建構的同性戀主體構成情況。

在方法論上，本書回到「同性愛、同性戀、同性戀愛」等概念在漢字文化圈與中文語境浮現的歷史時刻進行考掘。為什麼要回望「同性戀」一詞出現的「性史」？一方面，這時候同性戀的概念尚未定於一尊，人們對於同性愛欲和同性關係的各種說法仍處在相互競逐的情況，但之後就在一定程度上逐漸被醫學、精神病學、法律、宗教與教育制度所接手。另一方面，因為當前的同志運動與性別研究在世界

3　傅柯已為我們指出「同性戀」是如何在知識／權力過程「由外而內」，從雞姦行為轉向一種內心與靈魂的陰陽人、從以往暫時的偏差行為變成後來的一項人種類屬。參見：Michel Foucault, Robert Hurley tran., *The History of Sexuality Volume I: An Introduction* (New York: Pantheon Books, 1978), p. 43. 福柯（Michel Foucault）著，佘碧平譯，《性經驗史》（上海：上海人民，2002），頁60。

冷戰與國共內戰雙重結構效應之下，與中國歷史及社會主義相關的思想資源不自覺地被人們遺忘甚或刻意捨棄，而其間的差異性又容易被國族歸屬或吸納或取消，要不是將其視為西方同志理論的又一東方主義經驗例證或後殖民式的反證，就是劃入黨國意識形態來切割而置之不理。我在一九二〇至一九三〇年代五四新文化運動之後為同性愛擁護與辯護的論述裡，看見一部分的知識分子提出帶有十九世紀社會主義關懷、以整體性來思考同性愛欲及性／親密關係的論述，而有助於為長久身處在第三世界知識生產與教育體系中的我們打開不同的視野，進一步反思「同性戀」與「西方」、「現代」、「民主」等概念之間的關聯。在這個意義上，我把台灣因為受到全球冷戰與國共內戰雙戰體制影響，而被遮蔽的這一小段左翼同性愛歷史視為思想資源與參照框架，並且從當時社會主義知識青年所描繪關於同性戀主體與生活方式的想像提煉分析概念，進而透過討論同性戀認識論在地緣政治變動過程的多重歷史關係性，以延伸分析戰後台灣的男同性愛欲文學。

「愛」的概念有其具體歷史脈絡。在中文古籍裡它最早出現在南北朝佛經中，泛指對所有感情的聯繫與執念；而明代時來華的新教傳教士在翻譯《聖經》及華英字典時則以「love」與之對譯，直到廿世紀初期透過日文翻譯，「戀愛」進入現代漢語之後才專指男女兩情相悅，並在五四新文化運動過程中結合西方個人主義思想，賦予人格自由與個體平等的現代意涵例如「戀愛自由」、「自由結婚」，而與傳統詞彙的「情」產生斷裂。[4] 而在漢語語境裡，同性戀愛一詞也歷經了

---

4   楊聯芬，〈「戀愛」：由新名詞到關鍵詞〉，《浪漫的中國：性別視角下激進主義思潮與文學（1890-1940）》（北京：人民文學，2016），頁1-28；彭小妍，《浪蕩子美學與跨文化現代性：一九三〇年代上海、東京及巴黎的浪蕩子、漫遊者與譯者》（台北：聯經，2012），頁320-329。

類似的現代翻譯及本土轉化過程，包括西方古典文學中的「*Eros*」及「erotic」等概念也在民國時期被引介到同性戀愛的概念中，它不僅描述同性之間的友愛或愛慕，也指涉了具體的性欲以及更為抽象普遍的欲望[5]──「*Eros*」可翻譯為愛、愛欲、情欲或情色，由柏拉圖（Plato）的對話錄《會飲》（*Symposium*）及《斐德若》（*Phaedo*）而來，其藉由描繪蘇格拉底（Socrates）與其他人物之間的對話來論辯「*Eros*」是什麼；例如民國時期流行的《近代的戀愛觀》就引用柏拉圖的觀點，把廣義的愛視為至高無上的道德與人類生活的中樞──進而關聯到古希臘雅典時期以男童戀（pederasty）為基礎，而區分出愛人者與被愛者之間的師生關係與友誼關係，以及整體城邦構成的政治、教育、情感和倫理等相關的議題。[6]

　　而「同性愛」及「同性戀愛」的漢語翻譯則來自日文譯自十八、十九世紀歐洲性學研究的外來語，[7] 以「和製漢語」進入漢文化脈絡。根據日本學者指出，1894年日本法醫學會翻譯十九世紀奧地利醫生愛賓（Richard Freiherr von Krafft-Ebing, 1840-1902）於1886年出版的《性心理疾病》（*Psychopathia Sexualis*）手冊時，將德語「*Uring*」一詞譯為男性的「*同性愛*」及「*同性の恋愛*」；留學德國的作家森鷗外（1862-1922）則分別在1889年發表的文章（外情の事を録す）使用「二女相愛」（二女相愛す

5　蔚川白村著，夏丏尊譯，《近代的戀愛觀》（上海：開明書店，1929），頁12。

5　蔚川白村著，夏丏尊譯，《近代的戀愛觀》（上海：開明書店，1929），頁12。

6　柏拉圖（Plato）著，劉小楓編譯，《柏拉圖四書》（北京：生活‧讀書‧新知三聯書店，2015）。

7　桑梓蘭（Tze-Lan Deborah Sang）著，王晴鋒譯，《浮現中的女同性戀：現代中國的女同性愛欲》（台北：國立臺灣大學出版中心，2014），頁111-113；【日】白水紀子，〈性的論述：聚焦於同性愛的相關言說〉（セクシャリティのディスコース：同性愛をめぐる言説を中心に），小濱正子編：《亞洲遊學191‧性別的中國史》（アジア遊学191‧ジェンダーの中国史），（東京：勉誠，2015），頁215。

る）、1909年小說《性的生活》（『ヰタ・セクスアリス』／*Vita Sexualis*）以「*Uring*」與1911年小說《青年》（『青年』）以法語「*homosexuel*」和「*同性の愛*」來表示二男相愛。此外，1911年內田魯庵（1868-1929）的文章記述柏林的「同性戀愛研究會議」（同性恋愛研究会），以及羽太銳治（1878-1929）與澤田順次郎（1863-1944）合著的《變態性欲論》（『変態性欲論』，1915）也使用「*同性恋愛*」一詞；當時著名的女性社團（青鞜社）及其同人刊物《青踏》（『青鞜』）的成員則譯寫英國醫生靄理士（Henry Havelock Ellis, 1859-1939）的《性心理學研究・第二冊》（*Studies in the Psychology of Sex Vol. 2,* 1900），將「homosexuality」和「sexual inversion」都譯為「*同性恋愛*」。這些詞彙到了一九一〇年代後半逐漸收斂到「*同性愛*」一詞，例如1917年雀部顯宣的《女性的心理》（『女性の心理』），以及1919年堺利彥（1871-1933）與山川菊榮（1890-1980）翻譯的《女性中心與同性愛》（『女性中心と同性愛』），並以正式詞條收錄於1922年《袖珍顧問》（『ポケット顧問 や、此は便利だ』）、1927年《雙解獨和辭典》（『双解独和辞典』）及《新和英大辭典》（*Kenkyusha's new English-Japanese dictionary*）之中。[8] 而日本是在1922年以「*同性愛*」取代「男色」一詞，原用來指涉「男男間的性／愛」，後來發展為統稱同性之間的性愛；在一九二〇至一九三〇年代的日本，「*同性愛*」最主要還是用來指稱「女女間的性／愛」。[9] 根據目前文獻，相關詞彙在中文公眾媒體出現是在1911年以

8　【日】清地由紀子，〈「同性愛」與「同性戀」的形成和建立：從近代中日詞彙交流的觀點來看〉（「同性愛」と "同性恋" の成立と定着：近代の日中語彙交流を視点に），《筑波大學地域研究》第34期（2013年3月），頁227-230。

9　陳佩甄，〈現代「性」與帝國「愛」：台韓殖民時期同性愛再現〉，《台灣文學學報》第23期（2013年12月），頁114。亦參見陳冉涌對日本轉譯與中國接受的分析：陳冉涌，〈跨語際的觀念再造：一個1920年代中國女性同性戀愛話語的檢視〉，《台灣社會研究季刊》第122期（2022年8月），頁101-111。

文言文書寫的〈婦女同性之愛情〉，[10] 要到1922年5月才首見「同性愛」這樣的用語，[11] 與在日本廣泛使用的時間相差不遠。1935年教育部所彙編的《精神病理學名詞》正式列入「homosexuality」一詞，並定名為「同性戀愛」或「同性性欲」。[12] 一九一〇至一九四〇年代同性愛相關譯詞出現在性教育手冊、女性雜誌、教育刊物和小報之中，直到1946年留學美國的優生學家潘光旦（1899-1967）譯注靄理士的《性心理學》（Psychology of Sex, 1933），才將「homosexuality」標準化地翻譯為「同性戀」，取代了一九二〇至一九三〇年代常見的「同性愛」，他的翻譯區判偏重於性科學概念而稀釋了情感關係，[13] 包括引介並採用佛洛伊德（Sigmund Freud, 1856-1939）的精神分析理論來註解靄理士的研究。[14]

　　上述這個跨文化流動及跨語際翻譯的過程，本書第一章分析民國時期的同性愛論述時將會深入討論。我把這個階段的同性愛論述歸納為三種同性戀的認識模式：「癖的病理模式」、「窺的道德模式」，以及本書著重探討的「愛的關係模式」；當時人們不僅在這三個論述框架裡爭辯同性愛是什麼，也透過它們來認識同性愛。這三種認識模式除了帶有中國男色傳統的歷史痕跡之外，其核心內涵是來自西方性科學

10　善哉，〈婦女同性之愛情〉，《婦女時報》第7期（1912年7月10日），頁36-38。

11　李宗武，〈性教育上的一個重大問題：同性愛之討論〉，《民國日報・覺悟》，1922年5月12日，第四張。

12　陳靜梅，《現代中國同性戀話語譯介及小說文本解讀》（成都：西南交通大學出版社，2013），頁66。

13　Wenqing Kang, *Obsession: Male Same-Sex Relations in China, 1900-1950* (Hong Kong: Hong Kong University Press, 2009), pp. 52-58. 許維賢，《從豔史到性史：同志書寫與近現代中國的男性建構》（桃園：國立中央大學出版中心，2015），頁65-66。

14　Howard Chiang, "Epistemic Modernity and the Emergence of Homosexuality in China," *Gender & History* 22(3), Nov. 2010: 643-644.

知識和不同派別主義學說的創造性譯介，在歷史過程中轉變並沉澱為今日人們持續用來描述與認識同性愛欲和實踐的方式，而形成漢字文化脈絡下的同性戀認識論。[15] 若透過「愛的關係模式」來分析文學作品中的同性戀主體，他們既是歷史過程與論述效應的形構，也是日常經驗與身體欲望的情感生成，更是聯繫人我及社群社會的關係連帶。過往研究提出異化、賤斥、父權與異性戀霸權等概念，有力地描述同性戀受壓迫遭欺凌的生命情境，並明確揭露出同性戀面對的內外部排除狀態或身處的階序邏輯，這些概念同時結構了抵抗行動與人我關係。但我們或許需要反思這種冷戰遺緒裡頭敵我二分的認知框架、跳脫正面與負面（情感）拮抗的立場侷限，進而看見糾結其中複雜曖昧的關係與生命狀態。

　　本書的目的在於通過分析華文男同性愛欲文學作品，開展出不同的同性戀認識論以及另翼的性／親密關係想像，藉由暫時擱置當前著重於同志身分認同（如性公民身分）與同志法律權益（如婚姻平權）的自由主義或多元文化主義詮釋理路，希冀闡釋殊異且另類的主體樣貌、關係連結與親密關係形態，並藉以反思當代同性戀的文化政治及社群倫理。本書主張，我們需要不同的同性戀認識論來理解、思考與感受同性戀主體的幸福與苦難，藉以看見同性戀情感與生命的矛盾與麻煩，同時看見交織其中活生生的幸福期盼及想像、血淋淋的苦難歷

15　十九世紀末歐洲也出現三種關於同性愛欲關係的認識論模式：性論述（discourse on sexuality）、性倒轉（sexual inversion），以及同／雙／異性戀模式；而即便第三種模式成為後來的主導性認識，但這三種模式經常以令人感到混淆與矛盾方式持續共存到當今世界。參見：Jason Edwards, *Eve Kosofsky Sedgwick* (London & New York: Routledge, 2009), pp. 19-31. 過去學者們已分別討論這三種模式如何透過性學翻譯而落地轉化到漢語脈絡的同性戀／愛觀念（詳後）。

史及現實，而能夠開展一種融合自我照顧、合作互助及共生求存的倫理想像——無論是追求性愛自由或者靈肉合一，在不同程度或規模上都能以「愛的關係模式」連結外界與他人——在文學作品內部層次，關注同性戀主體形構過程與角色彼此之間的關係連結形式；而在文學外部的社會面向，特定的同性戀主體仍持續被視為怪物異形，但如何認識與照料自我、如何彼此相待、如何與社會和世界交流互動，也就是如何設想一個保有甚大差異但仍能共生互存的世界，我認為是現下亟需探究的政治計畫與倫理關懷。

二、歷史分期及脈絡

　　若同性戀（不）正常化所遭逢的西方（殖民）現代性與冷戰分斷的歷史過程，既是造成其汙名苦難的主要根源，更是形塑幸福認知的參照框架，那麼相關論述／知識及其所形成的權力模式與治理體制即是以所謂的「同性戀」為節點來運作，形塑出不同歷史情境中的同性戀認識論及主體，而交疊坐落在「轉型時期、冷戰分斷、愛滋爆發、公民身分」歷史分期下的時空。[16] 然而，這個歷史分期本身不僅體現也再度延續雙戰體制及新自由主義全球化的知識效應，因而遮蔽了其間

16　紀大偉極具新意地以愛滋爆發來區分同志與酷兒的定義，並指出一九九〇年代同志文學在這個階段是與愛滋和同志運動同時發生和發展的獨特經驗。參見：紀大偉，《同志文學史：台灣的發明》（台北：聯經，2017），頁391。而朱偉誠分析進入廿一世紀後，台灣由於大環境政治機會的變化開啟同志運動的公民轉向，與一九九〇年代同運的路線方向和論述所有差異，故我稱為「公民身分」時期。參見：朱偉誠，〈同志・台灣：性公民、國族建構或公民社會〉，《女學學誌：婦女與性別研究》第15期（2003年5月），頁115-151。

可能或隱晦或殘留的歷史關係性或認識論系譜。[17] 以癖的病理認識模式為例，廿世紀初期的性科學通過漢語翻譯而醫療化與病理化「同性愛」，初步建構了「同性戀」不正常的說法，箇中觀點從強調神經素質的腦神經變異與心理變態，轉變到生殖腺與內分泌異常。[18] 相關立論到了冷戰期間一方面是依隨一九七〇年代歐美精神醫學界去病理化同性戀後逐漸產生斷裂，[19] 但另一方面則是在一九八〇年代討論同性戀的法律問題時，仍被引用作為病理成因的依據。[20] 更不用說八〇年代

17　本書的歷史分期雖已試圖反思慣常採取自由人文主義之認識框架作為依據（例如以政權更迭或國族主義等形式來區分），但從整體華文歷史脈絡來看，仍缺少台灣日殖時期相關論述與當代中國大陸文學與文化現象的參照分析，礙於以下原因，尚待未來展開。前者係因目前可掌握的史料和文學作品數量較少，相較之下還無法構成清楚的認識輪廓。像是日殖時期就開始發表文學創作的詩人陳千武，雖然在描寫「台灣特別志願兵」南洋參戰經驗的《獵女犯》系列小說裡（如〈戰地新兵〉、〈獵女犯〉和〈迷惘的季節〉），都稍微觸及了太平洋戰爭期間日籍軍官、士兵與台籍志願兵之間跨種族的同性愛欲，然而其寫作出版的時間已是一九七〇、一九八〇年代。參見：陳千武著，彭瑞金編，《陳千武集》（台北：前衛，1991）。後者則因本書主題所討論當代同性戀認識論的背景脈絡和對話對象，是以一九九〇年代台灣同志運動以及二〇一〇年代同性婚姻法制化的論述為主，而當代中國大陸的文本則歷經不同的歷史過程（例如一九七〇年代的文化大革命），也置身不同的社會語境（例如2000年以降的同妻現象），近期較為全面性的研究參見包宏偉的專著：Bao Hongwei, *Queer Comrades: Gay Identity and Tongzhi Activism in Postsocialist China* (Copenhagen: NIAS Press, 2018); *Queer China: Lesbian and Gay Literature and Visual Culture under Postsocialism* (India: Routledge, 2020); *Queer Media in China* (London: Routledge, 2021); *Contemporary Chinese Queer Performance* (London: Routledge, 2022).

18　前者如1929年〈同性愛的問題〉的作者旁徵博引歐洲各路性學研究，認為同性愛是身心變態與顛倒；後者如1936年《性科學》（第2卷第4期）「同性愛專號」中，三篇譯文提出生殖腺與內分泌的生理分析觀點。我在第二章會詳細討論這個變化。

19　如許維賢討論當代中國大陸同性戀去病理化的過程，以及李銀河與王小波的貢獻。參見：許維賢，《從豔史到性史》，頁67-69。

20　台灣警政專家在1983年討論同性戀者的法律時，引用「艾禮士」的研究指出「神經

開始全球愛滋疫情爆發之後,「同性戀＝愛滋」經由醫療公衛系統及媒體報導逐漸建構起強力的連結,部分取代並主導心理學及精神醫學的認識框架。後設地來看,從民國轉型時期所展開的同性戀愛爭議,牽涉了關於行為與身分、戀愛與性欲、正常與病態等面向的辯論,都反覆出現在後來的歷史時空並延續到當下此刻,在經歷多重殖民的現代化過程中不斷建構、補充與修正所謂的「同性戀」。

　　本節藉由反思同性戀認識論的歷史分期及其關係性,來梳理相關文獻並說明包括台灣解嚴及愛滋爆發之後同志運動興起等文學作品所置身的歷史及社會脈絡。認識論及研究框架的變化,本身也就是權力運作和治理模式的移轉。此外,以文學閱讀及論述分析作為同性戀認識論的研究對象,將可能生產另一種與歷史檔案、民族誌或實證研究不同性質的介入性論述,以反思批判或補充擴展過往的同性戀認識論及相關研究。以下分四點說明研究的文獻評述,同時藉此勾勒本書章節所坐落的歷史脈絡。

(一)同性愛的浮現

　　首先,有關同性愛概念在民國轉型時期(一九一〇至一九四〇年代)浮現的歷史過程及相關研究。

系統、內分泌的問題,也可能導致同性戀」。參見:孟維駛,〈同性戀的違法性〉,《警學叢刊》第14卷第2期(1983年12月),頁43。文中的艾禮士應是英國性學家靄理士,也就是1946年留學美國的優生學家潘光旦翻譯《性心理學》(*Psychology of Sex: A Manual for Students*, 1933)一書的作者,而潘的翻譯定名了現代中文同性戀一詞的用法及知識框架,參見:Wenqing Kang, *Obsession*, p. 58; Howard Chiang, "Epistemic Modernity," pp. 639-641.

　　以往研究自五四時期以來關於同性愛的討論，傾向於解釋當時相關論述受到「救國強種」的現代化觀念影響，在民族國家及救亡圖存的大敘事之下，傳統的同性性行為是社會道德的敗壞、封建主義的餘毒，也是國家衰亡的象徵。而部分知識分子翻譯歐洲性學知識，雖是分析研究同性愛現象實乃強調優生保種的重要，企圖達到民族國家的現代化。民國知識分子借用西方性學詞彙，翻譯出在地的同性愛現象，藉以向社會大眾進行分析說明，並成為一種理解的框架。同性愛在這些流通的論述裡，多半都被建構成中國傳統流弊及國民性缺陷，是需要面對的社會問題，甚至是國力衰敗的文化表徵，要以新科學知識和教育方法來解決。以往學者們乃透過傅柯式（Foucauldian）的研究取徑，分別探勘同性愛被問題化（problematization）的歷史過程：[21] 同性愛在民國時期如何且為何被特定專家知識的生產與制度場所的實踐標定為需要面對與解決的問題，權力的部署和論述的傳布因此將同性愛組織為一種思考及生產真理的客體，同時形構出一種被規訓與治理的主體；於是同性愛成為了一項「新人種」──即後來人們所稱的「同性戀」──進而考掘出一套既延續又斷裂的異常系譜與汙名檔案。[22]

21　傅柯曾在談及同性戀與歷史的關係時，表示《性史》是性行為被問題化的歷史，而非社會史或心理史。他指出歐洲同性戀的問題化有二個黃金時期：古希臘羅馬時代和十七世紀的歐洲。前者是古典對話錄大量談論到同性戀而形成問題。後者則分三階段，首先是中世紀的反雞姦法；再來是十七世紀中葉法國警察逮捕同性戀者，時間稍早於十八世紀才發展出來的完整娼妓監管；最後，十九世紀中葉同性戀開始進到醫學領域。參見：Michel Foucault, Sylvere Lotringer ed., *Foucault Live (Interviews, 1961-1984)* (New York: Semiotexte, 1996), pp. 368-369.

22　參見：Tze-lan Deborah Sang, *The Emerging Lesbian: Female Same-Sex Desire in Modern China* (Chicago: University of Chicago Press, 2003); Kang, *Obsession*; Chiang, "Epistemic Modernity." 陳靜梅，《現代中國同性戀話語譯介及小說文本解讀》；許維賢，《從豔史到性史》。

　　這些關於同性愛浮現的研究指出：中國傳統文化從晚清到民國遭遇到由國族戰略政治與西方知識系統交織而成的現代性衝擊，所謂「男同性愛欲」從過往習俗觀念裡「男色」、「南風」等所隱射的性愛行為與「癖好品味」，[23] 部分轉變為現代性學知識中「同性戀」、「同性戀愛」等所指涉的性身分與感情模式；而這既可能是歷史的連續或身分認同的追本溯源，也或許是知識的斷裂與差異範疇的區別分類。無論是經由翻譯日歐論述進來的「翻譯的現代性」與「另類的現代性」[24]、或展現出中西科學知識系統變化的「知識論的現代性」[25] 以及人們藉此形塑現代自我與主體身分的「西方啟蒙現代性」[26]，抑或是以陽剛男體來打造現代民族國家認同的「現代中國『性』」[27] 等，在在標誌著現代中國在性／別面向的變革與斷裂。[28] 這些研究在分析「性變態」到／與「性身分」的同性愛論述與主體生成時，較少涉及主體和跨主體之間情感與關係層面的討論，而本書將指出轉型時期有些社會主義知識分子在思考性／親密關係議題時，則是從情感與倫理的面向來討論同性愛。

　　第一章將透過討論1929年圍繞同性愛議題展開的論戰來說明這個論點，當時馬克思主義青年胡秋原（1910-2004）為同性愛辯駁的文章透露出兩個線索：一方面肯認同性愛的生存價值及社會意義，另一方面則把這種個人的情感強度及特質透過友誼概念擴大到集體連帶，甚至轉化為一種思想基礎或宇宙觀，展現出獨特的政治思考與倫理

23　Kang, *Obsession*.

24　桑梓蘭，《浮現中的女同性戀》，頁136。

25　Chiang, "Epistemic Modernity," p. 631.

26　陳靜梅，《現代中國同性戀話語譯介及小說文本解讀》，頁6。

27　許維賢，《從豔史到性史》，頁46。

28　桑梓蘭，《浮現中的女同性戀》，頁114。Kang, *Obsession*, pp. 57-59; Chiang, "Epistemic Modernity," pp. 629-657. 許維賢，《從豔史到性史》。

視域：他設想一種接合（articulate）情感強度、關係連結及共生互存的未來社會形式，我稱之為「友愛大同」。近年來學者已關注友誼與現代社會和政治發展之間的關係：朱偉誠在研究西方友誼傳統時，分析德希達（Jacques Derrida, 1930-2004）探問西方友誼概念以思考現代民主政治，以及傅柯（Michel Foucault, 1926-1984）晚年思索「友誼作為一種生活方式」的論點有其「友誼－平等－民主政治」的歷史思想基礎；同時爬梳中文語境歷來對友誼的看法。[29] 許維賢則引述魏濁安（Giovanni Vitiello）的研究指出，明末清初西方傳教士如利瑪竇（Matteo Ricci, 1552-1610）和衛匡國（Martino Martini, 1614-1661）批評傳統男色雞姦是汙俗惡習的說法，強化了男男同性友道和同性戀行為之對立；民國建立後，三綱五常之說被視為傳統而批判，友倫因此也被視為現代進步的障礙。[30] 而陳正國則以世界主義角度來看待譚嗣同（1865-1898）《仁學》的「友誼論」，指出譚雖欲「衝決網羅」挑戰傳統五倫，但若以他用「世界」而非傳統天下觀來構想新政治秩序，那麼蘊含真正的自由與平等的友倫反倒是晚清變法改革的先決條件。[31] 即便他們都在思索以友愛為施力點來想像新的人際倫理、社會構成及政治方案，其所考察對象的論述背景與胡秋原置身的社會主義知識脈絡有所不同。也就是說，在廿世紀初期的同性愛論述當中，以同性愛欲為基礎的社會連帶思考與當時社會主義思想之間有著一種尚待言明的親緣性。透過回望並梳理同性愛在一九二〇至一九三〇年代的社會主義論述如何浮現，本書

29　朱偉誠，〈西方友誼研究及其在地用處初探〉，《台灣社會研究季刊》第99期（2015年6月），頁3。

30　許維賢，《從豔史到性史》，頁21。

31　陳正國，〈新友誼與新政治：譚嗣同與清末世界主義〉，中央研究院近代史研究所演講紀要，2017年2月24日，http://mingching.sinica.edu.tw/Academic_Detail/547

藉此所要說明的同性愛主體，就既不是形成晚近同志權益運動的認識論與本體論基礎的身分認同主體，也不是以性科學的知識／權力構作、以性的內在為本質、以性的知識為建構而形成的自我存有主體，而是在不同經濟條件和歷史過程生產出來的特定關係與情感樣態。

（二）左翼政治與同性戀

再者，關於第二次世界大戰之後左翼政治與同性戀的矛盾關聯及其帶來的研究與反思。

一般來看，社會主義者無論在理論思想或政治實踐上都不會支持或贊成同性戀（特別是共產主義，理由詳後）。例如在理論上，社會主義者認為經濟與生產關係的轉變優先於性革命，階級與集體解放優先於個人自由，因為這些形式的壓迫不僅僅作用在個體的身上，更是匯集到社會集體層面的結果，所以經濟剝削與階級壓迫才是人類苦難的根源，掃除階級不平等才能達到全面的解放，而同性戀或性是個人或私領域的事情。此外，一旦工人階級專政後，社會主義者認為是自然化的異性戀專偶婚姻將成為主要的家庭形式，被認定是社會問題與「變態」的同性戀就會消失。最後，因在歐洲傳統同性戀長久以來被視為如古羅馬帝國貴族的墮落之舉，相對於社會主義者所想像工人階級具有的陽剛活力與純樸，同性戀是封建制度中性別氣質的墮落與道德的腐壞，社會主義者認為同性戀是資產階級的墮落產物，視同性戀為階級敵人。[32] 不避簡化地說就是：「同性戀壓迫是次要矛盾、同性

32　Gert Hekma et al. eds., *Gay Men and the Sexual History of the Political Left* (New York: Harrington Park Press, 1995).

戀是違反自然的變態、同性戀是階級道德的敗壞。」解放與壓迫之間的問題，若運用傳統左派理論來分析，即同性戀壓迫來自資本主義經濟體制及父權體制的壓迫。

面對上述這些左翼政治與同性戀之間的矛盾，現有英語世界出版的專門研究多半傾向以馬克思主義接合酷兒理論的概念研發來解決，[33] 也有透過倡議同性戀無政府主義的運動來回應，[34] 還有藉由同性戀在共產革命歷史與社會主義時期如古巴和蘇聯的研究來證明或反駁。[35] 而主要分析左翼同性戀運動歷史的研究則有：由英國同性戀解放陣線（Gay Liberation Front）及倫敦馬克思主義讀書會成員的「同性戀左翼集合」（Gay Left Collective）組織及其編纂自1975年起發行的同名期刊（*Gay Left*）的文章選集、或是義大利同性戀激進組織創辦人米耶利（Mario Mieli, 1952-1983）論述同性戀共產主義的作品，以及赫克馬（Gert Hekma, 1951-2022）等編的探討二戰前後歐美左翼政治與同性戀歷

33   Rosemary Hennessy, *Profit and Pleasure: Sexual Identities in Late Capitalism* (New York: Routledge, 2000); Kevin Floyd, *The Reification of Desire: Toward a Queer Marxism* (Minneapolis & London: The University of Minnesota Press, 2009); Peter Drucker, *Warped: Gay Normality and Queer Anti-Capitalism* (Boston: Brill, 2015); Petrus Liu, *Queer Marxism in Two Chinas* (Durham & London: Duke University Press, 2015).

34   Terenc Kissack, *Free Comrades: Anarchism and Homosexuality in the United States, 1895-1917* (Oakland: AK Press, 2008); C. B. Daring et al. eds., *Queering Anarchism: Essays on Gender, Power, and Desire* (Oakland: AK Press, 2012).

35   Marvin Leiner, *Sexual Politics in Cuba: Machismo, Homosexuality, and AIDS* (Boulder: Westview Press, 1994); Ian Lumsden, *Machos Maricones and Gays: Cuba and Homosexuality* (Philadelphia: Temple University Press, 1996); Emilio Bejel, *Gay Cuban Nation* (Chicago: University of Chicago Press, 2001); Dan Healey, *Homosexual Desire in Revolutionary Russia: The Regulation of Sexual and Gender Dissent* (Chicago & London: The University of Chicago, 2001).

史發展的分析及考證。[36] 而巴拉克勞（Ruth Barraclough）等人所編輯的論文集則討論一九二〇至一九三〇年代社會主義在橫跨太平洋地區如日韓、美墨和澳蘇等地的跨國運動如何透過愛及欲望的革命潛能同時實現政治解放理想，但沒有收錄討論當時中國或殖民地台灣的論文。[37] 康文慶的研究透過耆老訪談及口述史，為我們展示了毛澤東時代（1949-1976）常民生活中男同性愛欲實踐的豐富面貌，回應了人們認為共產主義國家壓抑並懲罰性／別少數的普遍看法。[38] 在這組文獻脈絡裡，本書則是通過深入探討社會主義跨文化脈絡中的同性愛論述，呈現現代中文語境浮現的另一條歷史痕跡、文化記憶及其相關的性／別議題。

　　在歷史上，第二次世界大戰之前的歐洲不僅傳統右翼，連「進步」的左翼都曾以道德之名拿同性戀作為政治鬥爭的工具，例如一九二〇至一九三〇年代德國社會民主黨（Sozialdemokratische Partei Deutschlands，簡稱SPD）和共產黨（Kommunistische Partei Deutschlands，簡稱KPD）都曾在選舉時利用這類同性戀醜聞來攻擊納粹（像希特勒〔Adolf Hitler, 1889-1945〕任命其親信羅姆〔Ernst Roehm, 1887-1934〕擔任衝鋒隊長，而羅姆是眾所皆知的同性戀者），即便這二黨都支持廢除懲罰同性性行為的刑法175條。而當納粹後來轉向批判和捕殺同性戀時，共產主

36　Gay Left Collective eds., *Homosexuality: Power and Politics* (London: Allison & Busby, 1980); Mario Mieli, David Fernbach tran., *Homosexuality and Liberation: Elements of A Gay Critique* (London: Gay Men's Press, 1980); Gert Hekma et al. eds., *Gay Men and the Sexual History of the Political Left.*

37　Ruth Barraclough et al. eds., *Red Love Across the Pacific: Political and Sexual Revolutions of the Twentieth Century* (New York: Palgrave Macmillan, 2015).

38　Wenqing Kang, "Male Same-Sex Relations in Socialist China," *The PRC History Review* 3(1), Oct. 2018: 20-22.

義執政的蘇聯也宣稱掃蕩同性戀將可終結法西斯；不過批判同性戀是所謂的「封建殘餘」、性解放是資本主義的典型概念和資產階級墮落的徵候，這倒是從列寧（Vladimir Lenin, 1870-1924）到史達林（Joseph Stalin, 1878-1953）以來的一貫立場。又或者1933年德國國會大廈的縱火案，納粹宣稱犯人是左翼分子，共黨則說那是無政府主義同性戀者所為。[39] 這些利用同性戀來塗黃或抹黑對手的情況延續到二次大戰之後，在冷戰的敵對態勢下，所謂「自由民主」的第一世界陣線美國共和黨（Republican Party，簡稱GOP）與中國國民黨都曾攻擊共產黨為敗德墮落的同性戀者；例如一九五〇年代美國的麥卡錫主義（McCarthyism）就以國家安全為由，藉著清共來整肅異己並同時迫害同性戀者，其所引發的紅色與紫色恐慌（lavender scare）的效應，也擴及到東亞區域如台韓社會。[40] 而另一方的共產世界也不遑多讓，蘇聯的史達林在1934年再度立法懲罰同性性行為後，諸多共產盟邦也隨之轉向視同性戀是資產階級與法西斯的同路人；新中國則以刑法的流氓罪持續整肅同性戀者直到1997年才因修法而廢除。[41]

即便如此，在歐美一九七〇年代以後的同性戀解放運動歷史過程中，仍有不少同性戀人士懷抱左翼訴求全面解放人類與重新打造社會的理想，持續發揚社會主義的信念；例如前述英國的「同性戀左翼集合」以及美國一九八〇年代的「愛滋解放力量聯盟」（ACT UP）和一九

39　Gert Hekma et al., *Gay Men and the Sexual History of the Political Left*, pp. 25-30.

40　陳佩甄，〈反共意識形態與性政治：1950-1960年代台韓社會中的他者們〉，《台灣學誌》第18期（2019年4月），頁26。

41　詳細的討論參見：郭曉飛，〈中國有過同性戀的非罪化嗎？〉，《法制與社會發展》2007年第4期（2007年8月）。

九○年代的「酷兒國度」（Queer Nation）等組織。[42] 而馬克思主義學者杜拉克（Peter Drucker）則以強希（George Chauncey, 1954- ）的紐約同性戀歷史研究為例證——他認為該研究指出美國十九世紀末、廿世紀初所浮現的同性戀身分認同主要是中產階級的現象，工人階級直到一九四○年代也只認定「受方／被動者」算是同性戀，而「攻方／主動者」仍是真漢子——推測認為「階級」是廿世紀初期社會主義與同性戀相互關聯的重要因素。杜拉克舉例在希特勒執政之前的德國威瑪共和時期（Weimarer Republik, 1918-1933），自我認同為同性戀的人多半來自中產階級且政治保守的背景，而左翼傾向的同性戀組織——創立第一個同性戀解放組織「科學人道委員會」（Wissenschaftlich-humanitäre Komitee）、著名的德國性學家及同性戀權益運動者赫希菲爾德（Magnus Hirschfeld, 1868-1935）——則偏好以「第三性」或「中性」等看似老派過時的理論來標誌同性戀。[43] 也就是說，若以杜拉克分析的社會主義歷史和理論視角來看，「同性戀」就不是當代歐美同志運動與性別理論所形構的身分認同主體，而是在不同歷史條件和過程中生產出來的特定關係與情感樣態，例如前述工人階級的「受方／被動者」，或者第一章探索一九二○至一九三○年代社會主義脈絡中的同性愛設想：通常會跟異性

42　美國的發展詳見何春蕤以馬克思主義觀點分析美國性革命的歷史，以及她探討一九五○年代同性戀運動化與左翼「同志」的關聯，與1969年石牆事件後的酷兒化過程。參見：何春蕤，〈性革命：一個馬克思主義觀點的美國百年性史〉，何春蕤主編：《性／別研究的新視野：第一屆四性研討會論文集》（台北：元尊文化，1997），頁33-99；〈從左翼到酷異：美國同性戀運動的「酷兒化」〉，何春蕤主編：《酷兒：理論與政治》（《性／別研究》第3/4期合刊，桃園：中央大學性／別研究室，1998），頁291-292。

43　Peter Drucker, "Gays and the Left: Scratching the Surface," *Against the Current* 68, Jul. 1997: 35-37.

結婚、鑲嵌在日常生活關係（如師生、工人或同學友伴），甚至同性多人共同生活。

（三）第三世界同性戀認識論

第三，關於第三世界同性戀認識論以及左翼戰後台灣史：雙戰結構與分斷體制、新殖民與知識殖民。

馬克思主義文學批評家詹明信（Fredric Jameson, 1934-）曾提到：「所有第三世界的文本均帶有寓言性和特殊性：我們應該把這些文本當作民族寓言來閱讀，特別當它們的形式是從占主導地位的西方表達形式的機制——例如小說——上發展起來的。」[44] 雖然我們未必要將第三世界的文學都只能讀成民族寓言（特別是所謂個人的、私領域的、潛意識欲望的作品），卻不能忽略第三世界地區面對全球冷戰與跨國資本主義的時空脈絡，及其文學書寫參與歷史政治劇烈變動進程所受的深刻影響。而台灣從1949年戰後到一九八〇年代冷戰鬆動之前的歷史發展，處於資本主義的美日與西歐以及社會主義的蘇俄相互對峙的世界局勢，以美國為首的西方國家通過新帝國主義、新殖民主義或技術帝國主義的侵略模式，[45] 使得整個第三世界國家的奴役和依賴狀態一如過往的殖民地經濟型態，只是從以原料出口導向轉為以勞力密集

44　詹明信（Fredric Jameson），張京媛譯，〈處於跨國資本主義時代中的第三世界文學〉，張旭東編：《晚期資本主義的文化邏輯：詹明信批評理論文選》（北京：生活・讀書・新知三聯書店，1993），頁523。

45　胡秋原，〈中國人立場之復歸：為尉天驄先生《鄉土文學討論集》而作〉，王智明、林麗雲、徐秀慧、任佑卿主編：《回望現實・凝視人間：鄉土文學論戰四十年選集》（台北：聯合文學，2019），頁44-90。

的加工出口導向，依舊是為前殖民母國在積累利潤和資本而造就出新帝國主義並維繫資本主義的再生產，其效應之長遠深刻甚至延續到當前如2019年中國與美國兩大經濟體之間的貿易戰爭，以及其所衍生的多重對抗、對峙狀況而可能形成的「新冷戰」局勢。[46]

而在1953年韓戰之後台灣納入美國部署東亞反共戰略的第一島鏈行伍，不僅在經濟和軍事獲得美國援助，在文化與教育面向也同步接收美式文化的強力行銷與大量輸送，從社會經濟到文化精神面向都成為西方的附庸與殖民地，並心悅誠服地接受；美國所形成的龐大工業－軍事複合體，不僅以精巧的新式殖民主義來扶植與掌控前殖民地國家的親美政權，並協助鎮壓內部學運與工運等抵抗運動以維護自身利益；還透過環球策略擴張其勢力，以文化及媒體傳播工具製造出美好形象成為「自由世界」榜樣，進而消滅了其他民族的傳統文化。即便1965年美援結束，美日的資本和技術仍持續向台灣輸出，形成美日台三邊貿易的加工出口產業結構，透過資本借貸、技術合作與市場流通的新型宰制關係。台灣整體的經濟基礎於是高度依賴美日資本，

46　例如2019年1月7日《外交政策》（*Foreign Policy*）即以〈新冷戰已開始〉（"A New Cold War Has Begun," https://foreignpolicy.com/2019/01/07/a-new-cold-war-has-begun/）來描述緊繃的中美國際關係。而隨兩國貿易戰持續升溫，諸多國際媒體如《經濟學人》（*The Economics*）也紛紛跟進使用新冷戰一詞（網址：https://www.economist.com/leaders/2019/05/16/a-new-kind-of-cold-war）。戴錦華則質疑以「新冷戰」來描述當前全球不斷加劇的衝突與對峙局勢，她提醒我們留意，今日世界的緊張狀態已不再是社會主義與資本主義現代化路線的冷戰年代之延續，而是資本主義全球化進程的內在危機之彰顯；然而她也認為「新冷戰」作為一種描述性修辭，能夠凸顯目前全球化結構與單邊主義的共生與衝撞，並警惕其所引發的多元衝突和多重危機。參見：戴錦華的〈「新冷戰」？一個問題〉（Dai Jinhua, Rebecca E. Karl tran., "The New Cold War? That Is the Question," *position politics*, Issue 5, Apr. 2021. https://positionspolitics.org/the-new-cold-war-that-is-the-question/）

在社會上產生符應資本主義生產與消費目標的中產階級及黨外運動，在政治與軍事上則是反共親美依日，在文化與思想上也不例外地崇洋媚外，一味地崇美反華、輕視第三世界，而忽略了中國、東亞與第三世界近現代史的結構性思考。[47] 美國遠東文化戰略最為顯著的就是在各地成立的「美國新聞處」（United States Information Service），乃藉由出版圖書雜誌、翻譯美國文學、安排交流參訪、策畫演出展覽和提供獎學金等補助，以學者們稱之為「美援文藝體制」[48] 來向青年菁英宣傳和推銷所謂「自由世界」的制度與觀念，而主宰戰後台灣文藝走向。[49]

縱使台灣在一九八〇年代獲取前階段產業加工與代工所帶來的經濟起飛成果，以及一九九〇年代歷經解嚴後的「民主化」運動與政治上的政黨輪替，然而整體社會文化仍身處雙戰結構的歷史效應之中，

47　參見陳映真的〈文學來自社會反映社會〉（《陳映真全集·3》，台北：人間，2017，頁 54-72）、〈消費文化·第三世界·文學〉（《陳映真全集·5》，頁 207-230）、〈美國統治下的台灣：天下沒有白喝的美國奶〉（《陳映真全集·7》，頁 281-305）、〈世界體系下的「台灣自決論」：冷戰體制下衍生的台灣黨外性格〉（《陳映真全集·8》，頁 148-158）。

　　郭松棻在1974年就撰文批評國府的文化政策一方面是「自絕於五四反帝國主義的傳統之外，要封禁中國三〇年代和四〇年代的文學思潮」，與民族大傳統割裂，文學主流是忘卻了反帝反殖的民族形象；而另一方面文藝創作者面對戰後西方的思想冷戰攻勢又是徹底地不設防，不自覺地吸收歐美資本主義的價值與感受，而脫節於台灣在地的現實狀況，思想精神與文學文化都成為西方的俘虜。這個觀點也是胡秋原與陳映真的立論基礎，參見郭松棻的〈談談台灣的文學〉（《鄉土文學論戰四十年選集》，頁 30-32）。

48　陳建忠，〈「美新處」（USIS）與台灣文學史重寫：以美援文藝體制下的台、港雜誌出版為考察中心〉，《國文學報》第52期（2012年12月），頁 234；王梅香，〈美援文藝體制下的台、港、馬華文學場域：以譯書計畫《小說報》為例〉，《台灣社會研究季刊》第102期（2016年3月），頁 1-40。

49　參見林麗雲於《鄉土文學論戰四十年選集》的〈序言〉（頁 14-15）。

並沒有因為歷史階段上冷戰結束而全然擺脫美國跨太平洋戰略部署以及島內美國化改造帶來的持續性籠罩。冷戰的整體性與普遍性效應不僅影響各地的政治－意識形態、經濟－科學技術以及社會－文化衝突，更擴及日常生活並表現在個人經驗，形成相互關聯與多層次發展的歷史影響。[50] 王智明以「文化冷戰」表述台灣作為第三世界在心靈、思想、生活與意識形態等場域受到冷戰效應的政治性影響，強調要接連起冷戰、殖民主義與現代性的歷史關聯及意義，並揭示兩岸分斷的構成與思想鬥爭的意義；因此去冷戰就不能只注重反帝反殖的面向，也要反思批判西方與自身現代性的構成，以及理解冷戰如何形塑我們的歷史與情感。[51] 透過美援文藝體制等文化冷戰的細膩操作，冷戰現代性不僅運作於經濟、外交、軍事和地緣政治層面，也深深作用在文化、日常生活、心靈情感及知識思想面向，包括同性戀認識論的轉變過程。就如同劉奕德（Petrus Liu）提議以「冷戰作為方法」來分析當代華文文學的文化邏輯與文化形構（甚至包括東亞），因為冷戰不僅是時間（戰爭歷史）的概念與空間（地緣政治）的狀態，更是「一種根深蒂固的情感結構」（a persistent affective structure）；[52] 因此，我們仍置身於「後冷戰自由人文主義的情感構成與知識效應」當中。[53] 若以當前美國在面對所謂中國崛起的威脅而重返印太地區的「新冷戰」局勢下，無論是共和黨執政時眾議院於 2019 年 5 月全數通過《2019 年台灣

50　施特弗爾（Bernd Stöver）著，孟鐘捷譯，《冷戰 1947-1991：一個極端時代的歷史》（桂林：灕江，2018），頁 8-15。

51　王智明，〈從文學革命到文化冷戰：侯健與新人文主義的兩岸軌跡〉，《台灣社會研究季刊》第 105 期（2016 年 12 月），頁 97。

52　Petrus Liu, "Cold War as Method," *Prism* 16(2), 2019: 411.

53　林建廷，〈等待醫治的斷指：冷戰自由人文主義的國／種族殘缺敘事〉，《台灣社會研究季刊》第 109 期（2018 年 4 月），頁 9、20。

保證法》（*Taiwan Assurance Act*）及簡稱《對台承諾》（*Reaffirming the United States Commitment to Taiwan and to the Implementation of Taiwan Relations Act*）的決議案，[54] 或者是民主黨（Democratic Party）執政時參議院於2022年9月高票通過的《台灣政策法》（*Taiwan Policy Act of 2022*）來看，我們至今仍未脫離美國作為新帝國主義及現代性典範所持續製造的龐大影響；這也就是戴錦華（1959-）所說的「後冷戰時代的冷戰式情境」，[55] 一種不僅在全球範圍、更是在亞洲區域內的思維效應，一種敵我二分、彼此對峙的關係式構造之延續與擴展。

　　若前述的第三世界反殖民現代史觀指出，台灣分斷體制構成中的殖民主義遺緒與帝國主義痕跡，那麼在思想精神與知識生產面向的解殖與去帝就同時是民族和資本主義的雙重問題，這不是直接挪用歐美理論就能解釋第三世界各地複雜的歷史構成，需要有足以支撐的知識傳統才有辦法處理。[56] 我們需要以自身的在地傳統與第三世界作為相互參照的資源，同時在思想知識及情感結構進行去殖民與去帝國的工作，以進一步思考多重複雜的主體認識論。[57] 就像陳映真（1937-2016）

54　法案全名《對台及對執行台灣關係法承諾》，延續自1979年美國與中華民國斷交後制定的《台灣關係法》。

55　戴錦華，《隱形書寫：90年代中國文化研究》（北京：北京大學出版社，2018），頁36。

56　也參照林運鴻的研究反思台灣文學左翼的缺席現象時，指出無論是後殖民左翼的本土派史家或左翼民族主義的外省作家都忘卻了資本主義批判的階級關懷。林運鴻，〈忘卻「階級」的兩種左派：比較台灣文學史論述中的「後殖民左翼」與「族群導向的階級敘事」〉，《中外文學》第46卷第2期（2017年6月），頁161-196。

57　參見陳光興的《去帝國：亞洲作為方法》（台北：行人，2006）、〈陳映真的第三世界：左翼的去殖民及其困境〉（《台灣社會研究季刊》第105期，2016年12月，頁153-220）、〈陳映真的第三世界：瓦解「本／外省人」、「台灣／中國人」、「美國人」、「歐洲人」……〔上〕／〔下〕）（《台灣社會研究季刊》第107期，2017年8月，頁129-184；

的小說〈趙南棟〉(1987)呈現1947年二二八事件及白色恐怖造成島內左翼思想的清洗與斷裂，甚至是對於下一代無所傳遞與繼承而帶出的問題意識和矛盾心情：故事以同性愛欲與消費文化的放縱享樂來刻畫趙南棟的頹喪虛無的安排，暗指這是紅色思想與知識因為特定歷史結構性的失敗並在資本主義社會長期缺席的結果。作者想要藉由小說來縫合三個世代的時空，雖然他僅能以文學的形式來承載後人對於左翼香火的認識，但仍舊能夠連結起彼此之間的關係，並為我們建構出另一種理解歷史的理論模型。[58]

這個戰後台灣左翼香火的熄滅，說明轉型時期社會主義視野下的「愛的認識論」無法持續成為形構同性戀認識論的關鍵原因，戰後台灣民眾大多只能透過由報紙外電新聞翻譯進來的美國的知識框架來認識同性戀：「反共罪人、性變態與情殺者」[59]——也就是「癖的病理模式」和「窺的道德模式」的變化形態。而本書的主要探究路徑，則是要通過文學形式重燃我們對左翼及同性愛的歷史發展、失卻與重新認識，並藉以重構同性戀認識論的歷史關係性。我將分別在第一、二章追索民國時期社會主義知識分子及文學作家如何討論同性愛，以及在第三章分析戰後台灣的男同性愛欲小說裡，主角們在面對第三世界西化與美國化而進行的主體改造過程及其挫折與困難，或許小說所再現的矛盾衝突的主體生存樣態也是第三世界同性戀的普遍處境。[60]

第108期，2017年12月，頁105-155）。

58　陳光興，〈陳映真的第三世界：50年代左翼分子的昨日今生〉，《台灣社會研究季刊》第84期（2011年9月），頁208-214。

59　參見紀大偉對於一九五〇年代《聯合報》刊登同性戀新聞的分析。紀大偉，《同志文學史》，頁110-129。

60　我採用陳光興分析陳映真思想的「第三世界」：二戰之後亞非拉三洲的新興獨立國家面對全球冷戰對峙體制——冷戰一方面延續與轉接了新殖民主義，在一些地區造成

　　若聚焦在殖民冷戰與同性愛議題來看，陳佩甄處理殖民時期及戰後台韓論述與文學的兩地互為參照之研究，在東亞跨地區的面向上展開這項複雜的知識工作。[61] 藉由追溯並問題化台韓兩地關於「愛」的殖民現代建構過程，以及這個她稱為「愛的無意識」的作用和效應——同時生產兩地現代化欲望及國族打造下的同一性及差異例外，後者乃由各種他者（如同性愛、殉情者、私娼、老處女、通姦者、感染性病者等性／別底層）所組成的「不被想像的共同體」（unimagined communities）[62]——她藉以進一步指出晚近台韓同志運動組織及保守宗教團體關於同性婚姻的論爭，即便或多或少參照自北美同運與西方人權論述，然而真正驅動運動能量與論述策略的其實是「愛」的殖民遺緒及歷史現實：在正反同婚論述中看似普世的「愛」來自過往受殖者擁抱文明現代的想望及其失敗的表徵，而形成當代以愛作為「解放－壓迫」機制的殖民無意識之操作。[63] 本書則是在時間面向上處理同性

民族分斷，另一方面這些新殖民地被迫延宕反思其文化、思想與精神上的影響——而採取「以農養工」的國家主義發展策略，於是在經濟面上以工業經濟發展為主軸，造成社會層面的城鄉流動及社會關係的重新調整；這樣的社會變遷因此帶給弱勢者面對物質匱乏與精神流離而生的種種撕裂與斲傷。陳光興，〈陳映真的第三世界：狂人／瘋子／精神病篇〉，《台灣社會研究季刊》第78期（2010年6月），頁265-266。

61　陳佩甄，〈反共意識形態與性政治〉，頁21-42。Pei Jean Chen, "Decolonizing Love: Ambivalent Love in Contemporary (Anti)sexual Movements of Taiwan and South Korea," *Inter-Asia Cultural Studies* 19(4), 2018: 551-567.

62　台灣日殖時期的研究也參考曾秀萍以男男（自戀、SM）情欲關係及鬼魅敘事，來分析郭強生描寫灣生酷兒的小說《惑鄉之人》中複雜曖昧的後殖民台日情結，同樣展開去殖民的批判與清理工作，而期盼形成她稱為「怪胎台灣」的想像共同體。參見：曾秀萍，〈灣生・怪胎・國族：《惑鄉之人》的男男情欲與台日情結〉，《台灣文學研究學報》第24期（2017年4月），頁111-143。

63　Pei Jean Chen, "Decolonizing Love," pp. 553-557. 陳佩甄，〈反共意識形態與性政治〉。

愛的認識論系譜及歷史關係性，藉由回到概念浮現的特定歷史時刻並透過討論戰後台灣從一九七〇年代到新世紀的文學文本，梳理認識模式的內涵及轉變。這些文學書寫及論述，不僅面對著這個尚待去殖民與去帝國的「反共＋冷戰」的雙戰結構遺緒，也置身於後冷戰民族國家歷史分斷效應下的知識與情感狀態；文學及文化文本不僅是遺跡也是戰場。[64]

（四）同志民主化與酷兒政治

　　最後，在後冷戰時期及愛滋疫情爆發之後，同志全球化與同志民主化的新式權力模式與治理體制。

　　台灣的同志文學、性／別研究與酷兒理論在一九九〇年代開始蓬勃發展、成果豐碩，也影響華文世界同志書寫與研究。進入新世紀後，同志書寫與研究的熱潮與上世紀相比似乎稍有緩和、甚或退散，近幾年同志文學研究則出現轉向歷史的特色，試圖為台灣以往較偏重理論的同志研究帶出歷史縱深的視角。如朱偉誠和紀大偉的同志文學史書寫，前者系統性地勾描各歷史階段所展現的時代特色，以簡馭繁的觀察與追溯此間發展的盛衰變化，[65] 後者延續其過往研究成果匠心獨運將台灣的「同志現代性」斷代放在冷戰即將開始的一九五〇年代，既繼承文學史傳統以年代來分期，也採用冷戰與愛滋作為時期單位的區隔，不僅分析文本也探究時代流變，是詳遠而錄近的戰後台灣

64　丁乃非、林建廷、黃道明，〈左翼不進步：專題導言〉，《台灣社會研究季刊》第109期（2018年4月），頁1-4。

65　朱偉誠，〈另類經典：台灣同志文學（小說）史論〉，朱偉誠編：《臺灣同志小說選》（台北：二魚，2005），頁9-35。

文化史。[66] 而他們的文學史寫作或意識到（朱）、或凸顯出（紀）當代
島內擺脫國際冷戰局勢以及戒嚴與威權體制之後，「同志」所表徵的
自由民主特質。[67] 在面對當代中國大陸的同志生存處境時，許維賢則
是以紀登斯（Anthony Giddens, 1938- ）「個人生活民主化」──由下至上
的親密關係變革能夠取代某種遙遙無期的、彌賽亞式的左派政治全面
革命的進程──來期待自由民主在身體、情欲、日常生活之中實踐並
展開。[68]

　　以本書的立場來看，他們研究中關於「同志」的認識論都隱含「同
志民主化」意涵：「同志」浮現於西方民主化進程或政體之中，並在新
自由主義全球化進程中逐漸成為衡量民主化程度的指標。若接合到當
前關於同志全球性（gay-lobalization）[69] ──以第一世界同志文化為基礎
的觀念、政策、制度、商品消費等等透過各種傳播媒介遍及全球──
的反思批判來看，它一方面發展出「粉紅經濟」（pink economic）消費現

66　紀大偉指出台灣「同志現代性」的獨特性乃立基於戰後同志文學的長期發展及民間累
　　積。參見：紀大偉，《同志文學史》，頁391。而朱偉誠的書評則指出「同志現代性」
　　的知識論問題，應將時間點向前推到十九世紀末的日本與廿世紀初的中國，這樣的
　　現代性歷史框架才算完整。參見：朱偉誠，〈文學史的發明或發現？評紀大偉《同志
　　文學史：台灣的發明》〉，《台灣社會研究季刊》第108期（2017年12月），頁165-181。
67　例如朱偉誠以後殖民觀點反思台灣同志運動援用西方同運以身分認同為基礎的困
　　境。參見：朱偉誠，〈台灣同志運動的後殖民思考：論「現身」問題〉，《台灣社會研究
　　季刊》第30期（1998年6月），頁35-62。
68　許維賢，《從豔史到性史》，頁303-306。
69　同志全球性的論述如奧特曼（Dennis Altman），他引用《經濟學人》報導認為，現代同
　　性戀身分在全世界的擴散是經濟與文化全球化的影響，以及愛滋疫情所帶來的跨國
　　效應（學習歐美的政策化與組織化運作模式）。Dennis Altman, "On Global Queering,"
　　Australian Humanities Review, Issue 2, Jul. 1996. http://australianhumanitiesreview.org/
　　1996/07/01/on-global-queering/

象的「同志資本主義」（homocapitalism），[70] 另一方面則形成「粉紅掩飾」
（pink-wash）政治事件的「同志國族主義」（homonationalism）。[71] 眼下新
自由主義帶來有如商品拜物式的同志消費文化，雖遍地開花卻也更為
趨同流通，同時間國家內部的「同志人權」成為全球資本家或國際金
融組織（如世界銀行或國際貨幣基金）衡量其投資、貸款或金援的核
心標準。近年來「同志民主化」論述在後冷戰格局的全球化進展中，
進化為一種出口到世界各地的同志友善外交策略，透過強調人權平等
與多元文化主義的普世價值及修辭，粉飾了一種以帝國主義式的軍事
占領與政治侵略作為西方文明現代性的論述。[72]

　　關於「同志民主化」的觀點，劉奕德則提出不同的看法。他透過
探討中國和台灣（他稱之為兩個中國）的酷兒論述與文藝作品，提出
具地緣政治觀點的酷兒馬克思主義（queer Marxism）之文化政治方案，
結合非個人的、具結構與系統性分析的馬克思主義方法論，挑戰美國
脈絡發展出來的同志身分認同政治與自由多元主義。這裡的「酷兒」
擺脫西方學院理論風潮，改以馬克思主義與後冷戰地緣政治的意涵

70　Rahul Rao, "Global Homocapitalism," *Radical Philosophy* 194, Nov./Dec. 2015: 38-49.

71　「同志國族主義」一詞來自普爾（Jasbir Puar）。參見：Jasbir Puar, *Terrorist Assemblages: Homonationalism in Queer Times* (Durham: Duke University Press, 2007). 也參照她對此概念的反思：Jasbir K. Puar, "Homonationalism as Assemblage: Viral Travels, Affective Sexualities," *Jindal Global Law Review* 4(2): 23-43.

72　參見：卡維波，〈粉飾與同性戀國族主義之後〉，《台灣社會研究季刊》，第111期（2018年12月），頁231-248。關於同性戀民族主義不適用於台灣脈絡的辯論，參見：劉文，〈非西方、亞洲或中美冷戰結構？重置酷兒臺灣的戰（暫）時主體〉，《臺灣文學研究彙刊》，第26期（2021年8月），頁3-36。Adam Chen-Dedman, "*Tongzhi* Sovereignty: Taiwan's LGBT Rights Movement and the Misplaced Critique of Homonationalism," *International Journal of Taiwan Studies*, Aug. 11, 2022: 1-30. 我在本書結論討論台灣同志婚姻運動時，會再回到這個議題。

而出台。他的研究凸顯學者和運動者的酷兒理念（階級分析和勞動面向）與馬克思主義批判的連結，特別是質疑自由主義、代議制度和民主國家體制，台灣的酷兒政治運作藉由性解放與階級解放，拓展了馬克思主義批判和解放計畫的新面向。[73] 劉的研究指出「酷兒」一詞從西方學院引進台灣之後有其落地轉化過程，我將這個在地酷兒定義為「結構的邊緣／罔兩的位置」，表徵同性戀及性少數置身於新式權力模式與治理體制的生存處境。

我所謂酷兒意義的在地轉化，是指在一連串同志及相關社會運動的抗爭歷程中，經過學院知識分子的轉譯和辯論，以及社會運動者接合挪用和重新賦予意義，「酷兒」已經有別於1994年剛被引介到台灣時原來的樣貌，也和晚近美國對於酷兒理論的反省有著地緣政治上的差異。雖然如此，兩地仍共享某些酷兒理論原有的價值原則，例如被譽為「酷兒研究的新浪潮」的美國酷兒學者海澀愛（Heather Love）在反省酷兒政治的未來時就提到，我們不該忘記一直以來酷兒作為激進政治內涵的面向：抗拒正典體制、回顧同性戀恐懼的汙名歷史，以及帶有烏托邦理想的邊緣者結盟，能夠召喚所有不正常的人。[74] 當年卡維波（本名：甯應斌）發表〈什麼是酷兒〉擴大了酷兒置疑同志的反對立場和批判層面時，酷兒已不只是性壓迫、更是各種結構面階層階序的壓迫，他也將酷兒接合到島內在地的政治現實，除了批判性別認同政治之外，也批判當時逐漸茂生的台灣人國族認同。[75] 後來黃道明在處理

73　Petrus Liu, *Queer Marxism in Two Chinas*.

74　海澀愛（Heather Love）著，劉羿宏譯，〈倒退與酷兒政治的未來〉，劉人鵬、宋玉雯、鄭聖勳、蔡孟哲編：《酷兒・情感・政治：海澀愛文選》（新北：蜃樓，2012），頁229-244。

75　卡維波，〈什麼是酷兒？〉，何春蕤主編：《酷兒：理論與政治》，頁38-39。

台灣女性主義、婦女運動與同志運動爭議時所做的詮釋和分析——其體現卡維波所拓展的酷兒概念，清楚闡釋了酷兒在地意義的轉化過程及其脈絡——強調批判父權和忌性所站的邊緣戰鬥位置，一方面對抗國家女性主義擁抱「只有性別」和「好的性」，另一方則對抗台灣國族國家所標記的「異性戀霸權」和「身分認同」。[76] 酷兒政治在他的闡釋之下就有別於歐美脈絡和甫進台灣的時候，其所蘊藏的色情能量因此更被開鑿出來。

　　黃道明的研究所描述的在地酷兒政略，凸顯了性少數所面對的歷史結構及制度階序的壓迫：他引用劉人鵬與丁乃非關於杜蒙（Louis Dumont, 1911-1998）和莊子的研究，說明酷兒如何不是身分認同取向的「LGBT」（「Lesbian, Gay, Bisexual, and Transgender」之簡稱）同志，而是其他結構性邊緣和權力階序低下的種種存在。劉與丁從莊子〈罔兩問景〉的寓言中反思形、影和罔兩的關係性結構，是現代中文語境裡酷兒概念的落地轉化：罔兩的詰問位置相對於形與影的貼合不離而暴露階序高低，進而看見其中靜默含蓄的規訓力道，就像酷兒經常挑戰社會體制的結構性壓迫一樣。而她們以修辭語言作為文化分析的場域，聚焦分析一九九〇年代以降的酷兒小說與性別論述，揭示出其間的政治意涵並探尋「另類主體性」的行動與感受方式以及生存情境。[77] 當酷兒打破個體經驗藩籬的同時，眾罔兩也面對劉奕德所說的，如何持續批判國家政體和社會經濟系統、如何想像另一種人類解放的可能性。而就如卡維波回顧酷兒概念在台灣的發展歷程時所提醒的，酷兒連線政

76　黃道明，《酷兒政治與台灣現代「性」》（香港：香港大學出版社／桃園：國立中央大學出版中心／台北：遠流，2012）。

77　丁乃非、白瑞梅、劉人鵬，《罔兩問景：酷兒閱讀攻略》（桃園：中央大學性／別研究室，2007）。

治要能讓異質經驗出櫃流通，並提供個人體驗不同的身體經驗以及改
變情感結構的機會。[78] 也如曾秀萍從同志跨國與離散的全球化角度出
發，反思解嚴民主化對於情欲解放的觀點，指出解嚴後的異性戀體制
仍高度戒嚴同志／跨性別族群而有其雙面性；並透過分析九〇年代以
降同志書寫面對「美國夢」的構築與拆解（從他者到他方），論證其反
映不同階段的同志運動史觀，並藉以提醒同志族群在跨國同盟的理想
中，所可能受到的內外部壓迫與多種歧視。[79] 本書在上述研究的基礎
上拉長這些概念指涉的同性戀認論的歷史關係性，藉由分析小說中性
少數的異質生命樣態及生存處境，不僅批判新式治理權力與治理體制
的運作（癖與窺的認識效應），更能凸顯「愛的認識論」所蘊含與想像
共生互助的解放可能。

三、小結

　　上一節從時間面向探討同性戀認識論的多重歷史關係性，本書
也試圖從跨文化流動的面向，去畛域化（de-territorialize）所謂的「台灣」
與「中國大陸」，並與酷兒跨國主義（queer transnationalism）興起後的酷
兒區域主義（queer regionalism）概念對話。[80] 我通過小說文本及論述材

78　卡維波，〈逆流酷兒〉，《酷兒‧情感‧政治：海澀愛文選》，頁321。

79　曾秀萍，〈夢想在他方？──全球化下台灣同志小說的美國想像〉，成功大學文學院
　　主編：《筆的力量：成大文學家論文集》（台北：里仁書局，2013），頁493-533。

80　例如：Howard Chiang and Alvin K. Wong, "Queering the Transnational Turn: Regionalism
　　and Queer Asias," *Gender, Place & Culture* 23(11), Feb. 2016: 1643-1656; Alvin Wong,
　　"When Queer Theory Meets *Tongzhi* in 'China'," *TSQ* 5(3), Aug. 2018: 507-513; Travis
　　S.K. Kong, "Transnational Queer Sociological Analysis of Sexual Identity and Civic-political
　　Activism in Hong Kong, Taiwan and Mainland China," *The British Journal of Sociology* 70(5),

料來探索同性戀認識論的歷史過程及系譜，以一種不斷生成與持續轉化的關係性來想像其跨域或越界過程，而不再用後殖民式的國家分離主義或地緣政治的文化本質差異來看待實存的秩序狀態；這種歷史關係性的動態認識過程，不僅能夠提供我們對於目前區域既存認識的反思，也期待發展出後冷戰情境中第三世界同性戀社群彼此之間的相互參照。無論是一九一〇至一九四〇年代中國翻譯日歐思想的「同性愛」、一九五〇至一九六〇年代台灣在冷戰局勢中引介美國的「同性戀」說法（國共雙方都將政敵抹為同性戀），或者一九七〇至一九八〇年代以「玻璃」與「人妖」標籤不正常的人，再者一九九〇年代香港人在台灣創造風潮的「同志」以及來自歐美學術研究的「酷兒怪胎」，抑或港澳星馬等地的華文同志書寫等等，各有其生成的時空脈絡、指涉對象與意義內涵的差異。而我則是藉由回探轉型時期的同性愛文本——其提出人類關係和宇宙世界的本體論與認識論想像——作為一種可能的思考途徑，一方面凸顯同性戀認識論的轉變如何在歷史過程中，受到多重複雜的殖民冷戰現代性及後冷戰自由人道主義的主導力量作用，及其蘊含的去汙名與再賦權的能量；另一方面也能夠看見漢字文化圈的不同地域因為「同性戀」所產生的關聯，進而脫離既有的規範性認知。而這種歷史關係性與跨文化交流性的思考也讓我所提出新的認識與詮釋成為可能，並能持續探見概念知識的差異化與歷史化效應，及其所牽動的政治、情感與倫理。

　　如果以二戰之後世界局勢變化及島內的歷史遞嬗來看，從一九九

Aug. 2019: 1904-1925; Po-Han Lee, "Queer Asia's Body without Organs: In the Making of Queer/Decolonial Politics," in J. Daniel Luther & Jennifer Ung Loh eds., *Queer Asia: Decolonising and Reimagining Sexuality and Gender* (London: Bloomsbury Academic, 2019), pp. 219-241.

〇年代台灣開始形成組織化的同志運動並且主要是在媒體與文化領域爭取能見度，到了2000年因政黨輪替的政治機會而轉進公民權利的倡議，再到2010年之後婚姻平權運動逐漸成為驅動運動走向的核心，[81] 因為雙戰結構造成阻礙去殖民與去帝國的反思與清理的結構性因素，加上與同志全球化與同志民主化所共構的新式權力模式與治理體制已然來臨，這樣的發展態勢似乎也是第三世界同性戀的共同處境（例如前引陳佩甄的台韓比較觀察）。本書藉此提出「愛的認識論」及其所構成的同性戀主體，凸顯因雙戰體制與文化冷戰所帶來的問題，並且辨析主體精神構造中的某些冷戰遺緒。例如我在第三章探討戰後台灣一九七〇年代開始到新世紀同性愛欲與婚家體制交手的小說，表徵了「浪漫愛－婚姻－家庭」連續體及其相應的公民身分與法律權利作為幸福夢土的烏托邦，同時也凸顯出這個嚮往「西方極樂世界」體制時所遭遇到水土不服的種種困境，進而分析在婚姻家庭生活裡，嚮往美國世界、努力自我改造以符應西方文化的矛盾分裂主體。又或者第四章聚焦分析的小說所坐落的歷史事件主要是2004年「農安街轟趴事件」之後迅速形成的新愛滋治理模式，以及2012年具體展開的同志婚姻法案爭戰（包括保守宗教反同勢力的因此集結），新世紀的同性戀主體形構及其再現與認識也成為相互牴牾的兩極狀態：要不就被民眾視為轟趴嗑藥染病的汙名主體（性藥／派對場景裡享樂的、孤立的、個人主義式的主體），要不就是爭取結婚成家的婚權主體（同志

81　也參照曾秀萍分析紀錄片導演陳俊志的「同志三部曲」所蘊含同志出櫃的多重模式及身分曖昧性，以及開展出另類的同志婚姻家庭及（擬）親屬關係的想像和倫理實踐，並藉以反思台灣以西方主流同志論述（驕傲現身）為主的同志運動路線和論述脈絡。參見：曾秀萍，〈驕傲現身下的負面情感：陳俊志「同志三部曲」紀錄片的幸福政治及其反思〉，《台灣文學研究學報》第23期（2016年10月），頁69-103。

遊行場景中抗爭的、聯合的、集結主義式的主體）。

　　梅家玲嘗言：「小說中性別意識的體現，向來與文學傳統、社會現況及政治大環境息息相關；如何以性別研究的視角，去解讀小說，想像文學世界，更是多重文化機制交錯互動下的政治實踐。」[82] 小說不僅體現性別意識，更在具體歷史與社會語境，文化與政治實踐經驗當中形構性別知識。本書藉由小說書寫及論述材料，梳理從民國初年到新世紀之後漢語世界同性戀的認識論系譜及歷史關係性，藉由重返同性戀愛在民國時期甫浮現時意義尚未穩固的歷史階段，並選擇對於同性戀認識論產生重大影響的兩個面向——婚姻與家庭、愛滋與性藥／派對——代表性作品為研究對象，進而能夠思索一種改變現狀、想像另類未來的方案，一項能夠融合自我照顧、關係連結與共生互存的生存策略：它既不能放棄要積極能動地朝向前方、通往幸福未來的政治目標（例如老年單身同志照養制度等社會實踐的可能形式），但同時又可以背對未來、回望接納苦難遺跡的倫理關懷（例如人們迎擊反對同志婚姻的保守勢力時，仍舊出現縈繞不去的恐懼與傷痛的情緒）。

　　若文學是以經驗世界為材料再現人類生活的創作形式，它那特殊的虛構性質也有其獨立運作的原則和邏輯，但文學同時受到歷史文化情境的制約，也複雜化地體現或回應不同階段歷史文化的衝突狀況，因而能夠掌握認識模式的轉變過程。我把小說視為情感與關係的貯藏所，以及回憶與想像的檔案庫，其記錄且探索人們存在經驗與感受，彰顯身體感知及情感的幽微變動之處，呈現出豐富且矛盾異質的多聲複調。本書嘗試一種跨科際與脈絡化細讀的文學閱讀方法，結合社會

82　梅家玲，〈性別論述與戰後臺灣小說發展〉，《中外文學》第29卷第3期（2000年8月），頁128。

科學研究、文化論述分析與文學批評來介入當前現實,希冀提高文學及文化研究的社會與政治面向,拓展學術研究的視野與關懷。同性愛欲文學蘊藏豐富多樣的題材內容與議題現象,在網路與通俗文學中尤然,同性愛欲文學研究除純文學外,可致力探索此範圍。文學研究一直以來多半注重純文學的探討,關注普遍性的議題,然而在特殊議題上,網路文學與通俗文學也具備探索的空間與潛力,這是純文學研究較為忽略之處,例如第四章討論的性藥/派對文化因其特殊性(如同志身分不能出櫃、用藥行為違法敗德等),相關書寫多半以網路與通俗文學的形式呈現。立基於紀大偉關於同志純文學與通俗文學的討論,[83] 我也認為文學研究的核心並非全然在於評價其美學價值,也在於探討理解其所呈現的價值觀變化、社會文化邏輯運作及製造的論述效應。尤其網路與通俗的同性愛欲創作形式會嘗試書寫嚴肅文學不常處理的議題,也經常再現社群內部的文化形構、意識形態與社會關係,而這些元素構成公眾歷史的一部分,是我著重分析之處。本書第三章選擇討論的關於同性愛欲與婚姻家庭的通俗小說,或是第四章的愛滋與性藥/派對文學(有些是先在網路發表之後再集結成書),這些作品一方面文學地呈現出性藥/派對主體的內心情感與道德掙扎,另一方面也歷史地記錄下性藥/派對場景及所處的社會文化脈絡。

　　質言之,本書透過華文男同性愛欲文學作為一種表意實踐與情感再現的歷史論述載體,分析同性戀認識論的歷史系譜及關係性,進

83　他指出過往多數同志文學身處體制外不被認可,後來有些同志小說被視為純文學也被學院研究,但更多數的同志文學(包括網路創作)仍被當作通俗文學;不過他也提到通俗同志文學的活路在其具有歷史參考價值,而能夠回應社會體系中「公眾歷史」的形成。紀大偉,《正面與背影:台灣同志文學簡史》(台南:國立臺灣文學館,2012),頁100-101。

而反思同性戀生命情境與生存期待中的欲望、愉悅、期盼、幻想、失落與哀悼，並探勘個人與社群的政治潛能與未來想像。我的問題意識是：在特定的歷史文化情境及既有的知識權力體制之中，「同性戀」究竟意味著什麼？同性戀如何被認識理解、如何被生產組構或自我形塑？在同性愛欲實踐中那些被標誌為不符常軌的關係形式與反合常道的身體／欲望／政治實踐如何的（不）可能？而我們藉此又能夠挖掘、探尋或重塑什麼樣的情感連結與倫理想像？本書是以男同性愛欲文學作為分析槓桿──藉由分析作品中惝恍曖昧的同性愛欲關係，其再現且形構了夾纏於當前同性戀正典與非正典性之間的同性戀主體──旨在揭示「愛的認識論」歷史構成過程，並力圖推進性／別少數及泛底層主體的生命實踐與運動前景之共生想像。

愛的認識論
民國時期社會主義視野的同性愛論述

　　本章主要是考察民國時期圍繞在「同性愛」並涉及婚姻家庭、政治經濟、社會國家，甚至是人類世界及宇宙的性／別論述。進一步分析當時受社會主義(Socialism)思潮影響的知識青年，如何思考性／親密關係議題與提出以友愛為基礎的社會連帶想像，並聚焦探討這些青年在不同社會主義脈絡中的性／別論述，回到歷史語境且分析他們如何將同性愛視為一種具有革新動能的社會力量，或一種導向更為自由與平等的生產關係和社會關係之實踐。他們在社會主義視野裡所設想的關於同性戀的「愛的認識論」——我稱之為「愛的關係模式」——把民國時期來自翻譯、議論、報導和文學創作等等的同性愛論述，區分為三種同性戀認識框架：以西方性科學來認識同性愛的醫學框架稱為「癖的病理化模式」，以媒體對同性愛軼事的獵奇報導及其衍生出的道德化批判稱為「窺的道德模式」，以及本章所要聚焦說明的「愛的關係模式」。

　　過去研究已顯示民國時期的社會思潮及知識形構受浪漫主義(Romanticism)、烏托邦主義(Utopianism)、達爾文主義(Darwinism)進化論以及戀愛至上主義(恋愛至上主義)等跨國思潮的影響，例如張灝(1937-)指出五四思想與文學的雙重傾向及兩歧特性：一方面重視科

學理性主義（Rationalism），另一方面展現出浪漫主義和烏托邦主義的樣貌。[1] 而我將通過分析這些青年的性／別論述，來說明同性戀的認識論構作同時關乎個人與社會應如何變革之政治方案在意識形態上的根本差異；對他們來說，同性戀是在不同經濟條件和歷史過程生產出來的特定關係與情感樣態，或是推動、或是依隨著整體社會轉型的生命情境與關係實踐，而非單獨的、孤立出來的身分認同變項。

首先，我聚焦探討馬克思主義（Marxism）青年胡秋原的〈同性愛的研究〉一文中的「友愛與社會」一節，[2] 透過分析胡的論述一方面肯認同性愛的生存價值及社會意義，另一方面則將這種個體的情感強度及特質透過友誼概念擴大到集體連帶，甚至轉化為一種思想基礎或宇宙觀，展現出社會主義獨特的政治思考與倫理視域。

胡秋原（1910-2004）為現、當代學術及思想界重要人物，曾擔任

---

1   張灝，〈重返五四：論五四思想的兩歧性〉，余英時等著：《五四新論：既非文藝復興，亦非啟蒙運動》（台北：聯經，1999），頁34-40。關於浪漫主義對於中國現代文學的影響，參見：李歐梵著，王宏志譯，《中國現代作家的浪漫一代》（北京：新星，2005），第四部分；李海燕著，修佳明譯，《心靈革命：現代中國愛情的譜系（1900-1950）》（北京：北京大學出版社，2018），第三章。關於演化論對於近現代中國進化思想的影響，參見：彭小妍，〈以美為尊：張競生「新女性中心」論與達爾文「性擇」說〉，《中國文哲研究集刊》第44期（2014年3月），頁57-77；王汎森，〈時間感、歷史觀、思想與社會：進化思想在近代中國〉，《思想是生活的一種方式：中國近代思想史的再思考》（台北：聯經，2017），頁251-276。關於戀愛至上主義對於同性愛議題的影響，詳後分析。

2   胡秋原寫於1929年的〈同性愛的研究〉是要回應楊憂天（生卒年不詳）同年發表於《北新》雜誌第3卷第2期的〈同性愛的問題〉，胡表示要向人們介紹新的研究來重估同性愛的價值和意義，戮力為同性友誼辯解。二人的論戰文章於隔年由北新書局集結為《同性愛問題討論集》出版。參見：楊憂天，〈同性愛的問題〉，《同性愛問題討論集》（上海：北新書局，1930），頁1-47；胡秋原，〈同性愛的研究〉，《同性愛問題討論集》，頁49-222。

第一屆國民參政會參政員及第一屆立法委員，1951年渡台後則任臺灣師範大學教授及中央研究院近代史研究所研究員，並創辦《中華雜誌》（1963年創刊），組成「中國統一聯盟」（1988年成立）。[3] 胡自承其社會主義帶有理想主義（Idealism）與人道主義（Humanitarianism）色彩，並自認是「自由主義的馬克思主義」，最終放棄馬克思主義。[4] 過往研究已指出，胡的主要立論來自英國社會主義思想家卡本特（Edward Carpenter, 1884-1929）的作品，〈同性愛的研究〉則譯寫自卡氏聲名遠播的《中性論》（*The Intermediate Sex: A Study of Some Transitional Types of Men and Women*, 1912[1908]）。[5] 卡本特是廿世紀初享譽國際的社會主義思想家，也開誠布公其同性戀愛關係，他的作品不僅在全世界的左翼社群中流傳且影響後世甚廣，除《戀愛論》（*Love's Coming of Age: A Series of Papers on the Relations Of the Sexes*, 1896）[6] 和《中性論》長銷熱賣不斷再版之外，有些書籍如《民主論》（*Towards Democracy*, 1918[1883]）和《嘍嘍集》（*Ioläus: Anthology of Friendship*, 1917[1902]）亦獲主流市場青睞，而成為知名跨國作家。[7] 然而學者們尚未深入探討「友愛與社會」性／別論述與

3　謝遠筍，《胡秋原》（陝西：陝西師範大學出版社，2017），頁144-152；[無署名]，〈胡秋原〉（中央研究院近代史研究所網站：https://mhdb.mh.sinica.edu.tw/mhpeople/result.php?peopleName=%E8%83%A1%E7%A7%8B%E5%8E%9F&searchType=1#4）。

4　胡秋原，〈自序〉，《哲學與思想：胡秋原選集第二卷》（台北：東大，1994），頁12；張漱菡，《胡秋原傳：直心巨筆一書生》上冊（台北：皇冠，1988），頁273-274。

5　當時「Edward Carpenter」的中譯除「卡本特」，還有「嘉本特」、「加本特」、「卡本忒」等，本書為求一致，除在引文中依原文引，行文一律採胡秋原譯為「卡本特」，後不贅述。

6　卡本特的名著 *Love's Coming of Age*，中譯除《戀愛論》，還有《愛的成年》、《愛之新時代》、《愛史》等不同譯名，除在引文中依原文引，行文一律採胡秋原譯為《戀愛論》；下文的《中性論》與《嘍嘍集》也都是採用胡譯，後不贅述。

7　Sheila Rowbotham, *Edward Carpenter: A Life of Liberty and Love* (London & New York:

社會主義思想之間的關係，特別是同性愛如何面對再生產和社會進化的議題。本章將會說明，胡秋原的重要貢獻在於他把當時還沒有人翻譯、而且最具社會主義理想的《中性論》第五章（"The Place of the Uranian in Society"）改寫為「友愛與社會」，他並藉此提出以同性愛設想一種接合情感強度、關係連結及共生互存的未來社會構成，這是〈同性愛的研究〉的核心議題之一，我把它稱作「友愛大同」。

　　此外，當時泛社會主義流派除社會主義和馬克思主義之外，無政府主義（Anarchism）在中國也已相當流行，甚至曾占主導思潮的地位。[8] 因此本章也將探討無政府主義者謙弟和劍波參與「戀愛論」的筆戰文章，分析他們「非戀愛論」的立場，一方面連結到廢除私有制的經濟制度並建立互助合作的社會體系之整體改革，另一方面則設想在真正自由與平等的共生社會中，人人不分同性愛與異性愛都能自由結合與共同生活。謙弟本名為張履謙（又名呂千，?-1957），劍波本名為盧劍波（1904-1991），二人與無政府主義同志毛一波（1901-1996）合著《婦女問題雜論》，他們也在南京、上海組織民鋒社（1923年成立）、民眾社（1925年成立）與「少年中國無政府主義者聯盟」（簡稱「少聯」，1927年

Verso, 2009), pp. 335-356. 卡本特不僅透過寫作、出版文宣小冊和書籍以及行動宣講來討論同性愛、社會主義與民主之間的關係，他更親身實踐這樣的生活方式。他出資建立了一座實驗合作勞動的農莊米爾索普（Millthorpe），邀請並開放給社會主義圈的朋友們共同生活，希望所有的階級在此處都能彼此相遇且消除差異，進而超越理想成為現實，這是他社會主義理念的特色。卡氏的生平亦見：Sheila Rowbotham, "Edward Carpenter: Prophet of the New Life," in Sheila Rowbotham and Jeffrey Weeks eds., *Socialism and the New Life: The Personal and Sexual Politics of Edward Carpenter and Havelock Ellis* (London: Pluto, 1977), pp. 27-99.

8　關於中國無政府主義歷來相關研究的彙整分析，參見：安井伸介，《中國無政府主義的思想基礎》（台北：五南，2013），頁191-211。

成立）等團體。[9] 過往研究已指出，謙弟和劍波在性／親密關係議題既學習又超越美國無政府主義運動家高德曼（Emma Goldman, 1869-1940）的思想，高氏有「赤色煽動者之后」等稱號，其論述實踐除了反政府及反軍備主義的社會革命之外，亦側重女性解放與戀愛自由等性／親密關係議題。[10] 然而學者們尚未深入梳理他們的無政府主義性／別論述如何討論同性戀愛以及兩人觀點的不同之處，特別是在「毀家廢婚」脈絡提出我們現在稱為「多人成家」的共生想像。[11] 本章也將指

9　許慧琦，〈1920年代的戀愛與新性道德論述：從章錫琛參與的三次論戰談起〉，《近代中國婦女史研究》第16期（2008年12月），頁62-63。

10　許慧琦，〈愛瑪‧高德曼（Emma Goldman）及其《大地之母》（*Mother Earth*）月刊的行動宣傳：以其跨國網絡與性別論述為例〉，《近代中國婦女史研究》第20期（2012年12月），頁108-109。德里克（Arif Dirlik, 1940-2017）也指出高德曼的論著在新文化運動中極為流行，而信仰無政府主義的巴金（李芾甘，1904-2005）更深受其影響，把她視為精神上的「母親」，一生忠誠。德里克著，孫宜學譯，《中國革命中的無政府主義》（桂林：廣西師範大學出版社，2006），頁168。一九二〇年代巴金及劍波都因傾心她的思想而將之悉心譯介到中國。例如巴金翻譯高德曼批評女性主義改良政策的〈婦女解放的悲劇〉（"The Tragedy of Woman's Emancipation"，署名芾甘，載《新女性》第1卷第7期，1927年7月1日），並選譯高德曼分析易卜生（Henrik Ibsen, 1828-1906）與斯特林堡（August Strindberg, 1849-1912）戲劇的兩篇文章（〈易卜生的四大社會劇〉，署名芾甘，載《一般》第4卷第3期，1928年3月5日；〈斯德林堡的三本婦女問題劇〉，署名李芾甘，載《新女性》第3卷第4期，1928年4月1日）。而劍波則翻譯〈結婚與戀愛〉（"Marriage and Love"，載《新女性》第2卷第1期，1927年1月）與〈愛瑪高德曼傳〉（連載《新女性》第2卷第3至4期，1927年3至4月），之後又選譯〈婦女參政論〉、〈賣淫論〉、〈俄羅斯革命的悲劇〉等相關婦女解放的文章，加上前述巴金譯的〈婦女解放的悲劇〉共六篇，輯為《自由的女性》於1927年由上海的開明書店出版。

11　關於高德曼對於中國無政府主義青年們思考性／親密關係議題的重要影響，參見：顧德琳著，洪靜宜譯，〈知易行難：中國無政府主義的婦女性別論述及其落實限制〉，游鑑明、羅梅君、史明編：《共和時代的中國婦女》（台北：左岸，2007），頁62-86。或見：Hsu, Rachel Hui-Chi, "Propagating Sex Radicalism in the Progressive Era: Emma Goldman's Anarchist Solution," *Journal of Women's History* 30(3), 2018: 38-63; "Cross-

出，謙弟和劍波在性／親密關係議題對反於胡秋原的觀點不僅擴充了
「愛的關係模式」之內涵，兩者之間的辯證也共構出「愛的認識論」的
豐富樣貌（詳後），並呈現當時社會主義陣營在性／別論述的差異與
張力。

　　換句話說，本章探問民國時期社會主義知識青年如何設想同性戀
愛作為一種情感動能與關係連帶，甚至是力圖打造新人類、新社會與
新世界的烏托邦？他們所提出以同性愛欲為基礎的社會構成想像，又
能提供當代知識生產、政治發展及倫理思考什麼樣的啟發與遺產？透
過民國時期的文本材料，回看這些青年在當時社會主義理論及歷史視
野下，如何整體性地思考身體、欲望、情感、婦女解放、婚姻家庭、
性與生殖等性／別議題：與其說他們的性／別論述與階級鬥爭或革命
理想相互交織，不如說性／親密關係議題是鑲嵌在如何全面改造與建
設新社會的整體計畫之中，同性戀愛也並非是單獨或孤立出來的特殊
身分或議題面向。[12] 對胡秋原來說，同性愛是他論述中的核心主旨，
是推動整體社會進化的關鍵情感動能；對謙弟和劍波而言，同性愛則
是論戰過程的副產品，是在整體社會變革而達致完全的性愛自由之
後，不會有也不需要有的情況。他們的性／別論述既有來自外來思潮
衝擊也有其本土落地轉化的歷史特殊性，即便其觀點在廿世紀初期是

---

cultural Sexual Narratives and Gendered Reception in Republican China," *Journal of Modern Chinese History* 14(1), 2020: 118-121; "Spiritual Mother and Intellectual Sons: Emma Goldman and Young Chinese Anarchists," *Twentieth-Century China* 46(3), 2021: 255-262.

12　此論點受益於劉人鵬的研究啟發。她在分析晚清無政府主義者何震的「女子解放」論
　　述時，主張需要一個無政府共產主義的歷史視野來理解，並強調性別理論是在特定
　　歷史現實中與各種其他理論／運動／思潮相互連結，而非孤立超然的體系。參見：
　　劉人鵬，〈何震「女子解放」與《天義》的無政府共產主義視野〉，楊聯芬編：《性別與
　　中國文化現代轉型》（北京：東方，2017），頁36-62。

吉光片羽且轉瞬而逝的存在，仍是值得吾人探勘的思想資源，不僅能拓展學界對於民國時期社會主義視野性／別論述的認識，也有助於反思當代以性／親密關係議題為基礎所推展的政治、情感與倫理等面向之探析。

一、「癖」與「窺」

本章不再聚焦於學者們已闡釋現代中文語境同性戀怎麼被醫療化、病理化、道德化與罪刑化的過程，[13] 本節將扼要說明「癖的病理模式」與「窺的道德模式」這二類批評同性戀愛的論述模式，指出它們既延續晚清以來保種強國的現代化意識，又帶著男女有別的傳統式立論，依舊沒有脫離以異性戀生殖概念為主的思考。[14] 胡秋原和楊憂天的論戰文章具體而微地展現十九世紀末西方對於同性關係討論的不同領域成果，我們可以從中分別梳理出愛與癖二種模式的知識來源與內涵，並追索時人譯介自日歐的性科學論述，如何從「同性愛」轉變並固定在「同性戀」的歷史軌跡；這個過程一方面體現了轉型時期各種西方科學與醫學論述的大量引介，另一方面則凸顯了其觀看焦點從情

13　參見：桑梓蘭著，王晴鋒譯，《浮現中的女同性戀：現代中國的女同性愛欲》（台北：國立臺灣大學出版中心，2014）。Kang, *Obsession*; Chiang, "Epistemic Modernity." 陳靜梅，《現代中國同性戀話語譯介及小說文本解讀》；許維賢，《從豔史到性史》；王晴鋒，《同性戀研究：歷史、經驗與理論》（北京：中央民族大學出版社，2017）。

14　「癖」在中國傳統文學裡未必全然指涉疾病，特別是在晚明文化用來形容男色或男風的同性愛欲時，也沒有病理化評價的意涵，癖反倒是一種身分象徵與自我風格的表達。參見：Judith T. Zeitlin, *Historian of the Strange: Pu Songling and the Chinese Classical Tale* (Stanford: Stanford University Press, 1993): 61-97. 許維賢，《從豔史到性史》，頁10-13。

感與關係面向轉移到性的機能與特質。

　　作為「癖的病理模式」範本，楊憂天的〈同性愛的問題〉（原載《北新》第3卷第2期，1929）一文旁徵博引歐洲性科學研究，指出同性愛是變態與顛倒，表達反對同性愛的立場；楊憂天並表明此舉是要暴露性的秘密、揭開同性愛之謎，以傳播正確的性知識。[15] 楊的用詞遣字及其翻譯，充滿醫學與生物學的專有名詞，顯示出一種以科學權威為主的「日歐現代性」；他不僅引經據典，非常詳細地區分、描述、解釋各式同性愛的表現形式與生理成因，還分析了後天性同性愛的原因。[16] 諸如由德國律師烏爾利克斯（Karl Heinrich Ulrichs, 1825-1895）在1862年所創的「*Urnings*」（英文為「Uranian」）一詞，他先譯為「同性色性者」，後又與「*Uranismus*」分別譯為「男子與女子底差別的同性戀愛」，依照人們普遍認知的二元性別氣質來描述男女同性愛者的形貌舉止等等。[17] 他洋洋灑灑指出同性愛的成因，是要提出預防及治療之道，亦即須隔絕一些外在環境因素，因為它們會誘發人體潛伏的遺傳素質，包括獨身、失戀、男女分校、年長者的同性誘惑，以及單一性別場所裡的模仿等等。楊在文末更呼籲社會政策家和性教育家，要解放性的

15　文中引述許多當時也經常被譯介的性學專家來支持其立論，例如摩爾（Albert Moll, 1862-1939，德國醫生、兒童性學家）、愛賓（Richard von Krafft-Ebing, 1840-1902，奧地利精神病學家、性學研究的創始者）、懷林格爾（Otto Weininger, 1880-1903，奧地利哲學家與作家）、郎布羅左（Cesare Lombroso, 1835-1909，義大利犯罪學家、精神病學家）、畢勒迪（Alfred Binet, 1857-1911，法國心理學家）、伯勒登（Edouard van Beneden, 1846-1910，比利時細胞學家），以及進化論作者達爾文（Charles Robert Darwin, 1809-1882，英國生物學家）。參見：楊憂天，〈同性愛的問題〉，頁1-33。

16　康文慶指出楊此處的分析幾乎逐字引用一九二〇年代日本性學家澤田純二郎（Sawada Junjirô）的研究，不過楊沒有註明出處；康也推測楊引用的歐洲性科學文本應都是日文翻譯的材料。參見：Kang, *Obsession*, p. 45.

17　楊憂天，〈同性愛的問題〉，頁18、21、25。

秘密、推行性教育，衝破假道學的網羅，以導正青年男女的性欲。[18]
這篇文章的分析依據與論述模式，我們在一九二〇至四〇年代期間的
報章雜誌上都能見到類似的說法，特別是以病理化同性愛的所謂性科
學模式為盛。[19]

18　楊憂天，〈同性愛的問題〉，頁43-47。

19　僅例舉具代表性的文獻：

(1) 遺傳因素：作者認為若人的性質顛倒發展或者程度有差，就會發生先天同性戀
愛，判定為由遺傳而來。（參見：丘畯，〈動物的「同性戀愛」〉，《生物學雜誌》第1
期，1926年6月，頁69-75）

(2) 性欲因素：譯者將德文的「homosexualitaet」譯為「同性色慾顛倒症」，與自虐他虐
狂和崇物狂同列為變態性欲，而同性色慾者會影響性生活，男子常生陰萎。（參見：
Mex Hirsch著，李武城譯，〈配偶的選擇（十九至二八）〉，《新女性》第3卷第6期，
1928年6月，頁663-670）也有作者指出醫學研究說，以性欲為病者分為顛倒症和色
情狂，將為社會製造罪惡。（參見：行仁，〈同性戀愛與色情狂〉，《健康生活》第7卷
第1期，1936年2月20日，頁13-15）

(3) 飲食因素：作者提到英國某黴菌學家指出，同性戀愛是根源於肉食的結果，應該
全部處死刑。（參見：郝士曼著，饒孟侃譯，〈巴黎的迴音（續）〉，《東方雜誌》第28
卷第5期，1931年3月10日，頁105-112）

(4) 神經因素：讀者投書說同性愛會引起神經衰弱和各種生理病症，不上三年便會香
消玉殞，勸告女同胞不可步其後塵。（參見：任培初，〈同性愛之不良結果〉，《玲瓏》
第2卷第56期，1932年6月29日，頁247）

(5) 內分泌因素：醫生表示這是內分泌（hormone）的惡作劇。（參見：兩宮保衛著，
兢存譯，〈女子同性愛的解剖〉，《健康生活》第1卷第3期，1934年9月15日，頁115-
117）此外亦可參見1936年《性科學》「同性愛專號」翻譯日美蘇三國醫學專家共五篇
文章（詳後討論）。也有文章指出，內分泌影響嬰兒性別特質甚深，所以同性愛的
特癖決定於受孕那刻，故無法治療。（參見：P. W. J., U. D.著，行雲譯，〈同性愛可
以治療〉，《健康生活》第23卷第5/6期，1941年3月25日，頁166-168）更有全文都
轉述自楊憂天的觀點。（參見：妙妙，〈同性愛的構成和防止〉，《現代青年》第3卷第
3期，1936年5月15日，頁21）直到一九四〇年代末，心理衛生專業仍舊認為同性
愛源於體質變異或心理變態（參見：丁瓚，〈一個青年的同性愛問題〉，《西風》第99
期，1947年10月，頁189-195）

　　然而當代歷史學者的研究已指出，歐洲性科學家的目的不是要病
理化同性戀。在性科學出現之前，醫學界是以兩性生殖為性行為的目
的和規範，因此不具生殖功能的同性戀，多半會被醫生視為是造成
社會貧窮與道德墮落的徵象。後來的性科學受到達爾文主義的性擇
說（sexual selection）與天演論（Evolution and Ethics）的影響，認為異性戀
是演化過程所謂「自然」的一部分，而同性戀的「退化」則是一種在移
轉過程中的向後移動，就大自然而言也沒有那麼「不自然」。例如愛
賓就認為同性戀是大自然的私生子，認為同性戀是介於二性之間的生
理中性，以其導因於天生遺傳的「扭曲命運」仍屬自然界。而烏爾利
克斯的中性概念則偏向心理，主張無論動植物界都有同性戀，故也屬
「自然律則」。此外，著名的德國性學家及同性戀權益運動者赫希菲爾
德也以達爾文的進化和漸進概念，來設想人類的性（但不是隨時間轉
變的異時性而是共時性的），主張人類的性種類是處在男女兩性之間
的連續光譜中，所以中性雖然是非常態的自然變異，但就不是病理化
的形態。[20] 如同民國時期的知識分子多半會斷章取義或曲解誤讀地挑
選立場相近的域外材料來支持自己的觀點，楊憂天也是以科學主義來
挪用歐洲性科學論述以便強化其文章立論，因而對於同性戀的認識也
就逐漸被推往病理化的範疇。

　　而在引用日歐的性科學論述之外，〈同性愛的問題〉幾乎沒有論
及中國傳統的男色概念，[21] 只有一處提到男同性性交的傳統用語：楊

20　Gert Hekma et al., "Leftist Sexual Politics and Homosexuality: A Historical Overview," pp. 19-20.

21　例如當時《申報》報導無錫義和客棧一則雞姦案，記者稱男客過瑞良為龍陽公子，投宿時和茶房費耀卿發生同性戀愛，被費男的妻子李氏察出破綻，鳴警抓人，由公安局科長審訊。（［無署名］，〈地方通信：無錫雞姦案〉，《申報》，1930年9月13日）

是在翻譯西方稱為「sodom」現象時，特別括號說明「即獸姦與男色之意」。[22] 楊不是採取現代性的道德尺度來批判所謂的傳統陋習，主要仍是藉由現代科學來界定同性愛與同性性交現象，以異性戀生殖本位來強化性與生殖的關聯，認為性的感情（性欲）能促進性交，而性交的必要是為保種。[23] 楊的論述顯示出五四新文化運動以來，知識分子對於西方科學現代性的追求，而這樣的追求仍隱含晚清以降強國保種、民族救亡的思想。因此，楊看似在個人層次上討論同性愛的問題，在挪用日歐性科學論述的同時病理化了同性愛現象，然而實際上他更強調的是「性」所引發的社會與國家問題，重點仍是要從性事治國事、由身體改國體；他透過批判同性愛的論述，乃是要藉由性教育來達到道德重整與民族優生的目標。這部分也涉及當時性科學位階的鬥爭，而主要對象是楊文開頭就批評其論述不夠科學的北京大學教授、有性學博士稱號的張競生（1888-1970）──張的中國版性科學論述則擴增了「癖的病理模式」的本土面向與在地意涵。

　　張競生在1925年冬透過《京報副刊》刊登《性史》的徵稿啟事（〈一個寒假的最好消遣法：代「優種社」同人啟事〉），希望廣集大眾的性秘密，翌年從兩百多篇投稿中選取七篇成《性史》（北京：光華書局，1926）一書出版（其中有三篇論及同性愛），後也因此書被北大解聘。張競生強調編纂此書的目的在於建立性學問、導人入於性的正軌，要以心理分析法、衛生學和好習慣的養成來移風易俗（這也是楊憂天文

記者同時使用西化的同性戀愛以及傳統的龍陽與雞姦等用詞，來描述這則同性愛案件，可看出同性戀概念仍未定於一尊，現代「性」的既延續又斷裂。

22　楊憂天，〈同性愛的問題〉，頁8。

23　楊憂天，〈同性愛的問題〉，頁12。

章裡所宣稱的）。[24] 他以所謂科學和藝術的角度，提出了男女一體、
靈肉一致，科學藝術交媾法（第三種水）的概念，但被五四知識分
子斥作偽科學，如周建人（1888-1984）、周作人（1885-1967）和潘光旦
（1899-1967）都撰文批評。張競生自認《性史》徵稿是「科學研究」，其
所創辦的《新文化》（1927年創刊）和「美的書店」也視之為「介紹真正的
性科學」。但他所謂「本土自創」的性科學對於同性愛的態度則極端負
面，在書中回應一位讀者投書的按語裡，他對男男性交大發議論：

> 謂男子喜男子，因為屁股比陰戶緊扣，這個可見陰戶鬆弛是間接
> 助長好男色的原因。但屁股的臭屎味，又無多大的活動力與各種
> 電氣，斷不能與陰戶的稍具有生氣者比賽。故請閱者注意，把陰
> 戶講究得好，不但男女得到交合的和諧，並且可以剷除這個變態
> 的、臭味的、無意義的、非人道的，甚至鳥獸所不為的後庭巴
> 戲。[25]

並在《性史》的〈贅語〉裡，他則認為「如手淫、男色、同性愛、獸交」
是「各種變態的事情」。[26] 論者已指出，張競生以一九二〇年代出版物
少見的侮辱措辭猛烈抨擊男同性戀，他把手淫、同性交媾及各種不正
常出精並列，強調的是男女兩性和諧健康的性。[27] 就如同前述早期歐
洲醫學界對於同性戀的判準，張也以兩性生殖作為所謂常態的衡量尺
度，即便他意欲解放婦女的性，但卻排除了同性愛與「變態」的性。

24　張競生，《性史1926》（台北：大辣，2005），頁26。

25　張競生，《性史1926》，頁110-111。

26　張競生，《性史1926》，頁146。

27　桑梓蘭，《浮現中的女同性戀》，頁125；許維賢，《從龍史到性史》，頁122。

他以自身創立的「美的科學」，透過評論人們不可告人的《性史》，再度鞏固了性的生殖功能位階。[28] 此外，張的性論述也鞏固男女二元性別氣質，批判不符合那時候性別常規的現象，像是他在〈性美〉裡說：「女子胸前無奶房，而男子的唇上無鬚，這又是男變女女變男了」，或是「故我人要免卻有『男相公』的樣子、太監相的狀貌，要免有撲朔迷離的『女男子』，則於交媾時男女兩方面非去講究有熱烈的性欲不可」，甚至在文尾強調，女子丟第三種水就易於成孕，所受孕的胎孩必較強壯活潑，而培育出來的後代「男的當有男子的氣概，女的則有女性的優長」。[29] 張競生的本土性科學論述看似打著國家民族改造的大旗，但他內心渴望改造的更是在他眼裡看來不夠「現代」的男男女女，而他設想的「性美學烏托邦」所建立起來的性／別新秩序，則無法容納各種過時傳統與骯髒汙穢的性歪斜者，也凸顯出「癖的病理模式」批判同性戀的強勁力道。

　　在一九三〇年代醫學為主的性科學越來越主導當時的同性愛論述，更衍生出第三種本書稱為「窺的道德模式」——亦即對於同性愛的道德批判來自於媒體對同性愛軼事的獵奇報導，尤以女同性愛的自殺與妒愛情殺為主要窺探對象（特別是女學生群體）。[30] 我們從1929年雜誌報導杭州女學生趙夢南自殺的新聞就可看出端倪：記者調查趙

28　張競生還在《新文化》批評妻子褚問鵑年輕時的手淫及同性愛經驗，參見：許維賢，《從豔史到性史》，頁125-126。關於張競生「性育」論述的分析，參見：彭小妍，〈性啟蒙與自我解放：性博士張競生與五四的色慾小說〉，《當代》第76期（1992年8月），頁32-49；許維賢，《從豔史到性史》，第二章。

29　張競生，〈性美〉，《張競生文集》（廣州：廣州，1998），頁280。

30　更為詳盡的討論參見：許維安，《「友誼」抑或「疾病」？——近代中國女同性戀論述之轉變（1920s-1940s）》，台北：國立臺灣師範大學歷史學系碩士論文，2019；陳再涌，〈跨語際的觀念再造：一個1920年代中國女性同性戀愛話語的檢視〉。

夢南吞鴉片自殺的原因，應在於同性戀愛破碎之故，因趙遺書寫著「情深如海，苦捨不能，生見我愛人於人懷」，[31] 推測此乃自殺之因。又或者1931年《申報》報導南洋女子中學二位畢業生孫景賢與蔡蕙芳相偕跳海自殺，新聞說孫蔡二女志同道合因此導致同性戀愛關係，後者因兒時婚配的陸男資質愚鈍，她不願意盲從結婚，但是礙於雙親之命不敢違拗，因此雙雙殉情自盡。[32] 再如1931年《甜心》連續刊載〈女性們的同性戀愛〉，文章第三節分析女同性愛含有強烈的嫉妒感情，例舉十九世紀末日本因妒殺人與殉情的相關案例，並引述日本醫學家說這是「色情顛倒症」，這些女性的性成分裡含有許多男性特質，她們舉止衣著喜愛模仿男性，身體發育也會像男性，醫學上稱「男性的女子」，是患病的異常女性。[33]

　　而民國時期引起最多媒體關注的，還是1932年陶思瑾殺死同學劉夢瑩的同性愛「情殺」事件，不僅引發一連串新聞報導和輿論熱議，甚至還改編成話劇演出；其部分原因牽涉到魯迅(1881-1936)的同鄉好友與學生許欽文(1897-1984)受此事件連累入獄。[34] 當時的知名小報《禮拜六》僅刊登一張背影照，就隨意臆測妄加報導：「轟動一時

31　[無署名]，〈趙夢南為同性戀愛而死：在校之情形與死之證實〉，《中國攝影學會畫報》第4卷第188期(1929年)，頁298。

32　[無署名]，〈蔡蕙芳為婚姻而死〉，《申報》，1931年12月22日。

33　寶兒，〈女性們的同性戀愛〉，《甜心》第12期(1931年8月29日)，頁3-4；第13期(1931年9月5日)，頁10-12；第14期(1931年9月12日)，頁11-12；第15期(1931年9月19日)，頁3-7；第17期(1931年9月26日)，頁18-19。

34　陶劉案件的過程及其所引起的媒體高度關注，以及後續公眾輿論如何討論女同性愛的分析，參見：李世鵬，〈公眾輿論中的情感和性別：陶思瑾案與民國女性同性愛話語〉，《婦女研究論叢》2017年5期(總143期，2017年9月)，頁60-78；另參見：許欽文，《無妻之累》(上海：宇宙風社，1937)。

之陶劉慘案，已經浙江高等法院宣告二審判決，改處陶思瑾死刑，上為還押看守所之後影，態度依然」[35]；又如女性雜誌《玲瓏》則藉由評述此案判定同性愛是法律與道德上的犯罪行為，更是具危險性的變態色情產物，並以觸目驚心的標題來勸諫讀者：「所以正熱於同性戀的姊妹們，看了上述的可怖的慘劇，應該立刻覺悟，趕緊解決了同性的關係，而樹立起兩性的愛，那不僅能免去無限煩惱而且是促進人生的光明的幸福的生活」[36]，媒體窺探與評斷女同性愛的熱衷程度，由此可見一斑。1934年〈我所見聞的南國女郎同性愛〉所敘述的故事則極具代表性，其集大成地再現了當時媒體如何報導女同性愛的妒狂（精神上的因妒自傷與發狂傷人），以及女同性愛欲對身體健康的嚴重損傷甚至致死的說法（生理上皆與月經相關的病症與肺癆）。[37] 媒體這種刻意蒐集新奇特異、甚至以腥羶色口吻報導同性愛新聞的誇大手法，逐漸形成「窺的道德模式」。

　　綜上觀之，「癖」與「窺」這二類批評同性愛的論述模式似乎混雜著不同的性／別觀點，既有保種強國的現代化意識，又帶著男女有別的傳統立場，但仍不脫異性戀生殖框架下對於性、性別氣質與性的社會功能等等的批評。我們可以對照1936年5月《現代青年》第3卷第3期特別製作的「同性愛問題特輯」，在六篇文章裡除了其中〈談同性愛〉的短文偏向愛的關係模式之外，其餘五篇都可看出這兩類模式的

35　雨蒼，〈杭州同性戀愛慘案中之主角陶思瑾〉，《禮拜六》第465期（1932年8月13日），頁5。

36　[無署名]，〈同性愛的血案〉，《玲瓏》第2卷第53期（1932年6月8日），頁113-114。

37　潤雲女士，〈我所見聞的南國女郎同性愛（上）〉，《綢繆月刊》第1卷第1號（1934年9月），頁11-15；〈我所見聞的南國女郎同性愛（下）〉，《綢繆月刊》第1卷第2號（1934年10月），頁15-18。

影響。[38] 此外，即便是性科學論述承載的醫療化與病理化觀點，其中或許亦隨歐洲相關科學研究進展而有所轉變：早先從強調神經素質的腦神經變異與心理變態——例如1912年善哉以文言文所寫的〈婦女同性之愛情〉就提及這二點，[39] 變成後來以內分泌（荷爾蒙）的生殖腺異常為主要觀點——以1936年《性科學》第2卷第4期的「同性愛專號」三篇醫學譯文最具代表性，文章都提出生殖腺與內分泌的生理分析觀點。[40] 癖的病理化與窺的道德化模式不僅逐漸主導一九二〇至四〇年代的同性愛論述，也在歷史過程中逐漸沉澱到我們語言文化脈絡的論述模式與認識框架——其建構了往後引起民眾道德恐慌的「汙名主體」——直到百年之後仍持續生產其知識／權力效應，至今仍影響時人對於同性戀（甚至是他者異己）的理解和價值判斷，例如一九二〇年代之後以愛滋為首的影響（參見本書第四章）。

38　《現代青年》第3卷第3期（1936年5月15日）的「同性愛問題特輯」六篇文章除鏑銤的〈談同性愛〉（頁15-16）偏向愛的關係模式外，張鐵笙的〈如何防止青年的同性愛〉（頁17-20）、妙妙的〈同性愛的構成和防止〉（頁21）、孫明梅的〈我們不要畸形的性愛〉（頁22-24）三篇偏向癖的病理化模式；另外林慰君的〈我之同性愛觀〉（頁12-14）、懷似的〈現代婦女同性愛的批判〉（頁25-27）二篇則屬窺的道德化批判：前文作者藉由在女校試教被女學生愛慕的經驗及勸言，提到女同性愛互稱「朋友」或「碟兒」（dear），而後文作者則認為婦女是弱者都是需要被愛的，故男愛女是自然的事實。

39　善哉，〈婦女同性之愛情〉。

40　1936年11月《性科學》第2卷第4期的「同性愛專號」文章中：美國的醫學博士提出內分泌腺對於性別氣質的影響（參見：普賴德著，建譯，〈真正的同性愛可以治療嗎？〉，頁4-8）；而蘇聯的教授同樣強調生殖腺的影響，認為同性愛是組織生殖器諸要素的變態（參見：蓋利曼著，洪譯，〈女性的同性愛和性的變態〉，頁13-15）；更有專家一方面認同愛賓的神經症候觀點，另一方面又提出內分泌對於性慾發達有很大的影響，雖澄清同性愛畸形發展不是病態，但在防止方法卻提到去勢手術和割除卵巢（參見：A. E. Long著，漢譯，〈同性愛的研究和防止〉，頁15-26）。

二、青年胡秋原的友愛大同

　　在這一節裡，則將通過分析胡秋原的〈同性愛的研究〉來闡釋「愛的關係模式」，以及其中蘊含的烏托邦想像及關係連結的潛能。胡的立論策略先是歷史化同性愛，進而訴求體制化友愛關係，其核心在於綜論並高舉同性愛的重要性，目的則是推廣奠基於友愛且實行自由平等民主的人類未來。胡的觀點一方面來自卡本特烏托邦社會主義的解放理念，另一方面則是在回應論敵批判同性愛所產生「癖」與「窺」的認識方式，以及面對在當時社會中所產生的汙名效應。桑梓蘭（Tze-Lan Deborah Sang）、康文慶（Wenqing Kang）、許維賢與陳靜梅等學者已在民國時期同性戀愛浮現的脈絡下，分析當時卡氏的譯述以及胡楊論戰的影響。像是桑梓蘭指出卡氏譯作常將同性戀愛理想化並宣揚同性戀解放，以及這樣的同性情感存在強烈的民主願望。[41] 陳靜梅則分析胡的自由主義立場一方面具有促進同性戀愛者的自我意識和女性解放的價值，另一方面區分愛與性的觀點以及只重視本質論的看法。[42] 但是桑、陳二人的論點都沒有留意卡氏的社會主義立場，或是胡當時的左傾立場與共產黨背景。而康文慶著重胡、楊二人對於西方性科學不同詮釋之間的張力，更根據《胡秋原傳》推測胡之所以撰文回應，可能跟胡的馬克思主義信仰和同性交友經驗相關，也指出胡介紹卡氏思想並提倡奠基於同性愛的共產主義社會。[43] 許維賢則聚焦胡面對傳統賣淫男色與現代同性戀兩者的劃界，並分析胡從卡氏著述獲得社

41　桑梓蘭，《浮現中的女同性戀》，頁116-131。

42　陳靜梅，《現代中國同性戀話語譯介及小說文本解讀》，頁93-100。

43　Kang, *Obsession*, pp. 41-49.

會主義和性改革的雙重啟蒙。[44] 上述研究傾向當代多元主義觀點及認同政治視角的分析，使其立論要不是忽略卡氏或胡的社會主義知識背景（如：桑、陳），就是較為關注國族存亡與中國現代性議題而沒有深入梳理他們社會主義性／別論述的烏托邦理念這一部分（如：康、許）；特別是本章所聚焦的第五節「友愛與社會」，正是我們管窺當時同性戀愛論述與社會主義思想兩者關聯的關鍵線索。

　　根據目前文獻，青年胡秋原可能是在日本早稻田大學讀書時接觸日本左翼知識分子及相關思想，而更了解卡本特的社會主義理念及性／別思想：一方面他曾回憶自己年輕時崇敬卡氏的社會改造思想與人道主義精神，因此曾托人從日本購書回來閱讀，並翻譯卡氏文章出版，[45] 另一方面卡氏學說在一九二〇年代日本激進圈早於馬克思主義的發展且深具影響力。[46] 胡在撰寫〈同性愛的研究〉時，應該已全面掌握卡氏的社會主義理想以及同性戀愛觀。[47] 所以當胡在日本得知卡氏過世消息，便跨海發表長篇論文悼念這位「蒙師」，稱其思想為「卡本特主義」，並比喻成呼喚未來的喇叭聲。[48] 胡更在文中討論卡氏《戀

44　許維賢，《從豔史到性史》，頁61-53、128-132。

45　張漱菡，《胡秋原傳》，頁270。

46　Rowbotham, "Edward Carpenter," p. 122.

47　1919年日本社會主義運動家堺利彥和山川菊榮分別翻譯了瓦特（Lester Frank Ward，1841-1913）和卡本特的論著，並合併為《女性中心說與同性愛》（『女性中心と同性愛』）由東京的「ARS合資會社」（アルス）出版，其中收錄〈同性愛〉的部分即由山川氏譯自卡本特的"The Intermediate Sex"。不過，山川氏在1914年就已節譯這本書，題為〈中性論〉〔中性論〕刊登於《番紅花》〔『番紅花』〕。（參見：【日】清地由紀子，〈「同性愛」與「同性戀」的形成和建立〉，頁244，註11）我考證過上述由「ARS合資會社」所發行的《女性中心說與同性愛》的日文複印本，比對書中句型與特定用詞，推測胡的〈同性愛的研究〉不僅翻譯自卡氏原文，應也參考了山川氏的日譯版。

48　胡秋原，〈新故的卡本特〉，《北新》第3卷第15期（1929年8月），頁64。

愛論》主張時，特別介紹其觀點乃奠基科學觀察來證明同性愛的存在，深切地向人們說明同性愛的重要性。他不僅欣賞卡氏極為傾心的美國自然主義詩人惠特曼（Walt Whitman, 1819-1892）提出的「夥伴之愛」（love of comrade），也認同這種情感是作為現代與未來建設新社會的重要精神基礎之觀點。[49]

　　事實上，卡本特的社會主義性／別思想在一九二〇年代中國知識界已受到高度矚目並相當盛行，他的《戀愛論》（*Love's Coming-of-Age*, 1896）無論是在自由派或社會主義的出版圈都受到青睞，不僅翻譯版本眾多，銷量更是驚人——例如1920年從日本社會主義思想家堺利彥（1871-1933）的節譯本翻譯的《愛的成年》，1923至1926年共再版十二次；[50] 或是1927年由提倡自由戀愛的開明書店所發行的樊仲雲譯本《加本特戀愛論》；以及1929年郭昭熙的譯本《愛史》也再版二次。[51] 據我的調查，日譯本除堺利彥所譯的《自由社會的男女關係》（自由社会の男女関係），於1915年由東京的東雲堂書店出版之外，並在1925年由文化學會出版部以「文化研究手冊」（文化学會パンフレット）的宣傳刊物形式出版過；而社會主義及婦女運動家山川菊榮（1890-1980）於1921年也譯有《戀愛論》（『恋愛論』，東京：大鐙閣）。

　　而前述樊版中譯本的《加本特戀愛論》，除了譯者是根據英文版並參照山川菊榮的日譯本所譯外，且再經《新女性》刊物主編章錫琛

49　根據目前研究，惠特曼影響卡本特的思想至深，卡氏曾遠赴美國拜訪這位心儀已久的詩人並同居生活一週；他與惠特曼的交誼不僅開啟體認世界的新方法，也賦予他對於意義闡釋的不同模式。據聞相差近三十歲的二人在那段期間也有過同性情誼的肌膚之親。（Rowbotham, *Edward Carpenter*, pp. 56-57.）「夥伴之愛」（love of comrade）一詞來自胡秋原對於惠特曼理念的翻譯，參見：胡秋原，〈新故的卡本特〉，頁47。

50　陳靜梅，《現代中國同性戀話語譯介及小說文本解讀》，頁79。

51　許維賢，《從豔史到性史》，頁129-130。

（1889-1969）校閱後，收錄於「婦女問題研究會」叢書發行。[52] 而樊版
的中譯本比山川版的日譯本多了原作者卡本特提及成書緣由的〈代序〉
與討論同性愛的〈中性〉（"The Intermediate Sex"），但比山川版的日譯本
少了〈關於人為限制人口〉（"On Preventive Checks to Population"）一篇的
內容。[53] 我據以推測，卡氏支持同性愛的論述也因此見諸當時流通的
樊版譯本；故本節討論的《戀愛論》以樊版譯文為主，並參照1896年
英文版。透過這些不同版本的譯作傳播，得以看出卡氏以社會主義觀
點來分析性／親密關係與社會體制的論述在當時已相當完整地引入中
國，並成為當時知識分子倡導自由戀愛及新性道德的論述資源：自由
戀愛不僅成為批判傳統倫常的政治象徵，代表自由、平等與權利的現
代超善，[54] 更推升成為一種新式的道德理想與價值標準。[55] 而由不同
主義思想所形構的自由戀愛風潮，後續也影響胡秋原和謙弟、劍波對
於同性愛的看法（詳後）。

　　相較於《戀愛論》，卡氏主要探討同性戀愛議題的《中性論》（The
Intermediate Sex, 1908）在當時中國的傳播流通也不遑多讓，1929年胡
秋原便以筆名「秋原」翻譯其第三章〈同性戀愛論〉（"The Homogenic
Attachment"），分兩期連載於《新女性》；而胡稍後發表的〈同性愛的研

52　[無署名]，〈全譯加本特戀愛論〉，《新女性》第2卷第5期（1927年5月），頁119。

53　工藤貴正著，範紫江、張靜、吉田陽子譯，吉田陽子校對、編修，《廚川白村現象在
　　中國與臺灣》（台北：秀威，2017），頁79-80。另參見樊版《戀愛論》的〈代序〉（加本
　　特著，樊仲雲譯，《加本特戀愛論》，上海：開明書局，1927，頁5-9），此篇序文並
　　非來自《戀愛論》的原書（Love's Coming-of-Age），而是譯者節選自1916年卡本特的自傳
　　《我的人生與夢想：自傳體筆記》（My Days and Dreams: Being Autobiographical Notes）的
　　第十一章〈關於我的書的故事〉（"The Story of My Books"）。

54　李海燕，《心靈革命》，頁112。

55　楊聯芬，《浪漫的中國》，頁21。

究〉一文中豐富的同性愛文藝與社會史料，應即是奠基於譯作此文的
工夫。[56] 部分研究也已指出〈同性戀愛論〉一文所譯介的觀念或許是
當時人們首次認識到不同性向的社會光譜，以及接觸到「非病理化」
與「非低人一等」意味的先天性同性戀和同性戀認同之概念。[57] 不過
在胡秋原的譯作問世之前，一九二〇年代不同的報章期刊幾乎已經把
《中性論》整本都翻譯刊載過，故人們應該早於胡的翻譯，已接觸卡
氏的社會主義性／別思想。

　　依現有文獻來看，《中性論》相關文章最早在中國的翻譯，是
1920年譯者正聲據山川菊榮的日譯版（原題〈中性論〉〔中性論〕連載於
《番紅花》〔『番紅花』，第3至5號〕，1914年5至7月；後改題〈同性的愛〉
〔同性の愛〕，收入《女性中心和同性愛》〔『女性中心と同性愛』，東京：アル
ス〕，1919）的〈中性論〉一文，選譯其中第一、二章，分別標為「緒言」
（"Introductory"）及「中性」（"The Intermediate Sex"）。[58] 1923年共產主義
者沈澤民則翻譯了第四章〈同性愛與教育〉（"Affection in Education"）刊
於《教育雜誌》討論性教育的專輯。[59] 1924年海燕從《戀愛論》則選譯
第七章的「The Intermediate Sex」（後來收錄為《中性論》的第二章）並
題為〈戀愛論〉。[60] 值得注意的是，原書第五章〈友愛與社會〉（"The

56　卡本特著，秋原譯，〈同性戀愛論〉，《新女性》第4卷第4期（1929年4月），頁94-
　　114；〈同性戀愛論（續）〉，《新女性》第4卷第5期（1929年5月），頁41-66。

57　桑梓蘭，《浮現中的女同性戀》，頁130；許維賢，《從豔史到性史》，頁131。

58　Edward Carpenter著，正聲譯，〈中性論〉，《婦女雜誌》第6卷第8期（1920年8月），
　　名著專欄：頁1-14。

59　卡賓塔著，沈澤民譯，〈同性愛與教育〉，《教育雜誌》第15卷第8期（1923年8月），
　　頁1-10。

60　嘉本特，海燕譯，〈戀愛論〉，《民國日報·婦女周報》第28期（1924年3月5日），頁
　　4-6；第29期（1924年3月12日），頁5-7。亦參見：陳冉涌，〈跨語際的觀念再造：

卡本特的《中性論》(*The Intermediate Sex*)各章中譯：

英文版章節	中譯篇名	譯者	刊載
CH1: Introductory	〈中性論·緒言〉	正聲	1920年，《婦女雜誌》第6卷第8期
CH2: The Intermediate Sex	〈中性論·中性〉		
	〈戀愛論〉*	海燕	1924年，《民國日報·婦女周報》第28至29期
CH3: The Homogenic Attachment	〈同性戀愛論〉	胡秋原	1929年，《新女性》第4卷第4至5期
CH4: Affection in Education	〈同性愛與教育〉	沈澤民	1923年，《教育雜誌》第15卷第8期
CH5: The Place of the Uranian in Society	〈同性愛的研究·友愛與社會〉	胡秋原	1930年，《同性愛問題討論集》

*　此篇譯自卡本特的《戀愛論》(*Love's Coming-of-Age*, 1896)第七章("The Intermediate Sex")，同《中性論》第二章。

Place of the Uranian in Society")卻未見有人翻譯，而是直到胡在〈同性愛的研究〉其中「友愛與社會」一節的翻譯及改寫，人們才得以接觸到《中性論》所提出的烏托邦理念及政治方案。

　　以下便據《戀愛論》、《中性論》二書內容，略加說明卡氏的社會主義性／別思想，接著再綜合分析胡秋原據以發展出來的友愛大同觀。

(一)卡本特的社會主義性／別思想

　　根據《戀愛論》的成書脈絡，卡氏的性／別思想是社會主義行動與政治論述的產物：他痛恨國家與教會體制造成的道德桎梏，批判資本主義和商業體系的剝削，以及由私有財制度形成的法律不公義

和階級不平等。[61] 卡氏冀求的是社會整體的自由解放與平等正義，而
這其中包括關注同受壓迫的群體如婦女與中性者；對他來說，中性
是以進化論觀點來指涉超越男女兩性的理想樣態，中性者的演變也
指向未來社會將進化到的新生活形式。卡氏的「intermediate sex」概念
亦來自前述烏爾利克斯所創的「*Urning*」一詞，意指有些人類在精神
與情感層面同時具有兩性的性別特質，而這樣的雙重特性在很大程
度上是由這些人情感的特殊方向所提供，在這種情形下，同性之間的
浪漫友誼因此就如預期般發生。[62] 卡氏亦例舉世界歷史中名聞遐邇的
中性人物，來增強中性者是健全人種、甚至對人類進化有著重大貢獻
的觀點。[63] 胡秋原則解釋，卡氏是以這個詞彙來強調同性戀愛崇高的
精神而非肉欲層面。[64] 卡氏的《戀愛論》分析資本主義（Capitalism）、
帝國主義（Imperialism）、個人主義（Individualism）和私有財產制（private
property），以及它們與身體和愛欲、男子的不成熟、婦女的受壓迫和
解放、娼妓與貧窮問題、嫉妒的情緒、婚姻形式和家族制度之間的關
聯，性／親密關係議題則是卡氏面對社會如何改革的其中一環。也就
是說，同性戀愛是依隨卡氏思索整體社會在經濟體制、兩性及婚姻家
庭問題，以及身體欲望與情緒情感等面向而浮現且彼此相關，他企圖
結合外部經濟改造與內在人格變革的分析來實現社會主義全面解放的
理想。

61　加本特著，樊仲雲譯，《加本特戀愛論》，頁5-9。

62　Edward Carpenter, *The Intermediate Sex: A Study of Some Transitional Types of Men and Women*
　　(New York: Kennerley, 1912), p. 19.

63　Carpenter, *The Intermediate Sex*, p. 36.

64　胡秋原，〈同性愛的研究〉，頁61。無論是樊仲雲、胡秋原或其他譯者，「intermediate
　　sex」有時直譯為中性，有時則意譯為同性愛或同性友誼，本章將依行文脈絡交替使
　　用。

　　然而卡本特的論點並非強調個人主義或改良式的自由主義，他仍主張社會整體的根本變革——例如解決產業問題、機械生產的共有、男女都不再為他人的奴隸、不是因財產而結婚等等——要在真正經濟自由的社會中，人們才能不受外部制度結構與內在性欲衝動的牽制而真正結合。因此卡本特的性／別思想主張解放婦女也需解放人民大眾，因為站在他的社會主義整體性視野來看，婦女解放的目標也是全世界受壓迫勞動者的目標。[65] 對卡本特來說，未來社會將進化到一個自由且平等的中性社會，屆時透過友誼而組合的親密關係就不會再有強制結婚、離婚和娼妓等婦女所面對的困境，從私有財產制而來的嫉妒或情殺等情感問題也將一併消失。社會主義於他而言不僅是政治方案的設想，也是文化、思想與情感的內外全面重塑——即「社會主義作為一種新的生活方式」。[66] 卡本特的分析同時涵蓋物質條件和社會關係，以及身體與情感的面向，而他的社會主義理念既帶有當時進化論的思維，也重視個人的日常生活實踐；對他來說，改變勞動與生產關係很重要，可是不僅於此，個人生活的轉變也同樣重要，而這樣的觀點深刻影響了《中性論》設想同性愛與未來自由社會之間的連結。

　　《戀愛論》最後更設想人類社會將進化到一種以自由之愛作為人我關係連結的共同體，因為卡本特主張真正的愛只有在自由的社會才有可能，而自由也只有當愛是實際存在的東西時，才有可能實現：

　　（照這樣的經驗看來）我不敢相信，除了這樣的社會，還有更有

65　Edward Carpenter, *Love's Coming of Age: A Series of Papers on the Relations of the Sexes* (Manchester: Labour Press, 1896), pp. 121-122. 中譯參見：加本特著，樊仲雲譯，《加本特戀愛論》，頁155。

66　Rowbotham, "Edward Carpenter," p. 9.

意義的自由社會了。在這社會裡面，無數人間的自我都結成為一
個自我，其中的各員（像身體的各部一般）在有永久的光榮的關
係中難以相離的結合著；我們所屬的意識的或無意識的世界，像
但丁（Dante）在樂園中所目擊的靈魂的薔薇一般，每片花瓣是一
個人，每人都與其他一切的人互相結合而成為獨立的個人——就
是像初期基督教會所夢想的天上地上永遠的友情，為存在於地球
及其他星球上的一切人類和社會的典型。[67]

卡氏藉由靈魂花朵的比喻來闡發戀愛蘊含的深刻意義與龐大的情感
動能，並以此描繪一套社會改革與建設方案，甚至是宇宙觀：他所
期盼的烏托邦社會，一方面是以友愛關係作為人我結合與組織社群
的能量，藉由與其他人的關係連結，每個人既像是一片花瓣的「類存
在」（species being），也如同是相互構成一朵花般的「社會存在」（social
being），甚至是世界和宇宙存在。另一方面，自由社會的形成更需要
推動政治社會與經濟文化的變革——如生產問題、私有制度、婚姻
法、兩性性教育和情感教育等——並重構社會關係，才能進化到未
來。胡秋原曾分析，卡氏提出情感與人格的內部改造乃是異於馬克思
主義的主張，並有益於調劑當時社會偏重外部改造的經濟革命情況，
因此他看重卡氏理念能調和個人主義與社會主義之間的矛盾緊張。[68]
而下一小節將指出，《戀愛論》以愛的精神來改革社會的觀點是如何
形構胡的友愛大同觀。

　　卡本特的性／別論述透過當時社會主義知識／運動的跨國傳播網

67　Carpenter, *Love's Coming of Age*, p. 124. 中譯參見：加本特著，樊仲雲譯，《加本特戀愛論》，頁157-158。

68　胡秋原，〈新故的卡本特〉，頁60。

絡，深刻影響全世界的左翼陣營，例如在美國的高德曼不僅研究也
宣講卡氏的理念，[69] 中國的無政府主義青年劍波則翻譯且承襲高氏的
性／別論述（詳後）。而〈同性愛的研究〉主要引用的性學資料和立論
觀點也都來自卡氏——特別是《戀愛論》與《中性論》——胡秋原在文
中不僅調動中西方的論述資源，來回應同性愛在當時社會所受到的批
評，更據以創造出一個友愛大同的世界。

（二）戀愛至上與友愛大同

〈同性愛的研究〉一文將卡本特《戀愛論》的觀點拓展到同性愛
議題並加以深化，不僅強調戀愛對於自我認識的重要性，也呼籲學
校實施性教育和情感教育的急迫性；胡秋原在〈同性愛的研究〉的第
四節「友愛與教育」大量引述與重譯卡本特《中性論》一書的第四章
（"Affection in Education"），藉以批評當時教育和家庭體系並呼籲把同性
愛納入社會制度。在論及期盼有朝一日學校能將友情認可為一種正式
制度的段落裡，胡認為：「甚至於，比『勞動』還要看得更為重要。」[70]
——也就是說，身為馬克思主義者的胡藉由卡氏的社會主義性／別思
想表示，建立起一種教學相長的、制度化與責任化的同性情誼，比起
能夠達致自我實現的勞動還來得重要。他的論點因此一方面再次強化
同性情誼的優點，另一方面則提升了友愛關係在社會主義性／別論述

---

69   高德曼除親身巡迴宣講卡本特的《中性論》，也在她創辦的無政府主義期刊《大地之
     母》（*Mother Earth*，1906年創刊至1917年停刊）販售卡本特的文集和刊載詩作，宣
     揚他的社會主義理念。Edward Carpenter, "The Smith and the King," *Mother Earth* 6(12),
     Feb. 1912: 353-354.

70   Carpenter, *The Intermediate Sex*, p. 95. 中譯參見：胡秋原，〈同性愛的研究〉，頁174。

中的高度。而在婚戀、嫉妒與賣淫議題上，胡同樣延續《戀愛論》唯
物分析立論，將性／親密關係問題扣連到私有財產制及資本主義價值
觀，而核心主張就是友愛是解放人類自由、推動社會進化的關鍵動
能。對胡來說，同性愛是以友愛為基礎的高度精神性之展現，且強調
愛情作為連結人我關係的重要元素，不但能夠打破階級區隔帶來人類
的平等，更可緊密串連社會不同團體而達致真正的民主。他所構想
的「友愛大同」帶有浪漫主義與社會演化論的色彩，乃奠基在他歸納
當時主流戀愛觀的要旨：（1）戀愛是人格抱合與靈肉一致；（2）戀愛
是包含友誼所蘊含的平等精神；（3）戀愛是性欲的昇華，[71] 而同性愛即
為浪漫友誼與戀愛文化的精神體現。這種強調戀愛至上與靈肉合一的
觀點，涉及一九二〇至三〇年代圍繞「新性道德」與「戀愛論」展開的
一連串論戰；[72] 這期間不同立場的知識分子（如保守派的陳百年〔1886-

71　胡秋原，〈同性愛的研究〉，頁52-55。

72　關於民國以降有關「戀愛」概念的內涵與轉變以及相關論戰的歷來分析，參見：彭
　　小妍，〈五四的「新性道德」：女性情慾論述與建構民族國家〉，《近代中國婦女史研
　　究》第3期（1995年8月），頁77-95；呂芳上，〈1920年代中國知識分子有關情愛問
　　題的抉擇與討論〉，呂芳上編：《無聲之聲I：近代中國的婦女與國家（1600-1950）》
　　（台北：中研院近史所，2003），頁73-102；許慧琦，〈1920年代的戀愛與新性道德
　　論述〉；邱雪松，〈「新性道德論爭」始末及影響〉，《中國現代文學研究叢刊》2011
　　年第5期（2011年5月），頁124-132；彭小妍，《浪蕩子美學與跨文化現代性》，頁
　　320-329；楊聯芬，〈愛倫凱與五四新文化〉，《中國現代文學研究叢刊》2012年第5
　　期（2012年5月），頁87-101；楊聯芬，《浪漫的中國》，頁1-28；李海燕，《心靈革
　　命》，第四章；張歷君，〈莎菲的戀愛至上主義：論丁玲的早期小說與廚川白村的戀
　　愛論〉，《現代中文學刊》2020年第4期（總67期，2020年8月），頁72-78；陳冉涌，
　　〈跨語際的觀念再造：一個1920年代中國女性同性戀愛話語的檢視〉，頁90-97；Hsu,
　　Rachel Hui-Chi, "Rebellious Yet Confined: Women Dissenters on Love and Sexual Morality
　　in *The Ladies' Journal and The New Woman*," in Michel Hockx, Joan Judge, and Barbara
　　Mittler eds., *Women and the Periodical Press in China's Long Twentieth Century: A Space of Their*

1983〕、自由派的章錫琛、周建人與晏始等人、性育派的張競生，以及激進派的謙弟和劍波），幾乎都會援引西方十九世紀末以降社會主義思想家如卡本特、托爾斯泰（Lev Tolstoy, 1828-1910）、阿爾伯（Charles Daudet, 1892-1960）與柯倫泰（Alexandra Kollontai, 1872-1952），以及日本學者如廚川白村（1880-1923）和本間久雄（1886-1981）的性／別論述來支持與闡述其論點。[73] 而胡提出以「戀愛」作為同性愛的認識模式來為其辯護的立場與論據，傾向當時以章錫琛為首的戀愛論陣營所提出以兩性平等結合而非以包辦婚姻為標準的新性道德——這些知識分子藉此將戀愛提升至高度神聖的地位。[74] 也就是說，當時中國瀰漫在戀愛浪漫主義與戀愛至上主義的主導性情感氛圍，甚至形成有如宗教般的理想信念與道德標準，即便是同性愛也因為人們肯認自由戀愛而具有存在的意義與價值。胡秋原也因此能夠義正辭嚴地以戀愛神聖之名來為同性愛辯護，區分並澄清其觀點與論敵楊憂天所批評的同性交媾完全不同。

　　我們可以看到，胡在〈同性愛的研究〉第一節乘著戀愛至上主義與靈肉合一論的新式戀愛風潮、第二節引用卡氏著作的歐洲性科學研

Own? (Cambridge: Cambridge University Press, 2018), pp. 158-175.

73　例如《戀愛論ABC》這本選集就高舉「戀愛革命」的口號，強調要以戀愛為基礎來建設平等與自由、合理且真誠的男女結合，並引介前述西方思想家等立場派別稍有差異的戀愛論述，包括介紹卡本特的同性愛觀點：「認定愛有偉大的創造力的加本特，對於世人認為毫無價值的同性愛，也肯定牠為高貴人格的必須要素，而且是有力的社會力」。郭真，《戀愛論ABC》（上海：世界書局，1929），頁66。

74　章錫琛提倡應以戀愛自由打破傳統婚姻束縛與舊式貞操觀念的戀愛文化論。章錫琛，〈我的戀愛貞操觀：寫在謙弟劍波兩君的文後〉，《新女性》第2卷第5號（1927年5月），頁533-536。亦可參照他主編《婦女雜誌》時推出的「新性道德專號」（《婦女雜誌》第11卷第1期，1925年1月）：章錫琛，〈新性道德是什麼〉，頁2-7；雁冰，〈性道德的唯物史觀〉，頁13-21；沈澤民，〈愛倫凱的「戀愛與道德」〉，頁28-43。

究，以及第四節呼籲建立友愛教育制度，全面回應楊憂天對同性愛的批評，並努力洗刷社會大眾的誤解。胡更在第三節「友愛與文藝」幾近失控地摘錄與選譯卡氏《嚶嚶集》，大篇幅剪輯書中從原始部族的友誼習俗到古希臘哲人論述友愛情誼的歷史事蹟，以及西方文藝史的同性愛典故與藝文詩作，來強調同性愛在歷史與文化所占的重要地位。[75] 胡一方面試圖藉此在論證上強化古希臘模式的同性愛精神，另一方面則以廣博的友愛文藝史料來反駁楊憂天仰賴性科學的理據；他因此提出了一種有別於傳統男色與現代性科學的同性愛認識論、甚至是本體論：「其實所謂同性愛者，我們應該看作一種浪漫的友誼——而人類將來男女關係也應該建立於友誼基礎上」，[76] 也就是通過例舉世界各地歷史文化的友愛情誼所浮現的關係樣態與情感表現。

　　而此處要指出的是，這篇文章最重要的部分在於胡透過詳細地翻譯引述，以及刻意地剪裁拼貼《中性論》與《嚶嚶集》的性／別論述，再加上自己的理解、分析與感想，構成了關鍵的第五節「友愛與社會」。他在這一節要回應的是，以社會主義的觀點來看，同性愛該如何面對兩個關鍵問題：再生產和社會進化。因為在西方左翼政治的歷史發展中，同性戀的存在與社會主義思想之間的矛盾始終存在；[77] 特別是對一些泛社會主義陣營的人來說，同性戀的主要問題就在於其阻礙人類生殖與社會革命，像是恩格斯（Friedrich Engels, 1820-1895）曾

75　第三節「友愛與文藝」占全文三分之一的篇幅（胡秋原，〈同性愛的研究〉，頁84-159），我比對胡直接抄錄《嚶嚶集》原文詩文近三十首，參見：Edward Carpenter, *Ioläus: Anthology of Friendship* (New York: Kennerley, 1917).

76　胡秋原，〈同性愛的研究〉，頁218。

77　Gert Hekma et al., "Leftist Sexual Politics and Homosexuality," pp. 1-41.

批評男同性戀是資產階級墮落與違反自然的行為。[78] 馬克思也利用
過無政府主義者巴枯寧（Mikhail Bakunin, 1814-1876）是同性戀的流言，
將這位立場相左的論敵鬥出第一國際。[79] 在理論上應當會傾向支持
自由結合的無政府主義者克魯泡特金（Peter Kropotkin, 1842-1921），則
是在聽聞卡本特撰寫同性友誼的著作時表示嗤之以鼻，而《公益報》
（Commonweal）主編也認為同性戀是上層階級或教會人士的異常，若不
好好克制與治療會導致神經病變和發瘋。[80] 卡本特時代的英國左翼
報刊如社會民主聯盟的《正義》（Justice）曾刊載文章表示，同性戀是一
種源自公立學校和軍隊的「癖」（obsession），只能以道德教化來消除其
影響，社會主義需要根除男妓這種邪惡的存在；獨立工黨的《勞工領
導》（Labour Leader）甚至批評如王爾德（Oscar Wilde, 1854-1900）這種同性
戀者，就是過著閒暇富人無恥下流的放蕩生活。[81]

　　首先針對再生產的問題，胡指出同性情誼不僅能夠解答未來社會
如何處理再生產的疑難，也可以解決當前中國社會面對傳統家庭桎梏
的病症。他先是引述卡氏說法回應人們對於中性者在結婚與繁衍後
代上的質疑，提出友誼作為另一種形式的人類結合也是社會活動不
可或缺的基礎，即能生產所謂「心底兒女」（children of mind）的哲理觀
念與精神理想。他接著才提出自己觀察中國本土的情況，認為許多人
都困於家庭重擔與日常生活，遠大志向和心靈發展則是因友情的淬礪

---

78   恩格斯著，谷風編輯部譯，《家庭、私有制和國家的起源》（台北：谷風，1989），頁
　　　68。

79   Terence Kissack, *Free Comrades: Anarchism and Homosexuality in the United States, 1895-1917*
　　　(Oakland: AK Press, 2008), p. 49.

80   Rowbotham, "Edward Carpenter," pp. 116-117.

81   Rowbotham, *Edward Carpenter*, pp. 194-195.

而能相得益彰，他並說明歷史上許多沒有結婚的偉人，也是因友情的支持而能完成至上事業。[82] 而在社會進化層面，他則詮釋卡氏的主張，也就是同性友愛能打破階級界限以實現真正民主：「惟有愛情是一個最大的平均社會的器具。恐怕建築在一種易於打破階級品第的界限，而將最生疏遠隔的社會階級緊結於一種為親密的情愛中的真正的Democracy，才是在最堅實的基礎上罷。」[83] 然而，即便胡在文章中舉證歷歷，他仍意識到人們或許會嘲笑這種以友愛情誼來進行勞動改革及重構雇傭關係的說法；他於是回應這是因為資本主義已殘害人性的緣故，所以沒有人願意相信友愛能推動社會變革。他繼而援引馬克思與克魯泡特金的預言：當未來社會進化到共產主義時代，人們就能在普遍的同胞愛紐帶裡共同勞動，[84] 來強化自身的理論基礎。

　　因此對胡來說，友愛不僅能成為勞動組織和工會制度的黏合劑，重新打造目前體制下的勞動與雇傭關係，也能跨越階級分野進而形成真正自由及平等的結盟與社群。他的例證是說明卡氏把以友愛為基礎的勞動型態接連到西方勞動史裡的「基爾特」（guild）組織和「盟會」（fraternity）制度，並解釋卡氏的社會改造觀點是受到二位社會主義實踐者「瓊斯」和「愛須比」及其著作的影響。[85] 事實上，胡引述的例子也都是譯自《中性論》內文與附錄引文：瓊斯（Samuel M. Jones, 1846-1904）在領導工廠工人時發揮友愛與合作的原理，促進雇傭關係的親密與信任，[86] 而愛須比（Charles R. Ashbee, 1863-1942）則強調這類表現為

82　胡秋原，〈同性愛的研究〉，頁184-188。

83　胡秋原，〈同性愛的研究〉，頁188。

84　胡秋原，〈同性愛的研究〉，頁190。

85　胡秋原，〈同性愛的研究〉，頁189-190。

86　Carpenter, *The Intermediate Sex*, p. 108.

惠特曼式的夥伴之愛與社會民主的新公民精神，將是未來工廠改造的
重要根基。[87] 胡竭盡所能地汲取與譯寫卡氏的社會主義性／別論述，
目的是要闡述友愛關係不僅能取代當時資本主義社會以金錢和法律等
外部力量來形成人際連帶的情況，中性者更將領導社會進化並改變社
會大眾的生活。對胡來說，友愛情誼既能推動社會改造與進化，又將
協助人類創造未來。

　　我們可以看到，胡秋原是在設想如何回應社會大眾嘲笑社會主義
空想以及誤解同性友愛真義的論述過程，形塑出一個打破以兩性生殖
繁衍為主的人類結合、期許以友愛和勞動為媒介的社會主義願景、各
種界限區隔完全消融而人人平等的友愛大同世界。他的烏托邦藍圖是
如此擘畫的：

> 同樣可以說，廣大的友愛是集團主義的基礎與不可缺之要素，不
> 然，集團主義也只是一個空殼了。人類在將來最後的社會中只是
> 結合於愛，結合於勞動，而是在友情的空氣中，勞動才更為美化
> 而香甜而毫無痛苦罷。我們可以相信，將來性慾與生殖是必日失

87　Carpenter, *The Intermediate Sex*, p. 138. 筆者查考此處的「愛須比」應為「Charles R.
　　Ashbee」，而非《中性論》原書附註的「O. A. Ashbee」。愛須比是卡氏友人，與女性結
　　婚也有男性愛人；他是英國著名的工藝設計師，十九世紀美術工藝運動的主要推
　　動者之一，他創立的工藝學校展現他對於基爾特式工作倫理的信念，以及帶有同
　　性情誼的惠特曼式夥伴關係。（Rowbotham, *Edward Carpenter*, p. 104）而「瓊斯」則為
　　「Samuel M. Jones」，是美國俄亥俄州托雷多市石油產業的創辦人，也是基督教社會
　　主義者，他有感於1893年美國經濟大恐慌造成政府債務危機與大量失業，於該市設
　　置工廠並進行以互惠倫理為基礎、名為「黃金律則」（Golden Rule）的勞動改革而成為
　　傳奇人物，後來獲工人支持選上市長，「Golden Rule」也因此成為他的綽號。參見：
　　"Samuel M. Jones," *Wikipedia, The Free Encyclopedia*, Wikimedia Foundation, 2021. Web. 10
　　Aug. 2021.

其重要性的，在那個時代，友情（只有深淺強弱之分）恐怕是結合人與人之間的以太。而且，是這樣足以將人類因人種、習慣、言語、階級、性別而生的隔膜完全消滅；這樣才是真實溫馨而生動的四海同胞的集團。這事實自然是很遼望的，然而我們又何妨望這一點呢？[88]

如同上一小節分析《戀愛論》以宇宙花朵為喻、用愛來連結人我的部分，胡設想在社會主義的理想世界裡，人們也是透過愛與勞動而相互結合，勞動的痛苦在友愛的組織形式如基爾特行會或兄弟會，則因情感支持與戮力同心而將不復存在。友愛作為社會連帶和政治改革的動力與基礎也能夠消弭種種隔閡界線，更是人與人自由結合的情感動能，因而展現出胡的世界主義視野。原本被傳統婚姻家庭綁住的、以生殖繁衍為目標的性，也因強調友情及自由戀愛的重要而能夠被解放出來，性就不只是人們用來進行再生產的工具——這也回應了張競生的強國保種論。更重要的是，胡這樣的理念不是停留在自由主義與個人主義層次，而是同時接連到集體主義及民眾政治，以友愛作為連結的基礎也不會形成制度壓迫或社會的空洞化，體現了卡氏烏托邦的社會主義精神。

　　胡秋原通過他所翻譯與詮解的卡本特主義，主張以友愛關係來認識同性愛並將之擴張為建設新社會的心靈動力與根基，以實現連結愛與勞動而能集體生活的大同世界。像是他舉例世界婦女運動和女性的同性熱情之間的關聯，包括運動先鋒者也是具男子氣概的女子，而民族與階級的鬥爭也要以這種友愛大同為理想。或是他也藉由同性愛的

88　胡秋原，〈同性愛的研究〉，頁193。

自由精神與不為性欲、生殖與謀生賺錢等目的，來批評一夫一妻的專偶制婚姻多半出於利己與私欲的動機，以及區分來自原始本能或私有財產觀念的嫉妒等《戀愛論》曾闡述的觀念。胡最後將友愛歸結為人類未來社會的最高原理，對於友愛的期盼可以說超越了當時戀愛論者們原本設想的高度：他不僅讚揚同性愛是戀愛最完美的形式，其所發揮的力量能夠推動社會改革並連結全人類，也冀望這種愛可以瀰漫於全宇宙。[89] 只是胡所引介的這種以同性情誼為核心並帶有社會主義關懷的「愛的關係模式」，並非當時人們認識同性愛的主要框架，他的友愛大同觀後來也沒有形成他的政治理念，以便能夠抵禦來自政敵的抹黃攻擊。[90] 不過1933年《申報》的一則新聞，或可作為胡倡議友愛大同理想的實踐事例，也是「愛的關係模式」回應資本主義壓迫與同性愛汙名的具體佐證：報導描述廣東順德絲廠女工的「自梳女」樣貌，這些女工實踐不嫁主義的同性愛，或如同夫妻般生活或十多個人共同合住姑婆屋，「總之，女工們抱獨身主義，無非是她們受了資本主義社會壓迫的一種反響而已」。[91]

　　而除了馬克思主義的胡秋原以戀愛至上論為核心的友愛大同觀，當時的無政府主義者謙弟和劍波也在戀愛論辯論時觸及同性愛議題。他們對於性愛的立場正好與胡相反，不僅反對戀愛神聖，甚至置疑戀愛存在的必要性；他們主張「性的自由結合」，而同性愛議題則是在

89　胡秋原，〈同性愛的研究〉，頁194-196、200-204。

90　胡秋原任職閩系政府文宣部主任時，因「閩變事件」遭國民黨小報抹黃，攻訐他與同為共青團成員的徐翔（本名應為徐翔穆）的同性愛關係。報導表面用意是提醒社會大眾注意其人的品德操守，實則是把同性愛操作為醜聞來進行政爭。參見：謝敏，〈時事特訊：胡秋原與徐翔〉，《社會新聞》第5卷第15期（1933年11月15日），頁232-233。

91　譯霜萍女士，〈女工不嫁主義〉，《申報》，1933年11月5日。

論戰中論及的副產品。對於他們的無政府主義立場而言，在破除私有
制而達致真正自由與平等的未來社會中，人與人之間的性／親密關係
沒有外在約束與制度強迫而能自由結合，也就沒有所謂同性愛或異性
愛的問題。

三、非戀愛論者的破愛共生

　　前文曾述及一九二〇年代戀愛論論戰與同性戀愛之間的關係，身
為無政府主義者的謙弟和劍波則是論戰的要角。在當時知識分子反思
戀愛與友誼有何差異的爭論脈絡裡，無政府主義陣營是將戀愛與階級
不平等聯繫起來，批判戀愛是性私有權的意識形態掩飾。[92] 桑梓蘭已
指出他們的戰友毛一波表示，無論同性或異性之間的親密關係都是
「性的友誼」，並引述毛文以論證民國時期同性戀愛的表述明確指涉同
性之間的愛情，並對應於異性戀愛。[93] 許慧琦則分析，即便以無政府
主義成員為主的非戀愛論批評戀愛論倡導的戀愛神聖與靈肉一致觀，
不過論戰雙方都排斥同性戀與獨身主義：前者認定兩性性交才是最健
康自然且正常的狀態，後者則基於優生保種的使命；[94] 而透過質疑戀
愛，這些無政府主義者試圖將其性論述與社會主義者和自由主義者做
出區分，他們的性激進主義不僅拒絕同性愛與獨身，還包括自慰。[95]
許維賢分別引述桑梓蘭、許慧琦二人的研究，但指出毛一波雖屬無政

92　李海燕，《心靈革命》，頁195。

93　桑梓蘭，《浮現中的女同性戀》，頁114-115。

94　許慧琦，〈1920年代的戀愛與新性道德論述〉，頁64-68。

95　Hsu, "Cross-cultural Sexual Narratives," p. 120.

府主義，毛的論述卻間接支持同性愛和同性之間的性。[96] 陳靜梅也引述毛一波和王卓認為戀愛不分同性與異性的論點，她還指出謙弟反倒是以同性愛等於生殖器崇拜來諷刺戀愛論一派，並推測謙弟邏輯矛盾地將同性愛視為靈肉一致。[97] 事實上，謙弟與劍波的性／親密關係觀點各有其論辯脈絡和對話過程，兩人同為非戀愛論陣營的立場雖相近但不能一概而論；要認識到他們性／別論述所連結的無政府主義對於人類自由與平等的整體性思考，才能理解他們其實並非一味地反對同性愛，他們性／別論述的核心關懷其實是關乎真正自由與平等的無政府主義理念。

（一）謙弟的互助共生說

謙弟如何思考性／親密關係和他觸及同性愛的論點相關。從其無政府主義立場來看，他主張要消滅資本主義與私有制度，人類才會有真正的自由與平等，屆時每個人都將成為獨立個體而非他人的財產；而人與人之間結合的自由——包括性交自由，或是他說的「性的友誼」——也只有在這個前提下才能完全達致，無論是兩性或同性；[98] 他是從根本上否定資本主義與產業私有制底下的婚姻家庭體制。謙弟不僅站在反對自由主義的婦女解放立場提出非戀愛論，[99] 他後來更倡

96　許維賢，《從豔史到性史》，頁48-49。

97　陳靜梅，《現代中國同性戀話語譯介及小說文本解讀》，頁73-75。陳引述謙弟的論述來支持其推論，但她沒有留意到謙弟文章中引用的無政府主義思想，而她的引文出處也有誤：不是刊登在1928年《新女性》的〈非戀愛與戀愛〉，而是1927年3月《新文化》的〈論「戀愛論」〉。

98　謙弟，〈非戀愛與其他〉，《新女性》第3卷第11期（1928年11月），頁1237-1248。

99　謙弟，〈我所認為新女子者〉，《新女性》第1卷第11期（1926年11月），頁803。

議新女性的根本解放之道，在於組織合作社與提供兒童公育，並給予
婦女職業教育和反宗法禮教的新式教育；[100] 女性據此才能獲致全面自
由與平等的地位，只有針對法律面向的改良主義並不會為婦女帶來
真正的解放。在首次觸及同性愛議題的〈論「戀愛論」〉中，謙弟反對
米田庄太郎（1873-1945）、愛倫凱（Ellen Key, 1849-1926）、卡本特和廚川
白村等人的戀愛至上主義，批評戀愛神聖論不僅重愛輕性，這些戀
愛論者因此也違背自己提倡性自由的觀點，更使得為情自殺的事件
頻傳；他是在這個脈絡裡嘲諷戀愛論者是在鼓吹同性戀，其論點在
於「這因為同性間也有性的慾求之要求，雖然這是性慾的變態（？）然
而卻是性慾的要求」。[101] 對他來說，同性戀就像男女之間的「相愛」現
象一樣，都是發自性的需求並由環境所促成的情況，因此也毋需區分
戀愛、友愛或人類愛的意義。而比起所謂「性的戀愛」，謙弟更重視
人與人之間的共生互助行動，他在文中引述克魯泡特金的《互助論》
（*Mutual Aid: A Factor of Evolution*, 1902）來支持其論點，強調合作共生關
係而非戀愛關係的重要性。

　　謙弟反對戀愛也諷刺一夫一妻的婚家制度，問題源頭在於資本制
度的占有性與排他性。[102] 在〈非戀愛與戀愛〉中，他則再次強調戀愛
是維護資本制度小家庭的工具，也是有閒與資產階級的個人與享樂主
義，而非勞動階級所能擁有的東西。他倡言一旦進行社會革命並消滅

100　謙弟，〈近代已婚婦人解放論〉，《新女性》第2卷第2期（1927年2月），頁159-164。

101　謙弟，〈論「戀愛論」〉，《新文化》第1卷第3期（1927年3月），頁101。問號為原文即
　　　有。謙弟早於潘光旦的翻譯採用同性戀，而不使用二、三十年代較為常見的同性愛
　　　或同性戀愛，應是他反對戀愛之故。問號為原文即有，或可推測謙弟未必認為同性
　　　戀是性慾變態。

102　謙弟，〈戀愛貞操新論〉，《新女性》第2卷第5期（1927年5月），頁529-530。

資本制度之後，建基於現有經濟關係的兩性戀愛也會隨之消失，屆時
兩性之間只會有性的友誼，並能實現為整體社會而非個人私己著想的
人類愛。謙弟是在無政府主義革命的前提條件下，再次以同性戀作為
推論反證，來批判米田庄太郎的戀愛文化論：「講到這些文化價值，
我們且無論其有無『文化的』價值，我們試問在同性間，沒有性慾要
求的同性戀的同性間，究有無米氏所謂的文化價值呢？」[103] 在謙弟看
來，論者所言戀愛的文化意義與價值是來自於性欲需求，因此兩性之
間的戀愛和同性戀愛並無不同；對他來說，同性戀既非來自資本制度
的產物，也不是資產階級的墮落結果，而人們所稱的「戀愛」連結資
本制度、個人主義與階級不平等，才是吾人真正要反對與消滅的問題
根源。戀愛論陣營對手也是這樣來理解他的論點：「謙弟君是安那其
主義者〔中略〕卻更進而主張性交自由〔中略〕至於所謂愛情，不必定要
有性的關係的男女之間才有，就是同性與同性之間，人與人之間也是
有的〔後略〕。」[104] 因此我們可以推論，謙弟在這個階段尚未反對同性
戀，因為對他而言：（1）同性戀和異性之間的關係一樣，都只是一種
生理上的性欲需求；（2）戀愛是人類性欲的表徵，他稱為性的友誼；
（3）不僅只有兩性之間，同性之間也會有性的友誼，重點在於人與人
之間互助共生的人類愛。

數月之後，謙弟在回應章錫琛質問他倡議性交自由是鼓吹人們追
求肉欲時，他雖反駁說：「因為兩性要求肉感滿足的性方式，手淫，
同性戀，獸姦，雞姦……都是可以的」，[105] 但他仍認為這些都是反常
並損害健康的性行為，而異性間的性滿足才合於生理健康。然而，他

---

103 謙弟，〈非戀愛與戀愛〉，《新女性》第3卷第5期（1928年5月），頁515。

104 晏始，〈非戀愛論的又一派〉，《新女性》第2卷第6期（1927年6月），頁588。

105 謙弟，〈「尾巴」的尾巴〉，《新女性》第3卷第8期（1928年8月），頁879。

接著卻又拗口地解釋，兩性會追求同性別者而非異性，並非出於特殊的性愛需求，而是在有條件和獲得對方准許，「並且有追逐與達到性交之可能的條件上」。[106] 這些看似邏輯矛盾與模稜兩可的說詞——包括認為同性戀是反常不健康的性方式——或許是謙弟試圖迴避戀愛論者批評其為縱欲雜交主義的一個論述策略，事實上他更要凸顯的是「自願且自由結合」的無政府立場與「性愛就只是性而不是愛」的唯物觀點，還有戀愛論的反社會性及資本主義傾向。因此，謙弟在論戰中再三強調，在消滅私有制及資本制並實現自由社會之後，性欲自由受強權壓迫的情況以及性的私有狀態都會消失，屆時不只有兩性之間，而是人與人之間的平等關係將會帶來性關係及性享樂方式轉變的可能。[107] 而他所描繪的無政府主義未來願景，就是人們將邁向共生狀態並實踐互助合作的新社會，這也是其戰友劍波在論戰過程逐漸澄清的觀點。

（二）劍波的雜交共居觀

相較於謙弟主張「非戀愛」的一貫立場，劍波則呈現「戀愛論→非戀愛論→性愛論」的複雜變化，其性／別論述也隨此轉變過程而有所變化。我首先簡述劍波三階段的主要觀點，再分析他對於性／親密關係的設想。

在第一階段，劍波深受高德曼追求全人類自由與平等的行動及論

106　謙弟，〈「尾巴」的尾巴〉，頁879。

107　謙弟，〈對於金羅事件的批評〉，《新女性》第2卷第3期（1927年3月），頁324；〈非戀愛與戀愛〉，頁519-521；〈「尾巴」的尾巴〉，頁882；〈近代的兩性結合〉，《新女性》第3卷第11期（1928年11月），頁1262。

述所感召，特別在女性解放議題上，例如他批判當時所謂官僚婦女主義的改良方案仍服膺資本主義權威，[108] 質疑所謂新女性的「新」只是低級與現實的享樂，[109] 或是他反對婚家制度、清教徒主義、貞操觀、戀愛私有與獨身主義，都表明他學習並承襲高氏論述，除了他反對某些性的變態這點不同之外；[110] 也因此他主張性愛與人類愛並不衝突，其偏向戀愛論的立場與謙弟相左。劍波不僅翻譯高德曼的傳記，也翻譯她提倡「自由戀愛－自由性交－自由母性」的婦女解放論述，以及高度崇尚戀愛價值的文章〈結婚與戀愛〉（"Marriage and Love"）。[111] 然而在與各方爭論過程中，劍波逐漸揚棄高氏觀點，提出「戀愛破滅論」並改以社會進化論的立場，「踏著老年人屍身」步向第二階段「非戀愛論」的陣營。[112] 此時他改稱「自由戀愛」為「自由交愛」，批判自由戀愛才是心物二元論而非靈肉一致，並指責這些無政府主義的戀愛論倡議者如阿爾伯和高德曼，在性解放與性革命尚未成功就感到徬徨且因此滿足了。[113] 直到第三階段，劍波提出「性愛自由論」主張取消戀愛，但堅持不取消性愛：他預期在將來理想社會中，即便破除婚姻家庭而過集團化的雜交生活，性愛也未必會絕滅，人們在自願並顧及社會（利他而非自利）的前提下將能自由實踐性愛；[114] 他更設想沒有階

108　劍波，〈我的女性解放觀〉，《新女性》第1卷第9期（1926年9月），頁665。

109　劍波，〈新婦女的低級的和現實的享樂性〉，《新女性》第3卷第3期（1928年3月），頁251。

110　劍波，〈談性愛〉，《幻洲》第1卷第7期（1927年1月），頁327。

111　高德曼著，盧劍波譯，《自由的女性》（上海：開明書店，1927）；高德曼著，劍波譯，〈結婚與戀愛〉，《新女性》第2卷第1期（1927年1月），頁81-92。

112　劍波，〈前言〉，劍波編：《戀愛破滅論》（上海：泰東書局，1928），頁3。

113　劍波，〈談『性』〉，《新女性》第3卷第8期（1928年8月），頁876。

114　劍波，〈論性愛與其將來的轉變〉，《新女性》第3卷第12期（1928年12月），頁1351-

級壓迫的未來社會，生產及消費都將足夠有餘，因此性享樂和其他欲望一樣，都應成為人類平等同享的權利。[115] 劍波與謙弟相同，也批判資本主義下的婚家體制，並主張破除私有制才能真正實現人類的自由與平等，兩人的差異在於消滅戀愛與否：即便劍波一度贊同非戀愛論，後來仍認為戀愛不會消失但會隨時代條件而轉變，所以改稱「性愛」而非謙弟說的性的友誼，也因此兩人對於性／親密關係的設想亦稍有不同。

　　根據現有資料，劍波最早論及同性愛是在主張性欲與戀愛相關的第一階段。在反駁謙弟批評其為「同性戀之鼓吹論者」時，劍波強調人類性欲有快感享樂和生殖繁衍兩種功能，而同性愛雖有性欲的快感功能卻無生殖意義，所以是一種性欲變態。[116] 對此時認同戀愛論的劍波而言，同性愛是歸於性欲的快感層面，既非性的友誼關係也不屬戀愛的行伍，他據此否認自己鼓吹同性愛。而在歷經中間階段的非戀愛論之後，第三階段的劍波強調自己主張的是性愛自由論，並透過澄清其論點來區分他與謙弟的差異：他雖同意如嫉妒、情殺或享樂主義等現有的性愛問題，確實源於私有經濟制和建基其上的意識形態，但他認為情況卻不會走向如謙弟所說的那樣——即實現性交自由就沒有戀愛而僅剩友誼；他更分析謙弟所稱「性的友誼」其實就是性愛，因為若非性愛，「便只是泛泛的友誼和同性的友誼」。[117] 因此就劍波看來，同性之間要不就是友誼，要不就是性交，就跟所謂「異性戀」一樣，根本沒有戀愛可言。

　　1352。

115　劍波，〈論性愛與其將來的轉變〉，頁1356-1357。

116　劍波，〈非戀愛與戀愛貞操〉，《新女性》第2卷第8期（1927年8月），頁839。

117　劍波，〈性愛與友誼〉，《新女性》第3卷第7期（1928年7月），頁737-740。

然而值得注意的是，劍波是在無政府主義消滅私有財產制、重視社會經濟互助而非只依賴他人，因此能達成性關係的獨立以及性交與性愛自由的前提下，提出我們現在所理解的「雜交共居」或「多人成家」的性／親密關係型態：

> 那麼，將來自然會沒有像現在因經濟關係而存在的家庭制度，但是，誰喜歡和誰同在一個所在營共同生活，這是可能而合理的。當然，這樣也不限異性，但也不限於同性。當然也不限於一男和一女，但也不限於多男和一女，多女和一男，或多女和多男這樣。性的生活上的休戚相關和性愛是依然存在的，依然可能的。若說那是家庭嗎？性質已經大異。然而這種形式的性愛，卻能夠維持這種住居的形式，我們不能說牠是維護家庭制度，而且也不能說牠是壞的。[118]

劍波是在無政府主義「毀家廢婚」的未來社會想像裡，討論到不限性別與人數的共居生活形式；或者說，在去除私有制度與解消婚姻家庭形式的社會組織裡，這樣的同居生活就不用區分異性愛或同性愛。[119] 這種追求自主且自由結合的共生形式，不僅蘊含無政府主義思考個體自由與群體組織之間如何共存的精神，更突破既有家庭型態對於性別與人數的框架與束縛。但劍波所說不限多男與多女的「多人成家」，

---

118 劍波，〈性愛與友誼〉，頁736。

119 關於自晚清以降「毀家廢婚」論述的研究，參見：劉人鵬，〈晚清毀家廢婚論與親密關係政治〉，丁乃非、劉人鵬編：《置疑婚姻家庭連續體》（新北：蜃樓，2011），頁33-68；陳慧文，《二十世紀前期中國的毀家廢婚論（1900s-1930s）》（新竹：國立清華大學中國文學系博士論文，2015）。

並非當時自由派知識分子如章錫琛批評的「公妻主義」，也不是現在某些保守人士誤認的所謂「性解放」；而是在經濟條件與社會型態進化或轉變之後，將沒有任何強制與壓迫的社會關係如國／家體制，人們能夠追求自由聯合的生活形式。因此我們可以推論，劍波設想的無政府主義大同世界，就像謙弟同樣期盼實現人類愛的理想社會那樣，前提都是要打破私有經濟及家族制度所造成的階級與階序不平等狀態：當我們實現經濟互助合作且均力與均平的社會時，人人都將為社會（利他）而非為自己或家族（利己），屆時既不會產生性／親密關係的私有制，嫉妒情感也不復存在，而能實踐真正的自由結合與雜交同居的共生形式。在劍波的無政府主義性愛自由論裡，不會有也不需要有同性愛或異性愛的界線或區隔。

謙弟和劍波的無政府主義政治傾向在某些議題雖與卡本特的烏托邦社會主義立場相近，但兩人所提出的「性愛分離論」或「戀愛破滅論」，著眼於以非戀愛為訴求的性革命對社會革命的重要性，反倒與卡氏觀點分道揚鑣。[120] 謙弟就曾批判卡氏認為「戀愛不等於性欲，而是性欲的精神化」的觀點，縱使他和卡氏一樣都期盼革命之後的未來社會將實現人類愛而非僅有兩性戀愛。[121] 而以劍波贊同「性愛分離」和「性愛自由」的觀點來說，同性之間的性／親密關係就其理論而言雖然是合理的存在，他的意見卻是在論戰過程才有所轉變。我們也看到，這些無政府主義青年的性／別論述有些時候相左於其西方導師如高德曼，他們強調破除戀愛的「新性愛論述」，一方面充分展現出對前輩思想的學習、繼承、超越及創造性轉變，另一方面也凸顯出無政

120　劍波，〈前言〉，頁1-3。

121　謙弟，〈論「戀愛論」〉，頁96-97；〈戀愛貞操新論〉，頁517-521。

府主義論述在中國落地轉化時所面對的情勢與限制。[122] 就像劍波翻譯高德曼討論婦女參政、賣淫、戀愛與婚姻等議題的文章並集結出版為《自由的女性》，卻沒有承襲與譯介高德曼宣揚同性戀的論述實踐。[123] 他們的性／別論述是在本土論戰中所觸發，且因應局勢而有其在地特色，而非如胡秋原那樣從卡本特作品學習並譯介一整套連貫且具系統性的論述。

四、小結

本章通過回溯民國時期歷史脈絡並探討社會主義思潮所形構「愛的關係模式」同性戀認識論之重要性，分析西方社會主義的性／別論述透過當時跨國傳播網絡，在中國落地轉化成為戀愛論與非戀愛論的思想基礎與文化背景，並構成胡秋原設想同性友愛是連結人我關係的動能與大同世界的基礎，以及謙弟和劍波論及同性愛浮現於無政府主義以毀家廢婚為目標和互助合作為倫理的共生社會。這些社會主義青年認為，性／親密關係議題與其他壓迫同樣都來自私有制度與資本主義體系，而不是孤立存在的情況，因此並非用修補或改良式的計畫就

122　Hsu, "Propagating Sex Radicalism in the Progressive Era," p. 53.

123　Hsu, "Spiritual Mother and Intellectual Sons," p. 261. 根據目前研究，高德曼最早討論同性戀的文獻是1901年美國無政府主義期刊《自由社會》（*Free Society*），刊載她曾在芝加哥的演講內容（Kissack, *Free Comrades*, pp. 138-139）。我查閱在高氏創辦《大地之母》的巡講廣告裡，則曾提到演講主題有「中性論（關於同性戀的討論）」，參見：Emma Goldman, "Agitation En Voyage," *Mother Earth* 10(5), Jul. 1915: 185-188; "Emma Goldman in Washington D. C.," *Mother Earth* 11(1), Mar. 1916: 448. 雜誌中也有讀者記錄她在巡講時提到同性戀議題的零星內容，例如：Ann W, "Emma Goldman in Washington," *Mother Earth* 11(3), May 1916: 516.

能夠解決人們受到的壓迫，而是要以社會整體革命的政治方案來達成真正的、全面的解放。以本章所闡述社會主義視野的「愛的認識論」來看，他們所論及的同性戀也就並非當代歐美性別理論與同志運動所形構的身分認同主體，而是置身在特定歷史、經濟、社會及文化條件之中的生存狀態與關係樣態。

　　本章也說明在廿世紀初期中國社會主義的革命思潮裡，性／親密關係議題不僅是社會改造不可偏廢的一環，也不會與階級議題有所扞格。而當代社會主義運動者也開始反思階級運動與同性戀解放運動和其他受壓迫群體有所疏離且難以連線的問題，並提醒左翼團體要尋求全部民眾的共同利益才有利於團結同盟，[124] 或是近年來學界紛紛關注全球各地左翼思想／運動與性／別論述相互交織及關聯的歷史，[125] 本章所探討民國時期社會主義視野性／別論述作為另一時空向度，都能夠放在這樣的歷史脈絡及世界格局中相互對話。

124　Colin Wilson, *Socialists and Gay Liberation (A Socialist Worker Pocket Pamphlet)* (London: Bookmarks, 1995), pp. 30-34.

125　詳見本書緒論第二之二節的討論。

第二章

愛的桃花源
民國時期同性愛欲與啟蒙救亡的辯證

　　民國時期的同性愛論述仍處在紛雜混沌、未定於一尊的歷史情境中，各類論述的形式及內容相互交錯影響，出現在大小報刊雜誌與各派文學作品之中；本章延續上一章關於「愛的認識論」的討論，聚焦「愛的關係模式」在轉型時期現代文學創作場域的構成樣態，討論五四新文化運動之後在文學範疇裡的男同性愛書寫。這些文學創作一方面是在一個歷史特定的、由社會文化組成的認識世界（也包含同性戀愛）的方式中所生產出來，另一方面這些文本論述也構成人們理解、判斷、評價、感知以及信仰的認識模式。本章主要討論郁達夫（1896-1945）和郭沫若（1892-1978）──二位都是當時主張「為藝術而藝術」的創造社作家──的文學創作與自傳回憶，其所再現的同性愛欲飽含了我稱為「愛的桃花源」的情感動能以及性／親密關係的想像。我將探問他們作品中所刻意描繪或不經意洩漏的同性愛欲書寫，如何既在文本內部拓展出敘事空間、也在文本之外撐開了不同於當時「文以載道」為主要文學典範的論述空間（如胡適〔1891-1962〕所說的「須言之有物」，或文學研究會的「為人生而藝術」），並藉以指出由文學創作所構成的「愛的認識論」，其實迂迴且含蓄地回應了當時以國家之愛、民族之情為核心的啟蒙與救亡雙重論述。本章亦旁及創造社同人葉鼎

洛（1897-1958）、傾向自由主義的京派代表作家沈從文（1902-1988）和提倡左翼革命文學的太陽社作家蔣光慈（1901-1931）的小說，探討所謂「師生戀」在「愛的關係模式」之特色，間接體現與呼應了這個時期關於校園同性愛與情感教育議題的正反討論。如同上一章已指出的，這些文學作品所再現的同性戀，都無法指涉單獨個人的身分認同，而是在歷史過程與社會變化脈絡下的情感樣態、關係實踐與生命情境。

　　1921年6月，郁達夫和郭沫若在留學日本時與成仿吾（1897-1984）於東京成立創造社，其核心成員有田漢（1898-1968）、張資平（1893-1959）、鄭伯奇（1895-1979）和穆木天（1900-1971）等人，包括1925年入社但於1928年另組太陽社的蔣光慈，以及外圍同人葉鼎落等前後共有五十二人之多。在創社初期，郁達夫直言「文藝是天才的創造物，不可以規矩來測量的」；郭沫若也表示他對於藝術的見解「終覺不當是反射的（Reflective），應當是創造的（Creative）。〔中略〕真正的藝術品當然是由於純粹充實了的主觀產出」。[1] 伊藤虎丸（1927-2003）曾分析創造社在中國現代文學史上的特色乃在於：它既是日本留學生的文學青年社團，因此受到大正時期文化主義思潮的影響；它也是五四新文化運動的歷史產物，所以反映中國知識青年的苦惱和奮鬥的軌跡。[2] 他還指出這些留學生作家透過學習仿效當時日本文學主流的短篇小說與私小說之形式，提出了新的文學理論和創造新的文體，是建

1　郁達夫，〈文藝私見〉，《郁達夫全集·第十卷》（浙江：浙江大學出版社，2007），頁22。郭沫若，〈論國內的評壇及我對於創作上的態度〉，饒鴻競等編：《創造社資料（上）》（北京：知識產權，2010），頁14。

2　伊藤虎丸著，孫猛、徐江、李冬木等譯，《魯迅、創造社與日本文學：中日近現代比較文學初探》（北京：北京大學出版社，2005[1995]），頁143-144。

設中國現代文學的新貢獻。[3] 早期創造社雖仍重視文學的時代責任並強調建設新文學的使命，然而它著重作家的內心情感和藝術個性，主張「文學是自我表現」的直覺、靈感和天才的創作觀點，在文學審美上樹立起獨特且鮮明的立場；特別是「強調情感的力量及其在文學中的本體性」，追求郭沫若稱為「主情主義」的文學觀。[4] 例如郁達夫的小說、郭沫若的詩歌與田漢的戲劇作品，都表現出文學應該忠於作家自我內心要求、表達個人情感與欲望的思想傾向和藝術風格；他們的創作講求人的自由與個性解放，側重主觀精神世界的刻畫，呈現近代歐洲浪漫主義思潮的影響，不僅對當時文壇吹入新的空氣，也擊中時代精神的內核，並吸引一部分的知識青年。[5] 在1925年上海五卅慘案之後，創造社部分成員「向左轉」支持馬克思主義與共產黨，並與魯迅（1881-1936）於1930年在上海成立「中國左翼作家聯盟」，推動五四以來的文學革命轉向為革命文學的風潮。知識分子與青年學子因現實上國民革命行動受挫（北伐與清黨），而改以文學創作與翻譯等方式進行革命實踐，「革命」內涵因此從反帝反封建反軍閥的理念轉由馬克思主義等左翼理論取代，影響革命時代的知識青年與創作者。[6]

　　過往學界認為五四以降的文學革命與新文化運動通過文學實踐來達到思想啟蒙、改造國民性的整體理想，凸顯出現代文學之形構與打造國家現代化之間的親密性，表徵了走向民族國家現代化的作用。這種文學現代性的意涵可以用胡適與陳獨秀引用尼采之言要「重新估定

3　伊藤虎丸，《魯迅、創造社與日本文學：中日近現代比較文學初探》，頁154。

4　程光煒等，《中國現代文學史》（北京：北京大學出版社，2020），頁45-47、84。

5　咸立強，《尋找歸宿的流浪者：創造社研究》（上海：東方，2006），頁134-142。

6　蘇敏逸，〈轉折年代知識青年的文學視界：以《紅黑》為考察對象〉，《清華中文學報》第19期（2018年6月），頁265-313。

一切價值」來大致掌握：即新文學要建立啟蒙教化與革新進步的文學典範，體現人文主義與文藝復興的理念價值。不過當時的文學思想在追求現代化的同時，也矛盾地含納了傳統文人感時憂國、以天下為己任的固有文化特質；也就是說，民族國家追求現代化過程所提出的舊與新、傳統與現代、個人與群體、啟蒙與反啟蒙之二元對立觀點，其實同時差異並存於中國文學現代性的辯證當中。[7] 然而近來研究也指出民國時期文學與思想的多重面向，特別是著重情感與非理性因素的運作及影響。例如李歐梵拓展普實克（Jaroslav Průšek）以個人主義和主觀主義分析現代文學中的立論，提出「浪漫個人主義」探討五四作家創作裡高漲熾熱的情感成分，像是郁達夫的頹廢與漂泊、郭沫若的昂揚與熱情、蔣光慈的革命與愛情等文學特質。[8] 王德威從抒情面向來重思中國現代主體性的生成與發展，試圖打破過去以啟蒙與革命為主導範式的現代文學與文化研究，關注主體感知政治行動與歷史意識並為其所感召的過程。[9] 彭小妍則探討「唯情論」如何挑戰五四啟蒙的科學理性主義，強調情感啟蒙才是解決人生問題的根本之道，其研究連結歐亞與中西的跨文化研究，包括人生觀派與無政府主義及創造社作家之間的彼此呼應，開拓五四認識論體系的另一面向。[10] 吳曉東在討論五四文壇通過翻譯廚川白村《苦悶的象徵》接受精神分析與象徵主義等西方理論的情況時，指出魯迅、郁達夫和郭沫若的創作無意識地

7　程光煒等，《中國現代文學史》，頁1-16。

8　李歐梵，《現代性的追求：李歐梵文化評論精選集》（台北：麥田，1996），頁91-115；李歐梵，《中國現代作家的浪漫一代》。

9　王德威著，涂航、余淑慧、陳婧褀譯，《史詩時代的抒情聲音：二十世紀中期的中國知識分子與藝術家》（台北：麥田，2017），頁11。

10　彭小妍，《唯情與理性的辯證：五四的反啟蒙》（台北：聯經，2019），頁18、40。

揭示生命力與自我壓抑的歷史進程，把非理性還原為歷史的另一種動力。[11] 張全之則分析魯迅、郁達夫、郭沫若和蔣光慈等左翼作家受到的無政府主義思潮影響，像是郁、郭二人早期的文學創作不僅帶有極端個人主義和唯我主義的傾向，作品所彰顯的愛國主義情緒其實是愛我主義——即情與性的個人欲望——在特定脈絡裡的表現形式。[12] 這些研究分別從不同方向聚焦探討民國時期作家作品的情感因素及其對現代文學的影響，為我們演示了廿世紀初期「愛的關係模式」在文學場域的知識生成脈絡。

　　此外，前行研究在分析自五四時期以來關於同性愛欲文學及社會現象時，傾向於解釋當時相關論述受到「救國強種」的現代化觀念影響，在民族國家亟須救亡圖存的主導敘事之下，作品裡頭同性愛欲的書寫或「變態」、非正典的性的再現，多半被視為社會道德的敗壞與封建主義的餘毒，也是國家面臨貧弱衰亡和思索轉型蛻變的象徵。例如文學史教材凸出郁達夫早期創作的「疾病書寫」特性，從個人病理學與民族現代性危機的角度分析小說裡的性苦悶和靈肉衝突，並將之理解為「民族國家的危機必然要反映為個人主體性的危機，而郁達夫的頹廢和病態正是一種歷史危機時刻主體性漂泊不定的反映」。[13] 而面對這樣的現代性危機，部分知識分子透過翻譯歐洲性學知識，表面看似分析研究同性愛欲現象，實乃強調優生保種的重要，企圖達成民族國家的現代化。他們借用西方性科學詞彙翻譯本土的同性愛欲現

11　吳曉東，〈作為「中介」的日本〉，《1930年代的滬上文學風景》（北京：北京大學出版社，2018），頁207-222。

12　張全之，《中國近現代文學的發展與無政府主義思潮》（北京：人民，2013），頁203-215。

13　程光煒等，《中國現代文學史》，頁81-82。

象，藉以向社會大眾分析保種強國的緣由，而形成人們認識這些現象的主要框架，也就是上一章所分析的「癖的病理模式」。在當時流通的論述裡，同性愛欲多半都被知識分子描述為中國傳統流弊及國民性缺陷，是需要面對的社會問題，甚至是國力衰敗的文化表徵，要以新科學知識和教育方法來解決。魏濁安以民國時期關於男旦的爭論為例，說明了五四新知識分子如胡適、周作人與魯迅的這類觀點。不過，他也以巴金的《家》和〈第二的母親〉兩篇小說對於男旦的矛盾態度，指出了新舊模式之間的衝突；也就是說，當時從西方輸入的性別與性態（sexuality）模式與中國傳統模式是處於不斷地協商與競逐的狀態，而非僅僅以同性戀模式取代了男色模式的情況。[14]

　　本章討論的文學創作大致坐落在上述的文學啟蒙現代性與浪漫主義思潮、自我個性情感與生命價值追尋、民族國家危機及政治革命轉折的時代脈絡，這些作品不僅描寫同性友誼的強烈情感，也刻畫主角們對於某些同性愛欲類型的遮掩或排拒，以及所謂的同性愛「師生戀」的複雜內涵。我的主張是，這些同性愛敘事形構了「愛的關係模式」，並在文本內外層次體現出「愛的桃花源」：故事中的同性愛並不全然表現對主流性別秩序的挑戰與抵抗，也有妥協與轉化；也不全然是隱喻家國衰敗的寓言，還有關注自我情感解放的象徵；更不全然受到西方科學現代性的病理敘事影響，而仍與中國傳統男色癖性的說法糾纏不清。這些同性愛欲書寫一方面籠罩在感時憂國、救亡圖存的人文精神，另一方面也洩漏出面對同性欲望與情感的惝恍衝動；它們既呼應啟蒙與進步的現代性召喚，卻也迴盪著浪漫及理想的反啟蒙聲

14　魏濁安著，王晴鋒譯，《風流浪子的男友：晚明到清末的同性戀與男性氣質》（台北：時報，2022），頁287-301。

響，在看似同流於愛國主義與民族主義的潮流的同時，卻也擾亂了異性戀國族正典的公／私與性／別界限。

一、郁達夫的同性愛自敘傳

　　郁達夫發表於1922年的短篇小說〈茫茫夜〉及1924年的續篇〈秋柳〉，[15] 細膩地再現了同性愛欲及情感：一方面故事所描繪的同性愛是敘事者在抒發個人的情感和自我的思索，另一方面敘事則顯露出濃烈灼熱且坦率真摯的情緒氛圍，同時包括了困惑、猶疑與矛盾等等的省思解剖；而小說的情節設計既是外在社會的背景脈絡說明，也是烘托和凸顯角色內在情感的鋪墊。歷來學者分別從文學流派與風格、現代民族國家與男性主體建構、異性戀霸權關係等觀點，來分析這二篇男同性愛小說：康文慶指出郁達夫及其追隨者的作品中所再現的性與愛，以浪漫情感或頹廢人物為其特徵，仍是一種對於五四反傳統主義精神的反映與回響，同時也是這些知識分子對於國家興亡的一種關切與思慮。[16] 許維賢認為這二篇小說的同性愛欲望在五四時期個性解放訴求裡藉由「友愛」的修辭容易易身通行，因此同性愛在異性戀關係的形影結構中只能成為罔兩性的存在。[17] 陳靜梅分析故事裡的男男相愛是管窺主角性心理圖景的起點，作者透過其「非常態」性質而將自我與民族國家意義層面的現實情境，化為關於追尋欲望滿足的幻想故事

15　郁達夫，〈茫茫夜〉，《郁達夫全集・第一卷》（浙江：浙江大學出版社，2007），頁139-169；〈秋柳〉，《郁達夫全集・第一卷》，頁337-375。

16　Kang, *Obsession*, p. 14.

17　許維賢，《從豔史到性史》，頁145。

之中。[18] 李玲讚揚郁達夫的同性戀書寫建立靈肉合一且和諧共存的美好境界，一方面繼承中國文化接納同性愛欲的傳統，另一方面具備現代愛情互為主體的平等互愛特質。[19] 禹磊則透過酷兒理論批判小說描繪的同性欲望有其自我設限且蘊含異性戀男性霸權思維，使得被文本化的同性欲望淪為作者的工具而被標籤化與空洞化，並再次消失在文本裡。[20] 我則從同性愛欲在情感與倫理層面的認識，來討論其與民族之愛、愛國主義的關係，提出有別於上述學者的解讀。

郁達夫曾表示「我覺得『文學作品，都是作家的自敘傳』這一句話，是千真萬確的〔中略〕我覺得作者的生活，應該和作者的藝術緊抱在一塊，作品裡的 individuality 是絕不能喪失的」。[21] 他這一段對於創作的自我描述，凸顯其作品抒情言志、表現自我、個性解放的特色，也著重心理剖析與情感上的自懺。夏志清曾指出郁達夫作品中的罪惡和懺悔受到傳統儒家教化的影響，一方面稱讚其自我暴露內心脆弱的書寫，擴大了現代小說在心理和道德層面的範圍，另一方面則批判他的自我坦白有些裝腔作勢，以偷取心理學知識來補才氣不足；甚至「時而觀淫、時而睹物興起淫念，時而同性戀，時而以被虐滿足性欲，時而有偷物狂，他的自傳體主人公花樣太多了」。[22] 陳平原則認

18 陳靜梅，《現代中國同性戀話語譯介及小說文本解讀》，頁121。

19 李玲，〈郁達夫新文學創作的現代男性主體建構〉，《中國現代文學研究叢刊》2015年第11期（總196期，2015年11月），頁143。

20 禹磊，〈同性欲望敘述中的他者與界限：論郁達夫小說《茫茫夜》《秋柳》〉，《中國現代文學研究叢刊》2017年第7期（2017年7月），頁63。

21 郁達夫，〈五六年來創作生活的回顧〉，《郁達夫全集・第十卷》（浙江：浙江大學出版社，2007），頁312-333。

22 夏志清著，劉紹銘等譯，《中國現代小說史》（桂林：廣西師範大學出版社，2014），頁84-85。

為，即便五四小說家如郁達夫這樣有著賣弄變態心理學的弊病，但當時盛行的心理學知識卻影響了現代小說敘事模式的轉變：小說結構的心理化及小說時空的自由化兩方面的變化；一方面小說的結構中心從故事情節轉而強調人物心理，另一方面小說的敘事時間從情節線轉為按照人物的情緒線。[23] 因此，我們對於「自敘傳」的分析毋需對應作家的實際生平，而是著重這種以看似自我坦露的書寫形式所構成的認識效應及美學作用：創作者不僅能夠直接表達自身生活經驗與思想感受，更可以採用小說敘事的各種技巧來轉化並再現這種主觀感受的情感與心理狀態。此外，周蕾（Rey Chow, 1957- ）在分析巴金小說時提出有關自傳體的討論，也提醒我們：「在此，自傳體敘事──從自我同一的觀點進行的敘事──功能上被當作是展現不同角色思想的工具，同樣也就是展現他們的**內在現實**（inner reality）（在這個脈絡下，內在等同於現實）。」[24]

〈茫茫夜〉開篇的寂寥場景映襯主角于質夫與摯友吳遲生的離別之情，也為本篇故事的敘事語氣定調，並提供讀者一個跨文化參照的認識框架：小說裡的同性愛欲不僅透過敘事者描繪兩人的肢體互動與情感波動而成形並呈現，更重要的是在敘事中召喚十九世紀末法國象徵派詩人蘭波（Arthur Rimbaud, 1854-1891）和魏倫（Paul-Marie Verlaine, 1844-1896）、以及英國浪漫主義作家王爾德的同性愛事蹟來互文。[25]

23　陳平原，《中國小說敘事模式的轉變》（香港：香港中文大學出版社，2003），頁24。

24　周蕾（Rey Chow）著，蔡青松譯，《婦女與中國現代性：西方與東方之間的閱讀政治》（上海：上海三聯書店，2008），頁151。黑體強調為原文所加。

25　郁達夫，〈茫茫夜〉，頁142、150。小說把「蘭波」與「魏倫」譯為「蘭勃」與「佛爾蘭」，「王爾德」譯為「淮爾特」，他們的同性愛故事頗為知名，推測郁達夫應是留學日本時讀到相關文章，而多年後這些事蹟仍在中國報章雜誌流傳。例如1930年《語絲》刊載本間久雄的譯文，作者描述王爾德因犯同性猥褻罪而入獄的事件，並分析他

故事以主角幻想純愛的同性關係與詩意的田園風景，對照出他從日本回到中國之後面對社會現實生活的種種不堪；小說裡的同性愛事蹟出現在遙遠的歐洲大陸彼方，成為主角擁有的想像資源，但故事的設計卻沒法讓它也發生在此刻的中國。質夫為謀生計要到A地的法政學校教書因而需與遲生別離，他在駛離上海的船上回憶起自己曾在東京與少婦「如汗泥般的性關係」，返國後決心要改革惡習戒煙酒與女色，然而他的頹廢行徑仍持續加深，愛欲則改變方向與遲生交好、且依舊高漲不歇。質夫是在這種自慚又自憐的憂鬱狀態裡，回想起遲生的模樣；敘事者回溯他們初識時刻，描繪遲生患上肺病的容貌與病體：蒼白的臉色、纖弱的身體，以及對方同音樂般的話聲，使質夫一「聽」鍾情、迷戀不已。主角勸遲生與自己同到日本養病，腦海裡則聯想到愛爾蘭自然派詩人喬其慕亞（George Moore, 1852-1933）的詩篇，並藉以幻想和勾勒他們共同生活的世外桃源。然而在主角的幻想敘事裡，這個通過文學比附而想像的他方，照樣不會是在如癩病院的中國，而是在當時積極歐化的日本，另一處同樣環繞田園牧歌景致的東京郊外：

> 我願和你兩個人去租一間草舍兒來住，草舍的前後，要有青青的
> 草地，草地的周圍，要有一條小小的清溪。清溪裡要有幾尾游
> 魚。晚春時節，我好和你拿了鋤耙，把花兒向草地裡去種。在蔚
> 藍的天蓋下，在和緩的薰風裡，我與你躺在柔軟的草上，好把那

的少年愛是一種精神的同性愛。參見：本間久雄著，士驥譯，〈王爾德入獄記〉，《語絲》第5卷第43期（1930年1月6日），頁1-27。又如《平報副刊》刊載〈同性愛的詩人魏倫〉，作者介紹魏倫與蘭波的同性愛軼事與作品特色，蘭波因感情熱烈而能與魏倫實行同性愛，魏倫因醉酒及細故對蘭波開槍而入獄二年。參見：楊昌溪，〈同性愛的詩人魏倫〉，《現代文學評論》第1卷第3號（1931年6月），頁6-9。

西洋的小曲兒來朗誦。〔中略〕冬天的早晨你未起來，我便替你做早飯，我不起來，你也好把早飯先做。〔中略〕書店裡若有外國的新書到來，我和你省幾日油鹽，可去買一本新書來消那無聊的夜永。[26]

敘事者細膩地勾勒他們一起過著種田下廚、唱歌散步、談天讀書的日子。當質夫滿懷這個浪漫的空想時，他忍不住捏緊遲生的手並升起肉欲幻想，隨即又感到害羞趕緊更換話題，以轉移注意力來減緩欲望。伴隨著且支撐起主角同性愛欲的，既是這個烏托邦社會主義式的田園生活，也是歐洲浪漫主義式的文藝典故，[27] 小說中這兩種敘事風格與內容共同形構了「愛的桃花源」——即便它只是主角如夢幻泡影般的想像與回憶，卻也是敘事跨文化與跨時空的文學實踐和徵引。

　　故事在幾處描寫兩人肢體互動時，都點到為止地傳遞愛欲訊息與描述感情衝動，含蓄但不明說、有種欲蓋彌彰的感覺。例如質夫回想起某次他邀遲生和朋友們同上澡堂洗澡，走在街上他怕遲生冷，便問對方要不要鑽到他外套裡，當遲生倒入他懷裡時，「質夫覺得有一種不可名狀的快感，從遲生的肉體傳到他身上去」。[28] 又如小說開頭的送別場景是從黃浦江灘逐漸移到船艙，敘事關於心境與感情的描繪也

26　郁達夫，〈茫茫夜〉，頁147。

27　社會主義與浪漫主義的歐陸文學聯繫也在〈秋柳〉出現。在開場場景裡，敘事描述于質夫的書桌有本威廉‧莫里斯（William Morris, 1834-1896）的《塵世天堂》（*The Earthly Paradise*）。莫里斯是英國社會主義政治運動者，也是知名作家與工藝家；這本書則是他於1868年出版的長篇詩集，敘述希臘與斯堪維尼亞的神話故事，「確立Morris作為當時最重要詩人之一的聲譽」。參見：https://en.wikipedia.org/wiki/The_Earthly_Paradise

28　郁達夫，〈茫茫夜〉，頁148。

逐漸由外轉內：質夫將遲生拉進船艙裡關上門，兩人都發生了一種神秘與不可思議的感情，像電流般穿過腦海；質夫止不住奔湧而上的感情，又緊拉住遲生的手，向他提出到A地共同生活的邀約。小說在此看似以友愛的修辭為藉口，讓遲生回絕主角的衝動請求，實則是更能凸顯兩人關係看重的感情層面：「人之相知、貴相知心，你難道還不能了解我的心嗎？」[29] 遲生的回應不僅再次激發主角的感情並使之顫哭，也延展了主角的悲傷情緒，把對患有肺病的遲生的同性之愛，連結並擴大到對衰亡中國、甚至是人類生存的一種形而上的悼懷之感：

> 但是他看著黃浦江上的夜景，看著一點一點小下去的吳遲生的瘦弱影子，覺得將亡未亡的中國，將滅未滅的人類，茫茫的長夜，都是傷心的種子。在這茫然不可捉摸的思想中間，他覺得他自家的黑暗的前程和吳遲生的纖弱的病體，更有使他落淚的地方。在船舷的灰色的空氣中站了一會，他就慢慢的走到艙裡去了。[30]

敘事在這裡同時呈現出緊張衝突的觀點，質夫的情感一方面交織著同性愛欲與愛國主義，遲生纖弱的病體是中國積弱不振的文學轉喻；但另一方面主角的茫然悵惘卻同時指向個體自身與全體人類，他（以及遲生）個人的前程境遇其實也是國家甚至人類的命運寫照——如上一章討論卡本特以花瓣和花朵為喻、胡秋原引用以友愛關係作為人我結合基礎的理想世界——敘事是以傷逝和頹廢的情感來呈現同性友愛在個人與社會國家兩者之間的作用。

---

29   郁達夫，〈茫茫夜〉，頁142。

30   郁達夫，〈茫茫夜〉，頁144。

　　〈茫茫夜〉後半部的發展轉向質夫到A地法政學校教書的情節，我把主角在A地生活的情節安排讀為公與私兩條敘事線，它們交互推進發展但隱然有些辯證關係：公領域的主要設計是描述法政學校學潮鬧事的緊張情況，及其牽引而出的地方政治糾葛（軍閥與省府的鬥爭等等），私領域部分則是細寫主角的各種愛欲衝動。故事是用質夫自我內在的愛欲衝動來對比社會集體的緊張局勢，只是主角面對學潮有一種漠然感，反而比較專注自身的性欲需求；他在學潮事件最緊繃時還提議搬出校避風頭，等待復課期間就上起班子狎娼嫖妓，進而開展出續篇〈秋柳〉。故事接續〈茫茫夜〉著重描述質夫在青樓與幾位娼妓的交往互動，敘事者有幾處再次提及本已被主角淡忘的遲生：當主角見到十五歲的小清官人碧桃，因她白顏大眼、天真爛漫的模樣和遲生長得相似，似乎就把她當成對方的化身與替代品，通過她來回憶自己對遲生的思念之情。[31]

　　敘事者向我們透露，雖然質夫初到A地面對既權威高壓卻又寂寞無趣的教師生活時，一開始他仍會夢見遲生鑽進他被窩兩人共枕同眠：「他醒來的時候，兩只手還緊緊的抱住在那裡。」[32] 然而隨著世事變化時空更迭，主角還是逐漸遺忘了遲生，取而代之的愛欲開始往兩個方向發展：一方是對校內某個男學生產生間斷偶發的性欲衝動，連跑到校外偷看女性都難以遏抑；另一方則是對女人如餓犬般的獸性衝動，此衝動不僅發展為戀物與受虐的雙重快感──他騙得小商店婦人的舊針帕，用針刺自己的臉頰，以帕沾血嗅聞並幻想那位婦人，藉

31　郁達夫，〈秋柳〉，頁351-356、364-365、369-370、372-374。旁人則把質夫對碧桃的親密互動視為「要好的兩弟兄」，頁346-347。

32　郁達夫，〈茫茫夜〉，頁151。

此享受浸染全身的「變態的快味」[33] ──也促使質夫後來尋求妓女的慰藉。敘事者大膽剖白主角內心愛欲衝動帶來的感情苦悶以及自殺的念頭，這一方面形成同性欲望與獨特性癖的聯繫，另一方面也凸顯學潮風波的作用力：外在政治與社會的變動以一種隱現的方式影響內在的情感狀態及生命處境。在〈茫茫夜〉最後，朋友帶著因學潮搬出學校而倍感無聊的質夫上鹿和班解悶，他找了老醜與客少的妓女海棠純聊天，離開班子走在寂靜大街上時他依舊抑鬱寡歡，於是對朋友說：「風世！我已經成了一個 Living Corpse 了。」[34] 而主角的活死屍狀態延續到〈秋柳〉讓他反覆回到妓院找海棠與碧桃聊天，海棠的名字象徵著對中國的愛國主義，以及碧桃代表了形似遲生的同性愛欲，敘事再度呈現矛盾共存的觀點。

　　這二篇故事展現主角同性愛欲的多重時空意涵及其潛能，特別是在他面對苦悶現實生活而逐漸變成活死屍的時候：同性愛欲不僅成形於異國他方的田園想像之中，也閃現在故事開場兩人送別的黃埔岸邊，以及後來對遲生的種種回憶裡──〈秋柳〉末了，歷經學潮風波與妓院火災的質夫準備回上海，他在船舷上望著 A 城的黃灰燈影說：「人生也是這樣的吧！吳遲生不知道在不在上海了。」[35] 主角總是在面對現實生活的困頓挫折時，屢次地懷想起遲生，即便那是戀物的或化身的替代品。無論是質夫之前在日本、後來到 A 地面對現實生活的跌宕波折，其連結社會巨觀層面的學潮鬧事、地方政治糾葛和背後隱含的家國動盪歷史，以及個人微觀層面的生命意義的掉失與缺無，這些因素都構成他後來自承如行屍走肉般的頹廢狀態。他的同性愛欲變

33　郁達夫，〈茫茫夜〉，頁153-157。

34　郁達夫，〈茫茫夜〉，頁169。

35　郁達夫，〈秋柳〉，頁375。

成生命情境中已然失去的、難以復得的救贖，而在〈茫茫夜〉後段主角從同性愛轉向戀物和受虐的敘事設計，以及〈秋柳〉裡尋找與遲生身影相似的碧桃聊以慰藉的情節安排，成為同性愛欲蕭然與消然的象徵，也成為他謀求存在意義的替代品。當周蕾以理想化的中國／陽具母親以及嬰兒化的主角／變態男性，來分析郁達夫〈沉淪〉裡戀物與受虐所展現的男性特質和國族身分時——在受虐與幻想結構中，「中國」被物神化為母親而使他臣服於其下，並且她既讓主角厭惡也使他受辱，因此她也諷刺地等同於那些讓他無能為力的女性——她關注的是郁達夫書寫中的女性與異性戀關係如何影響新的國族自我，而沒有留意到同性愛（作為另一種性變態）對於男性特質和國族主義的敘事效應。[36]

　　郁達夫曾撰文表達藝術與現代國家的對立，認為前者追求真誠與美愛、愛好和平正義，後者則專擅偽詐與仇恨、操縱戰爭和法律，兩者之間難以融合；他並批評國家法律對於弱者的不公，進而設想一個無國家的大同世界：「要是現在地球上的國家，一時全倒下來，另外造成一個完全以情愛為根底的理想的藝術世界的時候〔後略〕。」[37]　我們與其說〈茫茫夜〉與〈秋柳〉的同性愛敘事表徵出作者的浪漫主義風格或個人主義特色，不如說民族國家危機的主導性詮釋把同性愛就只能讀成是一種浪漫且頹廢的個人主義。[38] 因此，故事所再現的同性愛

36　周蕾，《婦女與中國現代性》，頁212-222。

37　郁達夫，〈藝術與國家〉，《郁達夫全集·第十卷》，頁61。

38　況且若就「頹廢」角度來看，為何當時新感覺派或唯美派都沒有描繪同性愛欲的作品，或許值得後續探究。根據現有文獻來看，1926年葉靈鳳（1904-1975）的小說〈禁地〉雖提到同性愛，但這篇作品並沒有完成。故事描述主角陳菊璇這位俊美青年周旋在人妻情人（女）與文青編輯（男）之間的情事，然而敘事僅提到編輯欣賞菊璇文采而力薦他的小說，也傾心他的美貌待他特別熱誠，因此被朋友八卦他們是同性戀。葉

欲就不只是論者們所言積弱中國的轉喻，更是能夠暫時懸置中國歷史
命運與個人現實宿命的一處轉瞬而逝的「愛的桃花源」；而我們也能
夠在這個回憶與幻想、文本與現實的時空縫隙中，思索五四以來個性
解放、個人自由與責任的矛盾辯證。「少年中國」不僅要攜手併肩、
相偕成長以抵禦外侮、救亡圖存，[39] 即令是以友愛之名，這些細微的
同性情誼敘述其實隱含了男男之間的性愛欲望——就像其他作品如
〈沉淪〉同樣透過性的衝動來刻畫異性愛戀，而引起同代人的瞠目——
然而這是在二十年代尚能言表的情感修辭，不若往後在性史機制過程
成為僅能緊鎖在櫃中的、等待探索與吐露的性的秘密；是同性友愛而
非性的秘密，成為同性戀認識論的核心要素。在郁達夫的創作裡，同
性愛敘事既是國族存亡的體現與象徵，也是個人情感的幻想和寄託，
更是想像他方的日本郊外與文學典故的歐洲田園風貌；小說所描寫的
戀物衝動、受虐快感和同性愛戀等等這些乍看離經叛道卻又難以割捨
的回憶與慰藉，以看似憂鬱哀歎、頹廢喪志的本能衝動和愛欲渴望，
對反於當時知識分子所吶喊的啟蒙進步的典範論述，辯證地回應關於
愛國主義之情與民族主義之愛的責任理念，凸顯了「愛的認識論」在
文學表現與閱讀詮釋上的複雜性。

　　李歐梵指出1922年郁達夫從日本回到上海時，面臨文學研究會
嚴苛批評他為肉欲的描寫者，而胡適也曾撰文挑剔他翻譯德國哲學家
奧伊鏗（R. C. Eucken, 1846-1926）作品的英文錯誤，並說創造社是淺薄

靈鳳，〈禁地〉，《幻洲》第1卷第3期（1926年11月），頁156-167。

39　梅家玲，〈發現少年，想像中國：梁啟超「少年中國說」的現代性、啟蒙論述與國族想像〉，《從少年中國到少年台灣：二十世紀中文小說的青春想像與國族論述》（台北：麥田，2013），頁33-73。

無聊而不自覺的一群人。[40] 〈茫茫夜〉與〈秋柳〉確實呈現郁達夫受到西方浪漫主義影響的悲觀、頹廢、消極、虛無、病態等等的感傷主義色彩，以及具有精神分析文藝傾向的變態情欲描述。然而本節的分析也指出，小說中同性愛欲與變態情欲不僅是表達主角頹廢人格與個性解放的設計安排，更是主角面對人生僵局的一種活力轉化機制，同性愛與性變態同時塑造出消極病態的零餘者與唯美浪漫的文藝家，隱然與當時積極理想的改革者形成不同位置的對話。就如同蔡振念指出郁達夫的寫作策略是對於西方美學風格的擬仿與挪用，其所展現出的「預借現代性」有別於當時感時憂國的寫實主義風格。[41] 而王欽透過分析其成名作〈沉淪〉的語言特色，指出小說中「沒有任何一種『主體性』的感情、體驗、思想（包括民族主義的身分）可以在主人公那裡穩定下來」[42]，論證其文學論述雖然作為現代民族國家與現代主體想像性建構的社會體制，卻更是對於這種意識形態國家機器主體召喚功能的反諷與瓦解。我們可以看到，在五四時期聲嘶力竭地吶喊救國救民救救孩子的風潮中，郁達夫這二篇彰顯男同性愛欲的小說，無論是在文本內部敘事時空或外部文學場域，都成為一處串連過去與當下、現實與幻想，但卻不合時宜的「愛的桃花源」。[43]

40　李歐梵著，王宏志等譯：《中國現代作家的浪漫一代》，頁89、116。郁達夫後來在《時事新報・學燈》發表〈答胡適之先生〉回應並解釋翻譯的問題。郁達夫，〈答胡適之先生〉，《郁達夫全集・第十卷》，頁37-40。

41　蔡振念，〈預借的現代性：論郁達夫對西方頹廢美學的挪用〉，《中正大學中文學術年刊》第13期（2009年6月），頁1-22。

42　王欽，〈「個體」「主體」與現代文學的發生：以郁達夫《沉淪》為例〉，《中國現代文學研究叢刊》2018年第6期（2018年6月），頁215。

43　參照趙園對比分析魯迅與郁達夫的觀點：前者是思考者與批判者並且以否定的方式聯繫著過去，甚至徹底擺脫過去；而後者則展現歷史蛻變時期生活世界與觀念世界

二、郭沫若的性／情感啟蒙

　　蘇雪林曾嚴厲批評郁達夫作品裡的色情狂傾向就是作家自身寫
照，而非一代青年苦悶的典型，〈沉淪〉和〈茫茫夜〉主角歇斯底里
的病態和墮落行徑不僅是作者的化身，更是在藝術上拙劣的自我表
現。[44] 郁達夫也說〈茫茫夜〉發表之後受到多方批評，既批評小說的
藝術缺點也指責作家的道德墮落，有讀者嚴詞譴責他「煽動青年學
生，使他們墮入禽獸的世界裡去，總而言之，你不該提倡同性戀愛
的」；而面對這種激烈的人身攻擊，他發表聲明澄清：「我對此第一不
服的，就是讀者好像把《茫茫夜》的主人公完全當作了我自家看。〔中
略〕並不是主人公的一舉一動，完完全全是我自己過去的生活」，[45] 藉
此說明文學創作的虛構性與作家實際生活的區別。即便如此，蘇敏逸
關於中國現代長篇小說浮現的研究指出，郁達夫這種「個人主義」式
的小說一方面促成自傳體小說與回憶錄等自傳性文學的發展，而以個
人成長經驗為主軸的自敘傳模式，另一方面也提供長篇小說的發展契
機。[46] 例如郁達夫的好友郭沫若就在自傳裡描述了兩段年少時期的同
性愛欲經驗：他寫於1928年的自傳初版原名為《我的幼年》，於1929
年出版後隨即被國民黨政府查禁，曾先後改名《幼年時代》、《童年時
代》與目前的《我的童年》；他於1947年將這本作品與《反正前後》、

的複雜性，並且顯示現在與過往之間聯繫的多樣性以及無窮的過渡形態。趙園，《中
國現代小說家論集》（台北：人間，2008），頁24。

44　蘇雪林，《中國二三十年代作家》（台北：純文學，1983），頁317-318。

45　郁達夫，〈《茫茫夜》發表以後〉，《郁達夫全集・第十卷》，頁32。

46　蘇敏逸，《「社會整體性」觀念與中國現代長篇小說的發生和形成》（台北：秀威，
2007），頁56-57。

《黑貓》、《初出夔門》重新編定之後，以《沫若自傳》第一卷《少年時代》出版。[47] 當年《我的幼年》雖被查禁，後來卻一版再版、非常暢銷，根據蘇雪林的說法為「動輒銷行數萬冊」；[48] 郭沫若則於1947年和1958年分別進行了重要的增刪。[49]

當年沈從文在評論《我的幼年》和《反正前後》時曾指出：「雖說這是自敘，其實這是創作。在創作中我們是允許一種為完成藝術而說出的謊騙的」[50]；他認為這些作品的問題不在於缺少真實，而是應該在小說形式中探問作者是否創作出具有價值的時代縮影。我也將郭沫若的自傳作為如同郁達夫私小說般的文本來閱讀，因此可把前引郁的名言反轉為：「作家的自敘傳，都是文學作品」，作者自傳或傳記也只是文學文本的另一種形式。我的分析取徑聚焦文本所構成的敘事模式及其效果，而非預設自傳書寫就是作者傳達所謂的「真實」，因為我們認知的「真實」無非是經由書寫再現的論述效應。如同小說創作般，自傳也是作者通過各種文學技法而生產的文本，「就像任何策略一樣，敘事動員了某些資源與部署了某些技術來實現特定的目標」[51]；因此自傳的書寫策略牽涉的，不僅是故事怎麼寫、寫什麼等等如何呈現的敘事技巧與框架的選擇，也包括了作者、隱含作者、敘事者與主角的敘事聲音與觀點位置的區分。

歷來研究從西方性科學傳播、馬克思主義進化論、法西斯心理與

47　[無署名]，〈本卷說明〉，《沫若自傳・第一卷：少年時代》（香港：三聯書店，1978）。

48　蘇雪林，《中國二三十年代作家》，頁86。

49　許維賢，《從豔史到性史》，頁181。

50　沈從文，〈論郭沫若〉，王訓昭等編：《郭沫若研究資料（中）》（北京：知識產權，2009），頁554。

51　依格頓著，黃煜文譯，《如何閱讀文學》（台北：商周，2018[2014]），頁172。

文學分析等觀點，來討論郭沫若的同性愛自敘傳：桑梓蘭指出五四時期的作家在嘗試歐化敘事形式的新文藝時，與一種以性科學為基礎的性啟蒙論述互相爭奪闡釋同性愛的象徵權威。[52] 康文慶採取「舊／壞模式」與「新／好模式」的分析觀點，來解釋當時已轉向馬克思主義與成為共產黨文人的郭沫若，是依據直線發展史觀來重構年少時期的同性戀愛關係：即新的現代化模式將取代舊的傳統封建模式，所以那是一個過渡階段。[53] 陳靜梅也認為這段以現實主義筆法記錄的同性戀愛經歷，是作者用以展示傳統社會蒙昧的惡果與代表革除自身過往墮落的證據，一方面呼應了以個體性生理建立現代社會性別角色與分工規範，另一方面強調了新生的現代國家所需的陽剛與革命主體。[54] 許維賢轉而考察郭沫若與毛澤東的惺惺相惜關係，以及郭在晚年時與少年陳明遠的曖昧書信往來，來論證郭壓抑年少的同性愛經驗不是自我昇華，而是面對極權國族和領袖形象時轉化為法西斯衝動能量，一種理想化人格的自我改造。[55] 相對於前述學者的立論，鄭績則指出郭沫若是同步經歷新文學啟蒙與性／別啟蒙，因此他自述年少時期同性愛乃是有意識地通過自身的性／別覺醒來呈現一個新時代的展開，藉由吐露性心理與同性交往的過程來表述自我發現與自我塑造，包括當時創造社作家與新女性作家的作品皆然；她並以此說明二十年代的性／別觀帶有一種理想主義的特色，既非舊中國的男色傳統也不是後來西方的同志文化，而是開放與自律共存的新文化與新文學烙印。[56] 我則是

52　桑梓蘭，《浮現中的女同性戀》，頁139。

53　Kang, *Obsession*, pp. 76-80.

54　陳靜梅，《現代中國同性戀話語譯介及小說文本解讀》，頁148-150。

55　許維賢，《從豔史到性史》，頁173-218。

56　鄭績，〈並非耽美：郭沫若在新文學視域下的性／別意識〉，《現代中文學刊》2018年

推進鄭績的論點並主張，郭沫若新文學式自傳書寫的性／情感啟蒙，凸顯了以「愛的關係模式」為主的同性愛欲不僅是在個人層面的自我進化、改造或形塑，其論述更蘊含新的情感模式對於社會與國家蛻變轉型的可能性；也就是上一章所論證的，個人層面的同性愛欲亦具有革新動能的社會力量，表徵了自由與平等的社會關係之解放實踐。

　　《我的童年》關於同性愛的敘事是奠基在主角經驗手淫、戀物甚至戀母的兒時回顧，如同郁達夫〈茫茫夜〉的主角迷戀婦人針帕的戀物傾向那般所謂的「變態情欲」：敘事者描述主角十歲前後的性覺醒，其一是他迷戀堂嫂粉紅柔嫩的手，其二是他藉由攀玩竹竿、後來改爬枇杷樹的肢體動作，身體得到不可言喻的快感。而他在同一時期也發現《西廂》、《花月痕》等才子佳人小說，並受到書的刺激而開始手淫，即便他被大嫂發現、被母親責罵，仍不改其性。敘事者藉著這段當時人們無法認可的性活動與體驗，來說明反思傳統認定淫書與聖賢書的差別，以及讀經禮教等規範問題。[57] 這段敘事一方面批判中國傳統文化的成見陋規，另一方面則以性啟蒙來凸出主角反叛與革命的性格，彰顯性的內在動力對於自我改造與社會變革的雙重潛能，而這種性啟蒙的動能則連結到故事接下來的同性戀愛經歷。敘事者描述主角在十五歲入學堂後，結識了同學吳尚之，主角一開始把他看作弟弟般；在主角的眼中，尚之有種言行舉止上的馴靜美，其白皙的外貌帶有清淨且含蓄的冷意。敘事者說兩人性格雖相反，「但我們卻是非常親密，比兄弟骨肉間的感情還要親密」[58]；兩人一見傾心，他們會趁夜間自修時外出「奮飛」——也就是一同偷跑進城遊玩與喝酒。敘事者

第2期（總53期，2018年4月），頁25-32。

57　郭沫若，《少年時代》（上海：新文藝，1956），頁50-54。

58　郭沫若，《少年時代》，頁73。

強調兩人純潔且嚴肅的同性戀愛雖受旁人揣測，但這與當時其他同學搞的變態性欲「偷營」完全不同，並透過描述同學被偷營的情節來對比兩種情況的差異：前者是互敬互重如結拜兄弟般的同性情誼（如上一章分析裡胡秋原所珍視的），後者則是把對方當成女性夜半來暗算褻瀆（如楊憂天所憂心的）。[59] 值得留意的是，這段同性友愛關係的敘事其實夾在主角的兩則學堂軼事之間——前段是主角毀壞校內神像偶像的義憤行動，後段是一些老學生不滿他優秀成績的侮辱風波，並延續到他對於老師權威的反抗意識與領導傾向[60]——這樣的敘事策略安排一方面凸顯且強化了主角反叛傳統的英雄性格，另一方面也指涉了同性戀愛所具有的進步意涵與變革動能，而非只是由性科學論述來主導的「癖的病理模式」，或者同學以偷營（偷淫）視之製造閒言耳語的「窺的道德模式」。

　　上述同性愛模式的差異對比與反叛／革命敘事模式的相互交織，還出現在主角後續與吳弟兒、章同學的同性關係——敘事以貌美可愛的吳弟兒來對比素行不良的章同學，前者用柔嫩溫暖的手主動牽他，後者則誘騙他喝醉酒要趁機猥褻——而這時主角已經歷因罷課抗議事件而被退學又復學的周折，並體認成人世界的敷衍與虛偽。敘事者把同性之間的偷營和主角被強吻硬上的經歷稱為「畸形的小學生活」，一方面批判學校生活對性格養成階段的兒童來說充滿危險，另一方面指責教育者只顧自身尊嚴顏面而沒有負起該有之責；主角甚至在畢業當日藉酒意打破教室玻璃，用以發洩壓抑許久的憤怒，將反叛／革命敘事推上高點——他的手濺出鮮紅的血。[61] 而即便敘事者繼續描

59　郭沫若，《少年時代》，頁75-77。

60　郭沫若，《少年時代》，頁72、78-90。

61　郭沫若，《少年時代》，頁91-103。

述主角升上中學之後的同性戀愛情節，同性愛敘事仍舊與反叛／革命
敘事相互交織，例如批評師資水準的低落與教育體制的陋缺、記錄學
生拉幫結派在校園內外鬧風波，包括主角自己去聽戲時與人打架的情
況。[62] 敘事者表明主角在中學的生活變得更加游蕩墮落，除了上述的
鬧學潮惹是非之外，他還加入城裡紈褲子弟們組成的轉轉會，因此結
識了因外貌端麗而被大家戲稱為「轉轉會內之花」的汪姓少年。敘事
者再次採用同性愛模式的對比，來框架並彰顯主角與汪君的同性親密
關係：某回聚會他喝醉了想引誘雞仔（即相公）陪酒開房間，汪君阻
止他而兩人有了第一次的親密接觸：汪君以口灌注紅甘蔗汁到他的
嘴裡，他則將汪君緊緊抱住說：「啊，我真愛你呀！」兩人並共度一
夜。[63] 敘事者還強調，這段同性戀愛意外地讓主角從浪蕩生活中脫離
出來；他既疏遠了轉轉會與找相公的行徑，更導引他逐漸走向文學研
究的道途；而他在讀林紓翻譯的《迦茵小傳》時仍會不自覺地把汪君
替換成女主角，雖然他認為汪君也是男子毋須自己來保護，因此感到
有點不自然。[64] 許維賢指出，郭沫若與汪君的一段情誼對他來說是一
生難忘的經驗，他後來留學日本時還寫下一首〈蔗紅詞〉懷念這段同
性戀愛關係。[65]

　　除了同性愛敘事模式與反叛／革命敘事模式的交織穿插之外，整
本自傳則是放在馬克思主義與共產革命的敘事框架之中，因此自傳的
性啟蒙與同性愛敘事連結的就不僅是五四新文化運動的理想主義與啟
蒙色彩，更在於社會主義所蘊含的革命精神和變革潛能；就不僅是要

62　郭沫若，《少年時代》，頁105-112。

63　郭沫若，《少年時代》，頁113-118。

64　郭沫若，《少年時代》，頁124-127。

65　許維賢，《從豔史到性史》，頁188-189。

掙脫封建道德與打破傳統倫理束縛，更在於要求在情感與關係面向的全面解放，重新設想性／親密關係甚至是社會關係。此刻的中國面對西潮東來所引發的政治經濟與社會文化的劇烈變遷，自傳所部署的同性愛敘事則浮現於這一段特定的歷史時空之中，知識分子擺盪在自我發現與發明的性／情感啟蒙論述，以及社會革命和發展的愛國救亡論述之間，並持續辯證著。此外，郭沫若能夠在自傳寫出他的同性愛經驗，而且在他成為新中國的副總理之後仍未刪除，或許跟上一章論證左翼政治與同性友愛的親近性有關，而這個親近性是否因為當時知識分子受到1917年俄國革命與蘇聯社會主義對同性愛持開放態度的影響，這裡頭的對話關係仍待後續深入探究。

三、愛的教學法

本節討論師生之間的同性愛欲，一種同性情感流動於其中的教育模式，以1927年葉鼎洛的短篇小說〈男友〉與1931年沈從文的中篇小說〈虎雛〉為主要分析對象，並旁及蔣光慈1926年的中篇小說〈少年飄泊者〉其中一段相關情節。紀大偉曾以「啟蒙教育」和「地緣政治」兩項概念來分析沈從文的〈虎雛〉和〈嚘嚘〉，指出小說再現的同性愛欲一方面是藉以逃離異性戀規範的敘事動力，另一方面卻成為保護教育的去性化緩衝器；而同性愛欲也凸顯小說中地緣政治的階序性，啟蒙的追求體現在現代國家（如日本）、中介都市（如上海）和地方鄉土（如湘西）三者之間的高低落差與垂直移動。[66] 我則是把小說放在一個

---

66   Ta-wei Chi, "In the Name of Enlightenment: Pedagogy and the Uses of Same-Sex Desire in Early Twentieth-Century Chinese Fiction," *MCLC* (*Modern Chinese Literature and Culture*) 17(2), 2005: pp. 167-201.

特定的社會背景與知識脈絡下來閱讀，即當時人們相當關注校園裡的學生同性愛與同性師生戀情況，透過參照報章雜誌的論述來討論小說的敘事內容，以說明「愛的關係模式」在轉型時期的另一種認識樣態。

　　民國時期大眾媒體關於同性愛與學校教育有著正反兩面的討論，但不論是贊同或批評同性愛的觀點，論者最終都希望能改進性教育與情感教育的問題。例如1922年李宗武在討論同性愛與性教育的文章裡，不僅描述日本和杭州的女同性師生戀故事，還舉出自己學生時代親見的男同性愛為例，來批評當前學校教育的問題並分析同性愛的影響與危險；文章藉此呼籲教育界需注意性教育的重要性，以及推廣實行男女社交公開與男女同校。[67] 又或是上一章曾提到，沈澤民與胡秋原都譯寫了卡本特在《中性論》裡討論同性愛與教育的章節，來倡議友愛對於學校教育的重要性，強調理想的友伴結合能夠引導學生的學習教化和人格成長；卡氏的文章不僅鼓勵人們要寬容地理解學生與師生間的同性愛，還呼籲學校要實施男女同校與性教育，他期盼人們能學習古希臘城邦將友情列入國家制度，而不是讓親密關係被迫往地下發展。沈澤民的附記與胡秋原的譯寫也同時指出，卡本特描繪英國學校發生同性愛「陰溝化」的情況亦流行於當時中國校園，這是因為社會保守觀念與舊式婚姻制度所導致，因此他們同樣呼籲要提倡校園的情感教育。[68] 此外，一九三〇年代著名女性雜誌《玲瓏》不僅刊登以

67　李宗武，〈性教育上的一個重大問題：同性愛之討論〉。他在1925年也發表類似的批評，指出同性愛是性變態與性病，日本奈良女子高師曾發現師生同性愛，中國恐怕也有只是未曾暴露。李宗武，〈獨身傾向與危險〉，《晨報副刊》第1228期（1925年7月19日），頁91-92。

68　卡賓塔著，沈澤民譯，〈同性愛與教育〉，頁10；胡秋原，〈同性愛的研究〉，頁177-179。

性科學(癖)和自殺情殺(窺)的觀點來批評女同性愛的文章，[69] 也報導
了女校裡的師生戀情況。例如〈同性愛兩女不嫁〉描述杭州女校學生
與鄰居女教員交往，兩人誓盟終身不嫁，還為了躲避家人逼婚而逃
家；文末按語則用此例來警告讀者同性愛的錯誤和危害。[70] 另有文章
說轉錄了女作家謝冰心在女校的演講，內容談及作家中學時代的女
同性愛經驗及相關現象的觀察，也提到有些女學生則會向女老師或校
長表達愛意，並評斷說：「然竟有若干女子，認為與教員戀愛為特殊
光榮者，可謂悖謬人道，乖舛論常之可憐蟲耳。」[71] 我們可以看到這
些報導聚焦的是女校同性師生戀，幾乎沒有關於男校同性師生戀的文
章，相關的敘述反而是出現在小說創作裡。

　　葉鼎洛曾與郁達夫等人創辦《大眾文藝》，與葉靈鳳被稱譽「文
壇二葉」。蘇雪林曾評論葉鼎洛是郁達夫那種感傷頹廢文學的信徒，
文筆和行徑都刻意模仿郁，而且極為相似、甚至青出於藍。[72] 1924年

69　癖的模式例如：愛卿，〈獨身主義與同性愛〉，《玲瓏》第2卷第77期（1932年12月7
　　日），頁1253；珍玲、寶玉，〈玲瓏信箱：不要誤了一生幸福〉，《玲瓏》第2卷第79
　　期（1932年12月21日），頁1354-1356；萍，〈同性愛之原因與弊害〉，《玲瓏》第4卷
　　第38期（1934年12月5日），頁2426-2428。窺的模式例如：葉瑩，〈同性愛不敵異性
　　愛〉，《玲瓏》第2卷第79期（1932年12月21日），頁1377；珍玲、S. C. H.，〈玲瓏信
　　箱·同性愛的女子〉，《玲瓏》第6卷第14期（1936年4月15日），頁1046-1047。
70　菲，〈同性愛兩女不嫁〉，《玲瓏》第4卷第3期（1934年1月17日），頁175-176。
71　玉壺，〈冰心演講同性愛記〉，《玲瓏》第6卷第28期（1936年7月22日），頁2131-
　　2135。據考察，這篇文章所載的作家應該是女兵作家謝冰瑩，而非本名為謝婉瑩的
　　冰心。謝冰瑩在文集中提到就讀湖南女子師範學校時一段「同性愛的糾紛」，她曾在
　　1929年《河北民國日報》副刊發表〈給S妹的信〉，故事即改編這段親身經歷的同性愛
　　戀。參見：陳冉涌，〈跨語際的觀念再造：一個1920年代中國女性同性戀愛話語的檢
　　視〉，頁119-121。
72　蘇雪林，《中國二三十年代作家》，頁325。

葉鼎洛在湖南第一師範大學擔任美術老師，這篇描述男同性師生戀的
〈男友〉背景也是在湖南長沙「首屈一指的 FN 學校」。故事收錄於1927
年上海良友圖書出版的同名短篇小說集，以第三人稱倒敘的方式，描
述男同性師生戀發展過程與師生之間的互動和心境，以及兩人面對全
校其他師生的眼光和輿論壓力而被迫分手的情況。敘事者的觀點是從
教師主角的位置出發，開篇就提及他因為這段同性師生戀而被迫離開
任教的學校，說明主角想法原是以為同性師生戀極為平常，沒想到卻
淪為八卦與罪狀，竟然還有八成以上的學生反對，他覺得可笑與不公
平乾脆公開而離職。敘事者接著交代主角感覺荒謬的原因，因為老師
之間不僅會私下品評學生的容貌姿色，同性師生戀的情況似乎也不算
少見，例如 T 老師就分享過往在他校時的風流經驗，表示男學生的愛
慕是一種韻事與例外的福分，有種跟大家炫耀的意味。而主角喜歡的
C 君因為長得清俊，也因此成為這群教師們凝視與獵狩般的對象。[73]
後來主角與 C 君的同性師生戀逐漸滋長，但兩人戀情仍需掩人耳目，
不能聲張得隱秘發展而顯得「陰溝化」；敘事者解釋部分原因可能是
主角自身的怯弱與怪脾氣性格，或與女性曾有過感情挫折，另一部分
或許他仍礙於雙方是師生關係之故。[74] 而如同〈茫茫夜〉的世外桃源
場景，主角與 C 君同樣是在田園牧歌般的山水風光中相互交心，即便
是在校外約會，但他仍壓抑情感，後來對 C 君的愛意日漸加深，才變
得不避嫌也不怕他人目光，於是搞得人盡皆知：C 君逐漸成為了篇名
中的男友。這種讓戀情稍有曲折的壓抑敘事模式，強化了同性師生戀
的浪漫與純愛成分；相較五四時期以追求自由戀愛作為個人從傳統束

73　葉鼎洛，《男友》（杭州：浙江文藝，2004），頁7。
74　葉鼎洛，《男友》，頁9、10、12。

縛解放出來的表現方式，校園中的同性師生戀主題或許更為突破世俗
禁忌。

　　〈男友〉另一項同性師生戀壓抑與浪漫的敘事設計則是性別化與
性別氣質的情況。敘事者以嫵媚的笑、羞澀的姿態、嬌嗔可愛、容易
害羞來形容C君的外貌舉止，雖然這是主角愛上他的特質，卻也成為
兩人戀情深入發展的阻隔：一方面C君在向主角吐露愛意時自認為女
性化，另一方面他卻又悲嘆自身不是女子，無法與主角發生進一步的
親密關係。因此兩人情感的最高點同時發生、卻也是中止在這個性
別化的關鍵點：當主角在湖光山色的水陸洲草地上發狂般緊緊摟住C
君，敘事者描述他心頭顫動到快爆裂，於是對C君說：

> 「C，C！我過不得，我心跳得厲害！」
> 「我也過不得！咳！我假使是個女子……」
> C君淒然說著這句話，C君的聲音啞了，C君眼淚湧出來了。他
> 知道C君的眼淚一半為自己流，而一半為他流，替他傷心而又替
> 自己傷心。他想起了平時得不到一個人的情的苦處，久蓄在心底
> 裡萬種悲怨，一時迸發而奔騰起來，他的熱淚也跟著C君的熱淚
> 潮一般的湧出來。[75]

在這段情節裡，敘事者所說的「過不得」指的是什麼？這個情景不僅
讓雙方難過至極，甚至還讓敘事者冒出兩人一同逃走或一起自殺的想
法。一方面那是同性師生戀依舊難以見容於世俗社會，甚至仍找不到
他們認為合宜的關係形式的一道關卡。當稍早前C君向主角傾訴內心

75　葉鼎洛，《男友》，頁16。

愛意但同時又說出自己面對同學嘲笑的困境時，他的回應則是：「哈哈，這也要笑嗎？那麼，父親愛兒子也要笑嗎，阿哥愛兄弟也要笑的嗎？他們笑我笑我們，他們自己才好笑哩！」[76] 敘事者通過傳統五倫的親屬倫常來理解或蒙混他們的關係，雖然使得「愛的關係模式」既猶疑也游移在師生戀與家人戀之間，卻也建構了傳統五倫與現代同性戀認識論之間的關係。但另一方面，當這個「過不得」同時是不得其門而入與無處可發洩的性欲衝動時，既有的親屬倫常顯然就無法順利替代兩人的親密關係，最終只剩夫婦關係可供敘事者想像，使得Ｃ君只能哀嘆自己並非女子。而這種矛盾曖昧的同性愛擬親屬關係的認識與性別化表述，又隱然地與龍陽、斷袖、分桃等的古典君臣模式有所區分。這段同性師生戀最終不敵學校裡的流言散布、咒罵與嘲笑，並受到監視（窺的道德模式），主角最後離開教師工作回到家鄉，然而他仍思念Ｃ君想找對方過來（愛的關係模式）。〈男友〉展現同性師生戀之間的複雜與掙扎，縱然師生雙方已經能夠勇敢跨越社會隔閡進而尋求自我價值，如同五四以來追求自由戀愛那般，然而新的情感樣態與倫理秩序卻還沒全然到位，這使得戀人們既無法想像一種新的愛的關係形態，社會大眾也無法理解與諒解同性師生之間也能夠是「男友」的戀人關係。

沈從文出身自湘西的鳳凰縣因而自稱「鄉下人」，這個自謙但也帶著自卑的身分標籤，不僅是自我認同的體認，「同時也表徵他的經驗背景、文化視野、美感趣味和文學理想」；他自稱是「最後一個浪漫派」，而文學創作所構造的湘西世界和書寫的鄉土中國，則體現一

---

76   葉鼎洛，《男友》，頁15。

個詩意的田園牧歌世界和抒情的自然理想情懷。[77] 此外,沈從文自一
九二〇年代寫作之初就繼承郁達夫的自敘傳精神,也透過閱讀周作人
譯介的靄理士《性心理學》,理解文學藝術作為或宣洩或補償人類情
感欲望的功能。[78] 短篇小說〈虎雛〉的主要敘事線是敘事者「我」如何
培養一名年輕帥氣的小兵,要讓他脫離軍隊生活,並跟著自己讀書學
習的啟蒙教化故事。然而敘事者對於小兵傳達的殷殷期盼與付出的悉
心栽培,無論是在物質生活或精神情感層面的投資,都瀰漫著同性愛
欲的氛圍;再加上沈式小說結尾常見出人意料的「急劇轉變」設計,[79]
以及身兼老師與父兄等教化者角色的敘事者由此而生的情感失落與表
露,都使得這篇小說固有的啟蒙教化敘事,因為同性愛欲的作用而被
複雜化了。甚至可以這樣說,同性師生戀的設計摧毀並重構了一般所
認知的啟蒙教化敘事。

敘事者一開始就明白表示主角「我」相當中意軍官六弟身邊的一
名十二歲勤務兵,而主角也曾是軍人,只是現在退役成為作家。他描
述小兵的相貌出眾體面,眉眼秀氣又不失威風,深得自己喜愛;有些
外人還以為小兵就是他的弟弟,說兩人模樣很相似,他甚至認為小兵
比自己六弟的品貌還要出色。於是敘事者向六弟開口討人,預備把小
兵留在自己身邊,並設想各種教育策略要來培養與改造對方;他自認
只要提供良好且適宜的教養環境,假以時日小兵將能有所成就,他
還跟六弟解釋說:「我認為我是這小兵的溫室。」[80] 然而六弟卻不以為

---

77   程光煒等,《中國現代文學史》,頁228-234。

78   解志熙,〈愛欲書寫的「詩與真」:沈從文現代時期的文學行為敘論〉,《欲望的文學風
      旗:沈從文與張愛玲文學行為考論》(台北:人間,2012),頁14-64。

79   蘇雪林,《中國二三十年代作家》,頁397。

80   沈從文,〈虎雛〉,《沈從文全集‧第七卷》(太原:北岳文藝,2002),頁16。

然，因此兩人互相辯論評估從軍與讀書的本益比，最後達成協議要以小兵為實驗對象，看看敘事者能否順利培育小兵成為大學生。故事前半部主要就由敘事者和六弟的對話爭論構成，為讀者鋪展了小說核心的啟蒙教化敘事：從鄉土的粗陋到城市的精美、從野蠻蒙昧到文明進步的改造之道。然而這個核心敘事不僅針對小兵，也連結了主角過往的轉職經歷，更體現與象徵了整個新文化運動的啟蒙理念與文明教化影響；就如同六弟所說的：「二哥，我知道你話裡意思有你自己。你正在想用你自己作為辯護，以為一個兵士並不較之一個學生為更無希望。」[81] 後來敘事者除了親自教授小兵文學知識，還安排老師幫他補習，帶他上街治裝，「預備把他收拾得像一個王子」。[82] 敘事者幻想著小兵將變身為人們理想中的完人模樣，知書達禮、事業成功且婚姻幸福美滿，而他則是能從這項教育事業的完美成果中獲得滿足，即便自己原本的夢想早已破滅；他更表示說：「我在那小兵身上做了二十年夢，我還把二十年後的夢境也放肆的經驗到了。」[83] 敘事者沒想到小兵竟然進步神速，他雖然也在兩人共同生活與互相學習的「師生」關係獲得新的動力，原本無趣無味的日子因此整理出秩序與推進的努力；但是相較於小兵在觀念、感想與興味所綻放的靈魂之光，敘事者卻同時感覺到自己已頹然老去，鬱悶地反省起年少的荒唐放蕩以至於後來的一事無成。[84]

　　故事是在後半段迎來情節的大轉折：小兵奉敘事者之命，帶主角老同學王軍官的勤務兵三多出去逍遙玩樂，隔天卻不見兩人蹤影；他

81　沈從文，〈虎雛〉，頁17。
82　沈從文，〈虎雛〉，頁21。
83　沈從文，〈虎雛〉，頁22。
84　沈從文，〈虎雛〉，頁27。

們猜想年輕人是否被妓女拐跑騙錢或逃去學唱戲，遍尋整個上海市區仍找不著人。敘事者因此開始吐露出他失去小兵的內心感受：「我心上這時難受得很，似乎一個男子失戀以後的情形，心中空虛，無所依傍」[85]；甚至在絕望之際，他還幻想著小兵已經在家的火爐邊或他床上等他回家。後來他發現小兵確實曾返家，但僅僅留下字條說：因自己與三多在城裡失手打死人，而三多也被人打死，所以匆忙逃走並要他毋須再管自己。敘事者在故事的結尾自白，人們都傳說他有個稀奇的戀愛就是指這件事，而他則後悔被小兵的外表所迷惑，就像是湖南家鄉厲害的草木蟲蛇那般的野蠻靈魂，卻裝在一個美麗的盒子裡。[86] 無論敘事者起初是因為迷戀小兵容貌，或是要向六弟證明自己的啟蒙教化觀點，他和小兵二人後來不僅發展出教學相長的交流互動，也建立起一種雙向的關係連結；小說更表達出這種另類師生關係所帶來與所推動的、難以預期的自我轉化。也就是說，〈虎雛〉的「師生戀」不是只有老對少、上對下的啟蒙教化模式，也是一種有別於癖與窺的同性情誼模式：原本對人生感到百無聊賴且毫無生機的主角，歷經了一段教導與學習並行的師生情誼，而這過程既使他重燃生活動能，卻也讓他倍感悵然若失。同性親密關係是在他們所組成的雙向師生關係以及彼此共同生活的過程中逐漸浮現，而要等到敘事者失去小兵時他才發現自己就像是失戀一樣；小兵的戛然離開以傷害和摧毀的方式打破原本的啟蒙教化模式，卻也因此創造出不同的師生關係——「愛的關係模式」的反轉和否定面向。沈從文的創作多半透過描繪他的湘西鄉土之美，以對照都市化文明病徵的文學作品，透露出所要寄寓的藉由現

85　沈從文，〈虎雛〉，頁38。

86　沈從文，〈虎雛〉，頁41。

代知識與教育來改造與重塑鄉民的文化價值判斷。然而〈虎雛〉卻為我們展示他思想中的矛盾：敘事者與六弟的論辯以及他在教學過程習得的同性愛欲感受，不僅表現出對於傳統啟蒙教化敘事模式的遲疑，也擴充了「愛的關係模式」關於同性「師生戀」這種性／親密關係形式的認識與想像。

　　然而同性師生情誼的文學再現，未必都如〈男友〉與〈虎雛〉這樣令敘事者懷念不已。蔣光慈的中篇小說〈少年飄泊者〉裡頭一段與同性愛欲的相關情節，就以負面手法來描寫同性師生關係的不堪與危險。作者在年少時曾信仰無政府主義，與錢杏邨等人組織社團與刊物，以宣揚安那其理念；他於 1921 年留學蘇聯莫斯科東方大學，1922 年加入中國共產黨，1924 年回到上海進行革命文學創作。他不僅是堅定的馬克思－列寧主義者，也在宣揚無產階級革命的政治立場上，創作出「革命加戀愛」的普羅文學主題。[87]〈少年飄泊者〉是蔣光慈的首篇小說創作，在當時中國社會處於激烈劇變的脈絡下，敘事者以「窺的道德模式」呈現大眾認為同性愛欲的醜陋面，通過老師猥褻學生的情節設計來摧毀師生關係的傳統倫常設定。敘事者採用主角汪中的第一人稱視角，以及書信體混合自敘傳和懺悔錄的方式，向當時提倡新文化的知識分子維嘉先生訴說自己的經歷。在小說的第一小節，敘事者類似前情說明的脈絡交代，形成了啟蒙與革命的敘事框架與閱讀引導：他在讚揚與敬仰維嘉先生的表白裡，透露自己不僅鍾情以新文學為立基點的啟蒙思想，也洋溢著反軍閥與帝國殖民的革命情緒。此外，敘事者還揭露自身心理與精神狀態的轉變：他幾年前第一次寫信給對方那時原本想投江自殺，而此時他的情緒已經有所不同，

87　張全之，《中國近現代文學的發展與無政府主義思潮》，頁 216-223。

這暗示也預示了小說的調性是他如何經受革命理念的洗鍊所帶來的自我蛻變。[88]

敘事者首先回憶佃農父母如何因為人世冷酷黑暗與社會萬惡不公而被害及慘死，年少窮困的自己歷經顛沛流離與憂患人生，以及他之後投身鐵路工會並參與罷工，被抓入獄後決心加入黃埔軍校參與軍閥革命的過程。同性愛情節發生在故事前半段，也就是主角還沒有受到革命感召的階段。敘事者說自己因為父母雙亡無處可去，在預備入夥到義助百姓的綠林好漢的路途中，遇到了一位「川館先生」（即落魄士人）；雖然知道這位「斯文先生」的處境跟他一樣都在各地飄泊、流浪四方，但他當時實在無法可想無處可去，走頭無路之下只好拜師當起書僮，「好跟著他東西南北鬼混」。雖然身為學生，他不僅鄙棄老師看高不看低且愛擺架子的態度，也瞧不起老師到教蒙館搗亂和敲竹槓的行徑。[89] 接著敘事者告訴我們，前三個月兩人如師生般相處，後來老師態度逐漸轉變，開始跟他說笑並調戲他，「漸漸引誘我狎戲……他要與我做那卑汙無恥的事情」；因此他睡覺時開始有所戒備，沒想到某夜老師突然灌醉他、趁他熟睡時對他上下其手，他趕緊藉口說要上廁所，老師還親了幾嘴後才放開他。他在逃離之後因備感羞辱與憤恨而放聲痛哭，認為這社會上到處都是人面的禽獸。[90] 敘事者描述的情況類似前述郭沫若自傳裡提到同學們之間的「偷營」，雖然角色換成了川館老師，但在整體革命敘事框架裡，敘事所要批判的對象仍舊是傳統封建陋習。敘事者和輿論者視為病態、變態與色欲的同性師生關係，在這部描述社會黑暗現實的小說中，等同地主、商人、英國資本

88　蔣光慈，〈少年飄泊者〉，《蔣光慈選集》（香港：港青，1979），頁2-5。

89　蔣光慈，〈少年飄泊者〉，頁33-34。

90　蔣光慈，〈少年飄泊者〉，頁35-36。

家與軍閥的罪惡行徑，不僅成為形構階級壓迫與民族苦難的裝置，也符應了左翼現實主義所要批判的那種道德淪喪的性誘惑或性壓迫。

四、小結

沈從文曾說「郭沫若用英雄誇大的樣子，有時使人發笑，在郁達夫作品上用小丑的卑微神氣出現，卻使人憂鬱起來了」[91]；即便是同屬尋求解放自我與主觀抒情的創造社，兩人作品仍展現不同風格，包括他們關於同性愛欲的書寫。郭沫若筆下傾訴衷腸的「蔗紅詞」和郁達夫書寫心神馳盪的「草舍兒」，在文學創作中設想了一個可以容納同性愛欲的生命經驗、或者說不同的人如何共生互存的社會。而在外部層次，文本的生產與流通也在同性愛敘事所處的社會現實與歷史過程打開了空間，不僅引導當時的人們去認識不同的性／親密關係樣態，也提供後來的我們一個思想上和歷史性的參照，即「愛的關係模式」關於情感啟蒙、愛國與民族主義、社會革命、文明教化等議題之間的關係。

創造社主要成員後來大部分都傾向革命，轉而關注社會主義與寫實主義的文學，當階級成為主導左翼文藝批判的主要概念，同性愛欲的書寫是如何被看成與資產階級有關而被迫消音，像後來新中國在文革時期會開除、監禁或下放勞改男同性性行為者（即便雙方合意），或者1979年明定刑法流氓罪以懲罰強制的男同性性行為（即所謂雞姦罪）。[92] 而在同時期的台灣，同性戀也常被指為共產黨加以整肅，或

91　沈從文，〈論中國創作小說〉，王自立、陳子善編：《郁達夫研究資料》（北京：知識產權，2010），頁316。

92　Kang Wenqing, "Decriminalization and Depathologization of Homosexuality in China," in

是共產黨員被抹成同性戀予以汙名化，文學表現上如姜貴的《重陽》
將同性戀跟共產黨連結，陳映真的〈趙南棟〉以同性愛欲和消費文化
暗示左翼的清洗與缺席，或許都需要先回望民國時期的文學再現裡，
這一段同性愛欲浮現與共產革命敘事彼此之間糾結駁雜、矛盾互應的
政治與歷史，探析其間曲折將更有助於我們開展後續的觀照與思辨。

Timothy B. Weston and Lionel M. Jensen, eds., *China in and Beyond the Headlines* (Lanham: Rowman and Littlefield, 2012), pp. 231-248. 康文慶後來的研究則反駁了共產主義社會壓抑性少數的簡化觀點。參見：Kang Wenqing, "Male Same-Sex Relations in Socialist China."

第三章

愛的轉生術

戰後台灣同性愛欲與婚家想像的交纏

　　我在前二章分析了民國時期社會主義視野裡關於同性愛欲的「愛的認識論」，以及這種「愛的關係模式」在轉型時期現代文學創作場域的構成樣態。如果烏托邦社會主義者曾經在友愛大同的共生想像中，寄望同性愛能夠連結人我關係以朝向未來的理想社會，又如果無政府主義者曾經在毀家廢婚與共居互存的親密關係想像中，辯論到同性愛與人類愛的議題；那麼當時這些關於同性愛欲及性／親密關係形式的認識及想像，在戰後台灣置身世界冷戰與國共內戰的歷史過程中產生什麼樣的變化？是在某種歷史與政治基調中湮沒、消失或是難以被人們所理解？又或者是轉變為不同的認識形貌？當島內開始面對冷戰與內戰的雙戰結構、社會急速且壓縮的現代化，以及後來新自由主義全球化的效應，同性戀的認識模式與相關的性／親密關係樣態受到什麼樣的影響？前面所探討的轉型時期社會主義視野的「愛的關係模式」——即友愛關係與共生互助關係的認識內涵——又是如何轉變、以及轉變成何種樣態？

　　本章將透過追索戰後台灣三個年代與三位作家的作品——一九七〇年代的光泰（本名宋光泰，1946-）、一九八〇年代的邱清寶（1960-）、一九九〇年代的許佑生（1961-）——聚焦婚姻家庭的想像在小說裡的

作用，以及它們分別所形塑的同性戀主體及情感狀態。透過重讀與細讀這些文學作品，我將分析婚家想像作為一種敘事裝置對於同性戀主體的形構作用，以及同性愛欲的情節設計對於婚家想像產生的影響，特別是「愛的關係模式」這個認識模式的重構。這些小說的再現一方面窄化了前二章分析文本所蘊含同性愛欲及性／親密關係的多重意涵，並且將之逐漸凝固為靠向異性戀一夫一妻制的「新」專偶婚姻形式，另一方面小說也呈現出不同於當前同性婚姻法制化框架下的另類想像及實踐樣態。這些小說細膩刻畫了同性愛欲和婚姻家庭兩者之間的矛盾關聯，特定歷史情境中的婚家想像不僅重構冷戰之前的同性戀認識模式，也凸顯同性戀或許再次鞏固了婚家形式樣貌與內容成分，而未必都具備內爆婚家體制的潛能。在這個意義上，婚姻家庭在文本內部既是聯繫起所有人物關係的網羅，也是支撐角色的夢想幻想同時又是桎梏重擔的梁柱。表面上看似互斥的同性愛欲與婚家體制，在小說裡卻如同鏡像般的雙螺旋，不容分割地相互交纏。雖然文學文本不必然直接反映外在環境的政治、經濟與社會變革，包括區域生態與地緣政治的動盪變化，然而文學更是以折射的方式再現出社會文化的效應；因此透過文學分析能夠探討主導文化與相應的美學再現，包括人們所內化的情感結構和認識模式。特別是，台灣在2010年前後接軌歐美主流同志社群爭取同志結婚與成家合法化的過程中，「愛的認識論」逐漸演變成由國家認可和權利法為根基的主流同婚論述（並展現其全球外交潛能），所謂「同婚時期」的同性愛欲文學對於性／親密關係又有什麼樣的再現？強化或重構了什麼樣的同性戀認識模式和情感結構？

　　本章討論的三位作家再現了戰後台灣時空脈絡中——從冷戰高峰的外交困境、工業經濟壓縮式發展，到島內解嚴與冷戰解凍、以

及愛滋爆發──婚家想像如何重構「愛的關係模式」及同性戀主體：（1）1976年的《逃避婚姻的人》暢銷於當時社會多數人認為同性戀是「精神病」與「性變態」的汙名情境之中，故事既描繪結婚成家的觀念加諸同性戀的強迫正常與強迫幸福，也刻畫婚家體制裡的種種荒謬與虛幻。小說中出人意表的婚家想像不僅解構了異性戀父權的生殖繁衍邏輯，同時置疑著專偶制婚配的性別角色。（2）1983年的〈地老天荒〉及1990年的〈夢香倫〉出版於社會規範漸次鬆綁的年代，同時也是白先勇（1937-）經典小說《孽子》打開人們認識同性戀的時代，同性戀從個人的心理疾患轉變為「社會問題」而引起公眾討論與理解分析的風潮之中。故事敘述看似理所當然的異性戀婚家如何同時是一個同性愛欲的桎梏，小說的風格語調創造了百無聊賴的日常生活世界，而形構出的「同夫」主體是如何想方設法、卻又黔驢技窮地擺盪在欲望和倫理、自由與責任之間。（3）1996年的《男婚男嫁》則出版在同志驕傲與愛滋歧視交纏的歷史時空，而同志運動已風起雲湧，逐漸開啟同志文化與性／別現象的多元風貌之時。故事寫出主角在逐步形構自我及社群認同的同時，婚姻家庭如何被想像為追求幸福人生的藍圖，也寫出同性婚姻作為另類性／親密關係的特殊與普遍之處，而這時候同志主體需得經歷冷戰效應下的跨國族及跨種族的自我改造才能獲得所謂的「幸福」。[1] 本章小結將並置參照兩個新世紀之後的通俗文本──流

1　參照哈瑞塔旺（Jin Haritaworn）分析當代柏林的有色酷兒及貧窮跨性別處境時所提醒的，同志婚姻所代表的這種酷兒親密關係，一方面需要在同性戀被道德化、罪犯化和病理化的歷史脈絡中來理解，因為它既允諾我們正常，更許我們一個幸福的未來；但另一方面：「我們是在以下的脈絡來理解幸福作為一種合意的形式，它懲罰與病理化不馴的情緒像是反種族主義的憤怒或悲傷，而且區分『幸福』或『正常』以及『不幸福』或『不正常』的人群，後者必須被隔離到生活圈之外，還得想方設法好生地活下去。」參見：Jin Haritaworn, *Queer Lovers and Hateful Others: Regenerating Violent*

行音樂MV（Music Video，「音樂錄影帶」之簡稱）與大眾文學作品——扼要說明婚家想像及體制對於性／親密關係的影響。

一、《逃避婚姻的人》的婚姻想像

由暢銷作家光泰所寫的長篇小說《逃避婚姻的人》（以下簡稱《逃》），一開始是在《中國時報》副刊連載後由時報書系出版，自1976年出版至1988年共賣出十萬本，1995年由號角出版社重新出版。[2]《逃》的歷史意義在於：作為戰後島內第一本賣座且長銷的同性愛欲通俗小說，故事再現了一九七〇年代冷戰地緣政治、島內專權統治與社會相對保守傳統的時空背景裡，[3] 同性愛欲如何面對及回應婚姻家庭機制（例如受異性戀專偶婚姻家庭連續體強迫），以及專家知識系統（例如精神醫學病理化與道德汙名化），還有在這個過程中所謂的同性戀主體所經驗的無奈與掙扎。本節的分析將聚焦討論兩個彼此關聯的部分：首先，是關於同性戀認識論及主體形構。《逃》不僅體現了民國時期透過性科學的醫療論述而開始成形的「癖的病理模式」，還描繪了比以往更加深入細微的心理化操作和主體轉變的過程，而在日後這個模式長期主導著島內的認識框架。再者，是關於婚家機制的運作及其效應。《逃》描述這個強迫機制施展層層力道作用在小說主角閻安迪身上，致使他即便不斷逃避婚姻爾後卻不得不然，巧妙地採

Times and Places (London: Pluto Press, 2015), p. 100.

2　黃道明，《酷兒政治與台灣現代「性」》，頁63。

3　作者在二十年後再版裡回憶說那是一個「充滿禁忌、白色恐怖的年代」。參見：光泰，《逃避婚姻的人（新版）》（台北：號角，1995），頁6。

取形式結婚以維持表象家庭的策略，來努力融入主流常規下的社會生活。敘事者將這個機制比喻為一張緊密的網：「親友的期望、同事的鼓勵、社會的要求，他們結成一個密不透風的網，把我整個的網住了。」[4] 這張網彷彿自我成形且越形鞏固，網羅了故事裡幾乎每一個人，將大家牢牢包圍捆綁。但是《逃》也藉由角色關係間的異見張力，呈現出不一樣的「愛的關係模式」：對於同性戀主體樣態及性／親密關係形式的另類想像。

　　閻安迪雖自承是個根深蒂固的男同性戀者，然而因為家庭逼婚壓力、自身性向的掙扎，以及當時社會環境脈絡裡人們對於同性親密關係的不會接受、不能想像與不願相信，選擇和女主角鄭若瑤形式結婚。小說在呈現同性愛欲與婚姻家庭之間的矛盾時，其出人意表的敘事設計在於：鄭若瑤是安迪服役時同袍姚應天的婚外情對象，而安迪深愛的人就是應天，卻無法與之結婚，當安迪得知應天要與妻小移民加拿大時，為了回應來自家庭的壓力而提出與若瑤結婚的計畫，若瑤也因意外懷孕而答應。安迪於是既能順理成章地扶養愛人的小孩，又能得償所願地對家族親友們交代。只是，二年半的婚姻關係因為安迪始終閃躲夫妻房事，而以若瑤的外遇離婚告終。在本書的開頭，光泰首先引用「一位讀者的來信」為序來向一九七〇年代的讀者們說話，他把這封信視為自己對《逃》（及當時俗稱 Homo 同性戀）的答辯而刊出，引文將婚姻描述為上帝的禮物，並陳了當年同性戀者內外交迫的感受：既被社會誤解與排斥，又無力選擇自己的性向，種種困擾與逃避都是身不由己。

　　過往學者已指出《逃》對於戰後台灣同志文學及文化的重要性：

4　光泰，《逃避婚姻的人（新版）》，頁11。

朱偉誠將其置放在一九七〇年代台灣經濟起飛的脈絡裡討論，說明因大眾生活條件改善讓讀者群擴大，以市場反應為考量的長篇通俗小說得以出現，同志通俗文學也反映了都會化所形成的同志次文化。[5] 黃道明則指出，《逃》是在他稱為「性心理」（sexuality）的心理衛生醫學知識／論述機制之下的產物：在一九六〇至七〇年代性的常規化過程裡，由一套正典的性文化建構出同性戀的心理成因與樣貌，因此把男同性戀心理化為「精神病」與「性變態」的汙名群體。他批評《逃》乃是「在性心理裝置內的銘刻，比較不是傅柯所謂的『反轉論述』（reverse discourse），反倒是大多在其規範性限制內操作。」[6] 他也認為作者在本書的寫作策略，是以主流文化與宗教道德（儒家與基督教等）來置換性心理裝置下所產生的性部署。[7] 紀大偉綜合分析了《逃》前面的代序、以及後面所附的醫生意見和作者後記，指出這些論述都是故事裡頭醫生診所的分身，從而指向同性戀衝突於主流社會時間的不正常之處：「醫生面對情慾他者（同性戀）時，利用國族他者的工具（心理學），將另類時間（如病史一般的童年）判定為同性戀的肇因。」[8]

奠基於前述研究成果，我進一步主張《逃》的敘事設計再現且深化了一九二〇年代轉型時期引進西方性科學所帶來「癖的病理模式」：也就是精神分析式的心理化診斷所形成「精神病」與「性變態」的病理化認識及汙名主體建構。而且《逃》的情節與內容、流傳與出版有著更為複雜的論述效應，小說的敘事策略是透過一般社會大眾的想法與宗教道德的觀念來讓人們了解同性戀，目的是希望能夠消除汙名

5　　朱偉誠，〈另類經典：台灣同志文學（小說）史論〉，頁15。

6　　黃道明，《酷兒政治與台灣現代「性」》，頁45、72。

7　　黃道明，《酷兒政治與台灣現代「性」》，頁71。

8　　紀大偉，《同志文學史：台灣的發明》，頁265。

與歧視，因此也就帶來另一種有別於其中收錄由專家知識系統所主導
的同性戀認識模式。這個專家知識系統主要由書末的「名醫會診」構
成，特別收錄泌尿科、精神科與婦產科醫師、臨床心理學教授與心理
學博士等五位專家意見，有四位都把同性戀歸因於童年發展的問題。
雖然小說裡裡外外都將同性戀視為不正常，然而1973年美國精神醫
學協會（American Psychiatric Association）已將同性戀從心理疾病項目中移
除，於是這個收錄集結一方面是再度把同性戀給心理化，另一方面卻
也為同性戀做出強力的消毒與背書。

　　《逃》的故事鋪陳為有為同性戀一直以來被「癖的病理模式」所籠罩
而辯護的企圖，敘事者是透過當時冷戰局勢第一世界自由陣營的「民
主進步」論述，來為同性戀澄清與護航：安迪帶著直男同事方雨塹到
常去的同性戀酒吧「殊曼妮」參觀，他跟雨塹說有本「世界性」的雜誌
刊載各國酒吧資訊，並嘗試讓對方了解當時形成的同性戀社群次文
化。透過跟雨塹介紹與解說的過程，敘事者強調同性戀不論在醫學或
道德都已被國外的專家和大眾認可為正常：

> 有一件事情很奇怪，因為現在一般人的觀念，包括心理學家、精
> 神科大夫已不視Gay為病態，大家一致認為同性戀也是人類感情
> 的一種正常表現，絕不是罪惡，因此除了鐵幕國家，任何民主自
> 由的國家都有 Gay Bar 的。[9]

安迪表示同性戀不再被醫學視為是病態，並指出所謂鐵幕國家沒有同
性戀酒吧，接著還引用美國憲法說人民有追求幸福的自由，也提到美

9　　光泰，《逃避婚姻的人（新版）》，頁105。

國同性戀的數量很多。這樣的說法一方面呼應上述同性戀去病理化的
歷史背景，另一方面也隱隱回應上一章最後提到戰後台灣文學作品裡
將共產黨與同性戀連結起來的政治－道德論述。敘事者口中所指的
「世界性」不是我們現今想像的「同志全球性」，而文本所流露出的無
意識認識在於，在當時冷戰局勢中只有在由反共抗俄的美國所主導的
自由世界裡，同性戀的生活世界（如雜誌與酒吧）才能構成與浮現。
通過帶領同事遊歷同性戀酒吧，敘事者其實是在跟當時讀者解釋，同
性戀已經與共產主義無關所以不是罪惡，藉此把兩者脫鉤、切割開
來，重新嫁接到一九七〇年代的自由民主想像之中，一方面想洗刷以
往病理化的認識，另一方面要正當化現代民主式的論述。而當時台灣
奠基於美援與美資所發展出來的特定經濟生產模式，則是理解小說各
角色以不同的途徑來面向所謂「世界」並做出人生選擇的脈絡背景。
我們稍後在許佑生的《男婚男嫁》，也會看到有著類似的敘事設計：
透過美國物質基礎的文化想像來再現並重構同性戀認識論，特別是以
專偶婚家為主的「愛的關係模式」。

　　除外，小說還在第二篇章「童年」的末了設計主角去找心理醫生
做「弗洛伊德式」的精神分析，敘事者說明在安迪向醫生吐露童年時
期「厭母戀父」的怪胎家庭羅曼史並斷續接受諮商之後，依舊認為自
己是「根深蒂固的無可救藥」。[10] 但醫生認為主角毋需繼續就診，因為
醫生診斷他情緒穩定，而基督教的信仰也成為支持力量：「你很好，
你不焦躁、鬱悶、易怒，宗教信仰也給了你很完美的人格，同性戀在
精神醫學上早已不是病態，你只是在性的角色上錯亂了而已。」[11] 若

10　光泰，《逃避婚姻的人（新版）》，頁163。
11　光泰，《逃避婚姻的人（新版）》，頁171。

我們以後見之明來看，無論是小說中醫生採用強勢母親和缺席父親的古典精神分析觀點，來歸因安迪的同性戀傾向與性角色倒轉，或是故事裡所瀰漫生來如此的宿命論與本質主義視角，到了現在的研究都已生產不少回應與反駁的論述，凸顯出當年小說努力為同性戀正名說法已經過時且落伍，以及情節設計裡性心理機制運作的規範效應。但是，敘事藉著這位被塑造為同性戀友善的醫師之口，重申同性戀不是病態、社會對於同性戀的恐懼才是不斷逼使同性戀要朝向「正常」的主因，我們仍可看見小說在當時的歷史與社會情境裡，為同性戀者「去癖化」及去病理化所作的設想與投注的心力。即便整個故事仍舊瀰漫所謂「同性戀不可能性」這種認識框架的悲觀調性。

　　《逃》極為戲劇性的情節安排彰顯出故事中的「同性戀不可能性」：安迪面對結婚成家與傳宗接代的傳統社會壓力處境，以及與女性假結婚之後的掙扎痛苦，還有他游離在所謂「gay circle」時所見所聞的圈內人生。[12] 例如安迪在巧遇舊情人姚應天之後也帶對方到「殊曼妮」參觀，期盼對方能了解另一種與異性戀生活截然不同的世界。敘事者多次描述「殊曼妮」以展示當時的同性戀社會生活，就一般分析來說，同性戀酒吧作為一處異托邦（heterotopia），是書中角色在常規社會生活外邊縫隙的喘息處，呈現不被壓抑的次文化與性／別展演（如下節邱清寶的小說所呈現的）。[13] 但是在這裡，「殊曼妮」一方面製造

12　光泰沒有使用當時通行但具汙名的「玻璃圈」，而改以英文來指稱同性戀社群。關於「玻璃圈」與同性戀汙名的在地歷史分析，參見黃道明的《酷兒政治與台灣現代「性」》之第二章。

13　例如吳佳原對台北市男同志酒吧的歷史變遷與空間分析。參見：吳佳原，《城市荒漠中的綠洲：臺北市男同志酒吧經驗分析》（台北：國立臺灣大學建築與城鄉研究所碩士論文，1998）。

出窺視同性戀作為社會他者的奇觀化效果,另一方面再現他者所構成的差異性特質,呈現出來的反倒是敘事者對同性戀次文化感到矛盾的效果。像是敘事者除了向應天指出當時男同性戀的性別角色之外,還解釋了「just for fun」與「commercial」的尋歡文化並隱隱批判圈內文化,凸顯主角冀求「真正的」愛情而不是短暫無常的同性性愛。不過敘事者也揭露主角同樣會尋歡作樂的舉措,完事後卻又備感羞恥、後悔與罪惡的感受,顯露出敘事者是以既渴望又悲觀的心態來想像同性之間的性/親密關係,進而呈現出小說關於「愛的關係模式」的內部辯論(詳後)。

此外,敘事者看似採用(異性戀式的)直線時間性(總有一天會來的未來)來置換當下的同性戀不可能性(不正常、不被愛、不被代言、不能成婚、不可能改變),實際上凸顯的是異性婚家機制(強迫異性戀與強迫婚姻)重構「愛的關係模式」而造成的同性戀生命情境及情感狀態。主角向應天表明自己寧可愛他這樣的直男,不可能像他能夠妥協於社會觀感,不願意也不能夠被強迫拗直;安迪最後無奈地表示能被應天接納就足夠,或許他也同意對方是以「兩個男性無法結婚」的說法來婉拒彼此的感情。多年來執著這一段不可能的愛戀,成為安迪之後向若瑤提出假結婚的動機之一;他把同性戀的種種希望都寄託於未來,屆時大家都能找到愛情,不再被看成不正常,而民意代表還會為之喉舌。只是,這個同性戀未來性的想望隨即在敘事裡被說成是夢幻泡影,而再度變成不可能。[14]

相較於酒吧所喻含的同性戀不可能性,敘事者對於婚姻家庭的想像則轉化了關於同性愛欲與所謂「幸福」的認識,並因此形塑出分裂

---

14   光泰,《逃避婚姻的人(新版)》,頁32-34。

的同性戀主體，而這卻極為矛盾地來自主角對於婚家的特殊想像與大膽實驗。安迪向心理醫生吐露他的「性心理」時，自述身為軍人的生父因病早逝，他主要由母親撫養長大，母親則在他中學時再婚；然而，他仍強烈地想念生父，連喜歡的男孩都有父親的影子。[15] 他也提及繼父雖寡言，成長過程裡兩人互動不多，但他長大後感受到繼父是毫無保留地疼愛他，連在病榻中還掛慮他的婚事。他們家還有個他稱呼為大伯的「族長」，是生父在抗戰時部隊裡的長官，長年接濟這對孤兒寡母，也非常關心他的事業與婚事。[16] 這個因國共內戰與冷戰分斷的歷史所構成的「外省人」親族系統雖然彼此沒有血緣關係，依舊形成相當緊密的人際互助連帶，也是安迪難以逃避婚姻的在地性與時代性緣由。此外，安迪相當疼惜強強——表面上是他的血統能傳承闔家香火，實際上卻是姚應天與鄭若瑤的私生子——在他與若瑤協議離婚時不惜撕破臉堅持要孩子的監護權，強調愛與照顧更勝於親生。[17]《逃》看見外省人在戰後台灣的處境而提出對於「家」及「親屬」的不同設想，一方面打破了異性戀父權血親根源邏輯，另一方面卻又拋不開對父親形象的多重戀慕，在血脈相連的概念裡矛盾並陳。我們因此可以感受到，安迪癡情於應天（及所謂的「根種」），也癡想能夠滿足父母（及所謂的「親族」）的期盼；但他不願也無法放棄自身的同性愛欲，同時徘徊在常規社會的空間、掙扎於異性戀生殖的時間之中。一方面他成為「逃避婚姻的人」，另一方面他卻也是故事中最為「擁抱婚姻的人」：小說將他的「幸福」期盼投資到兩次「假結婚」、兩場「形式婚禮」裡頭。

15　光泰，《逃避婚姻的人（新版）》，頁113-140。

16　光泰，《逃避婚姻的人（新版）》，頁41-48。

17　光泰，《逃避婚姻的人（新版）》，頁200-203。

第一次是安迪所謂「曠古絕今」的「同性結婚」場景。[18] 他赴應天之約見面，獲知若瑤答應結婚，他竟也要求應天在移民之前能夠同他結婚，僅僅是在形式上與精神上也好。即便當時法律和習俗都不承認同性婚姻與親密關係，信仰虔誠的他仍期盼透過宗教來直接證明他們相愛，藉此表明數年來他對應天的癡情，同時承諾未來自己願意遵守專偶同性關係。於是安迪約對方到他常去的小教堂，要求熟識的牧師為他們證婚，沒想到應天也應允了，並聽從安迪的心願穿上西裝還準備好戒指。小說中對同性戀友善的牧師雖沒有責備他卻拒絕了他的癡心妄想，還提醒他在基督教信仰裡這仍是一件不可能的事：「不可能的，我是神的一個僕人，一切都要聽從主的，你是信徒，更應該如是。」[19] 安迪的幻想場景看似就能實現，婚禮所需的道具、場地與儀式等物件俱備，卻獨缺眾人見證（當然也就沒有賽菊蔻〔Eve Kosofsky Sedgwick, 1950-2009〕所說的「強迫見證」，詳後），到頭來仍是一場失敗的同性戀婚禮，而且無論它成功與否，也都會被當時的讀者們視為模仿異性戀版本的「假結婚」。在這個拷貝擬仿的過程中，安迪所期盼的婚姻家庭落了空，它在當年的時空結構條件下被生產也被反對。這是活在異性戀律令而被結構出來的幸福空想，他也是以這樣的感覺結構活著卻同時被抹消。

而另一個婚家在某個意義上則實現了。安迪在悲傷痛苦之餘，

18　其實1925年民國報刊就刊載有女同性愛侶結婚的消息，兩名在銀行工作的女朋友黃亞中與陳建晨登報宣布「同性愛的新婚嫁」。參見：慨士、陳建晨、黃亞中，〈同性愛和婚姻問題〉，《婦女雜誌》第11卷第5號（1925年5月），頁728。亦可參見同一對女同性戀結婚的軼聞報導：卿須，〈同性戀愛：少爺少奶奶皆女子也〉，《社會之花》第2卷第18期（1925年11月），頁1。不過《逃》應該是首次描述男男結婚場景的華文小說。

19　光泰，《逃避婚姻的人（新版）》，頁82。

去找若瑤要確認他倆往後「形式婚姻」的婚姻形式，卻得知她面臨未婚懷孕的窘境。突然間，他發現親友們一直期盼他所需要擁有的「幸福」（即結婚生子與傳宗接代）一下子全都出現了，他感到既高興又良心舒坦，即便他坦言無法帶給對方「幸福」（即他們往後僅有夫妻之名而無夫妻之實）。安迪盤算著若瑤的預產期，一方面或許是要避免未婚懷孕曝光以維護女方顏面，另一方面也可能是擔心大家會懷疑孩子不是他的種，他旋即決定婚期並著手籌劃婚禮。[20] 相較於第一場倉促失敗的（表面是）「同性戀」婚禮，第二次的（表面是）「異性戀」婚禮成功地如期舉辦：

> 「沒有關係，我要請最有名的詩班，在最大的教堂，定十層高的蛋糕，我們要把所有的親友請來，對了，今晚我就帶妳見我的父母，明天我上妳家拜見令尊令堂，下個禮拜就請我母親正式提這件事……」
>
> 我一邊說，一邊沉浸在幸福的計畫裡。[21]

> 我揭開她頭紗，相互交換戒指，蘭牧師的福證，詩班的獻詩，以及禮成後的合切蛋糕……
>
> 這一切一切都鉅細無遺的呈現在我的眼前。
>
> 真的，一切是那麼美好。但是藏在影片後面的，卻是數不清的痛苦與眼淚。[22]

20　光泰，《逃避婚姻的人（新版）》，頁83-88。

21　光泰，《逃避婚姻的人（新版）》，頁89。

22　光泰，《逃避婚姻的人（新版）》，頁145。

「你願意娶這個女子為妻嗎？你願意一生一世愛她，不管貧窮或
富足，不論愁苦和憂患？」

「我願意。」[23]

對安迪而言，這場異性戀婚禮是他寄望未來會出現的同性戀婚姻的
一次彩排，[24] 更是一場不論真假的儀式性演出。在悉心策劃婚禮形式
的同時，他對於「假結婚」的誇張盛大反倒凸顯出婚姻本身的荒謬虛
假：一旦儀式完成之後，就會生產「真結婚」的實質效力。就如同賽
菊蔻討論婚禮中的操演主體（performative subject）時所分析的：在儀式
中講出「我願意」的新人，其主體建構過程乃訴諸被掩蓋的國家與教
會權力，以及召喚所謂證人們的到場而強迫大家做見證，並且透過
異性戀邏輯的增補來完成。[25] 異性戀的婚姻儀式證成了安迪的「異性
戀」，也滿足了國家與宗教所認可「婚姻－伴侶－家庭」的幸福要件，
而若瑤腹中的胎兒則是充填社會與文化所認知「父系－血緣－生殖」
的幸福物件。安迪是藉由謀籌幸福來達到幸福，「幸福變成一種達到
目的的手段，同時也是那個手段的目的」[26]。但是，這既不是他也不是
她所癡盼的幸福（甚至是數不清的痛苦與眼淚），而是社會常規價值
所標定的「幸福」：

23　光泰，《逃避婚姻的人（新版）》，頁18。

24　光泰，《逃避婚姻的人（新版）》，頁116。

25　賽菊蔻（Sedgwick, Eve Kosofsky）著，金宜蓁、涂懿美合譯，何春蕤校訂，〈如何將孩
子教養成同性戀：為娘娘腔男孩而戰〉，何春蕤編：《酷兒：理論與政治》（《性／別研
究》第3/4期合刊，桃園：中央大學性／別研究室，1998），頁11-25。

26　Sara Ahmed, *The Promise of Happiness* (Durham & London: Duke University Press, 2010), p. 10.

　　我怎麼跟母親解釋呢？

　　我已經把我的「幸福」建立在她的價值標準上面。

　　交女朋友、結婚、生子……光亮門楣，耀祖榮宗，這一切也是所
　　有老人家所企求的。[27]

　　真的，別人認為我幸福，我就幸福給他們看吧！

　　我年輕、英俊，衣著剪裁一流，若瑤也是，我們頭一胎又生的是
　　男的，好像上帝把一切慈愛都加諸在我們闔家似的。[28]

安迪對於婚姻家庭的投資一方面維護了當時既有的、多重壓迫的社會
制度、性／別階序、情欲宰制、主導性的情感關係和性道德，另一方
面也戳刺了異性戀婚姻及血緣家庭的框架而稍微具有內爆效應。而這
樣的兩面效應來自於安迪同性戀主體形構過程中的內在矛盾與衝突：
他心理衛生且精神健康（可是他有時自厭且內化恐同，擺脫不掉童
年及成長過程的創傷）；他信仰虔誠且人格完好（可是他有時性格軟
弱，還想要違反教義）；他堅信真愛且崇尚專偶（性）關係（可是他自
承也會「被撒旦侵襲」）；[29] 他孝順父母且重視家庭傳統，他努力工作
且收入穩定（可是他執迷同性愛欲逃避婚姻）。他的表面形象就像光

27　光泰，《逃避婚姻的人（新版）》，頁153。

28　光泰，《逃避婚姻的人（新版）》，頁174-176。

29　在一段安迪與應天的對話裡，他表明自己堅信基督教專偶（性）關係的原則，為此他
　　還去請教牧師：「他〔按：牧師〕告訴我，無論同性戀或異性戀者，他在性行為上，
　　都必須是一對一的，如果他跟很多人，那就是雜交，也就是淫亂，一個教徒如果淫
　　亂，就是在他屬靈的生活裡讓魔鬼得勝，不能進天國永生之門。」（光泰，《逃避婚姻
　　的人（新版）》，頁52）隨後安迪也自承有軟弱被撒旦侵襲的時候，亦即他也跟很多人
　　做過愛。

泰在後記所描述的那樣：同性戀智商比一般人高，而且把更多時間放在事業上，為社會國家貢獻才智能力，所以他呼籲這個和諧寬大的社會、深遠流長的文化以及兼容並蓄的民族，應該要接納而非歧視不同的性向；[30] 而這也是後來我們熟悉回應人們歧視同性戀的說法。安迪檯面上光鮮亮麗而且兢兢業業以維持正常，但有趣的是，敘事者也讓我們看到安迪同時會做那些所謂「骯髒汙濁」的事情，並因此感到不安、罪惡、羞恥和憂鬱。主角斟酌現實生活的種種條件限制，選擇進入當時較為安全的異性戀正典體制，接受看似阻力障礙相對少、但未必就不痛苦的社會化之途。婚家因此不僅構成且強化安迪的心之所向及幸福幻想，也是他躲避社會壓力與同性戀汙名的喘息空間，最終更選擇同他一直傾心的應天那樣「娶妻育子」，希望能夠符應社會的價值標準，進而「被承認、被接受、被尊敬！」[31]

安迪矛盾的主體位置和回應其生活世界的擺盪與掙扎，或許並置另一角色葉祖翔互相參照會更清楚些，小說也藉此來呈現出面對同性愛欲與婚家想像之間矛盾關聯的不同感覺結構及行動策略。祖翔是安迪的摯友，也是他的影子。敘事者在情節事件中穿插他們的往來通信，將祖翔作為對話的他者同時也把自我給他者化，而獲得了對於自身主體位置的認識。相較於安迪擁抱社會常規的行動，同為男同性戀的祖翔則採取看似逃逸式的作為：他沒有留在台灣而是跑到美國的同性戀大本營舊金山定居，他不相信婚姻愛情而是以露水姻緣來滿足同性愛欲。祖翔能夠移居美國一部分是社會時空背景的機緣（戰後台灣高度親美的冷戰國際局勢），另一部分則是個人階級地位的優勢所然

---

30   光泰，《逃避婚姻的人（新版）》，頁232-235。

31   光泰，《逃避婚姻的人（新版）》，頁195。

（葉家是豐原本省望族）。而祖翔自稱是夢幻騎士絕不向婚姻低頭，一方面是當時社會不認可同性戀（這是布滿艱辛、痛苦、羞辱和無望的道路），[32] 另一方面則是自身性格不尋求他人認可（不要把別人的看法當成心中的彩虹）。[33] 雖然安迪對於祖翔這種移動路徑、生存之道和非正典的性實踐，好像表現出無權干涉、尊重容忍的態度（大概因為他也會去約炮），但是在同性愛欲與婚姻家庭這兩件事情上，他卻不斷在內心與祖翔來回辯論，顯示出主體自我的掙扎與遲疑。他不僅暗示「我雖行淫亂之事但我仍信仰真愛，我與祖翔有所差別所以得要劃清界限」，同時表明「我位處台灣身處閨家，我與祖翔家世背景不同所以得要結婚成家」，以辨析自身的主體位置。小說藉此矛盾分裂的對話與反思，不僅形塑了不同的同性戀主體，也形構了讀者們對於同性戀的認識。

　　首先，就兩人實踐同性愛欲的方式來看。回台數日的祖翔跟安迪到殊曼尼談天，在裡頭看上男孩詹小弘，要安迪牽線介紹他們認識。後來祖翔請他幫忙買件牛仔褲送給小弘，他以為祖翔愛上小弘，祖翔說只是希望回美國前能跟對方再有多點性愛而已。接下來敘事者解讀祖翔的回答，或許也是向我們做出批評與劃界，以安迪的內心獨白說：「我了解祖翔的意思，他是指在 sex 上。對於他在那方面的放縱，我不多做置評，我覺得每個人都有他個人的生活，我是沒有權利干涉的。」[34] 敘事者似乎想把羞恥感都丟到祖翔身上，以維護自己的「正常」與「尊嚴」（可是敘事又讓我們知道他其實沒有那麼體面）。但是，安迪與祖翔其實是既親密又緊張的弔詭依存；他無法全然驅離與淨化

32　光泰，《逃避婚姻的人（新版）》，頁208。

33　光泰，《逃避婚姻的人（新版）》，頁117。

34　光泰，《逃避婚姻的人（新版）》，頁19。

他在祖翔身上看見的、他所不要的那些部分，因為祖翔也是他自己。他在需要性愛的時候，也會去酒吧釣人或找男孩解決，之後再對自己的作為湧起（基督宗教與傳統道德的）罪惡感。後來他得知小弘因家中變故而輟學，只是利用學生身分來賺錢謀生的「異性戀」男妓時，感嘆著又一個年輕人在圈子裡墮落。[35] 然而他卻在要跟若瑤結婚之前（因此被迫得結束這種「荒唐的日子」而再度入櫃），不顧才曖昧親過嘴的方雨塹就在一旁，現約離開酒吧時偶遇的小弘「享受人生」。藉由雨塹的在場與（另一種）強迫見證，敘事者向我們進行了一場公開示眾的自我揭露與懺悔認罪：

> 「別忘了，你快結婚了。」
> 「我知道，所以我要做一個安排。」
> 　雨塹收斂了笑容，他終於看清了我，一個完全赤裸的我，赤裸的不是我在羽球館淋浴的身體，而是我汙濁的靈魂。[36]

即便敘事者早就讓雨塹知道他是同性戀，但他認定沒了笑容的對方這時才看見真實的「我」。這個「我」向我們祖露吐實、赤裸以對，為的是讓大家看見同性戀是身心靈的迫不得已，甚至是靈魂深處的無可救藥。「我」如此誠實地直面那汙濁的靈魂（「同性戀是骯髒的、不正常的、變態的、齷齪的、不可饒恕的罪惡！」[37]），其自白動機是悔改、是淨化，是尋求社會的寬恕、體諒與接納。這個自我重構與重塑主體的悔罪場景，帶著強烈的宗教救贖意味，依循笛卡兒式的身心二元論

35　光泰，《逃避婚姻的人（新版）》，頁35-39。

36　光泰，《逃避婚姻的人（新版）》，頁119。

37　光泰，《逃避婚姻的人（新版）》，頁187。

（Dualism-Descartism），操執起從外到內、徹頭徹尾的整型手術：這是一次洗心革面的告解與痛苦難當的自棄，形塑出一個既糾結又分裂的同性戀主體。這個自我轉化的主體懸宕在婚家機制所結構的困鬥位置之間：他既是「我要在祂的面前證明，除了他我不會再愛別的人」[38]、渴盼地要與同性情人結合的主體，也是「以後的我，不再是我，而是一個假的我，活著為了父母、名義上的妻子以及社會大眾的要求」[39]、無奈地投身異性戀婚家的主體；而無論居於哪一種主體位置，他都過著難以滿足自身及他人愛欲的生活。

　　其次，兩人面對婚姻家庭的不同立場也呈現出同性愛欲及情感的差異。當得知安迪要假結婚的消息時，同樣有著逼婚壓力的祖翔相當反對並極力阻止，希望對方別做傻事。祖翔除了強調不要為了符應社會常規而試圖改變自己之外，他還把同性戀關聯到殘障人士的生命狀態，解釋這世界有缺陷的人很多但大家也都過得很好，來勸告安迪別去理會來自外界的汙名與歧視。[40] 後來更舉他多年來堅持拒絕拿「紙婚」來換美國居留，依舊能夠靠自己獲得綠卡的例子，來鼓勵安迪千萬別把婚姻當成工具；並詛咒安迪若利用婚姻之便來當「正常人」，往後肯定會後悔。[41] 祖翔甚至在信中以憤慨的語氣說：「安迪，你看

38　光泰，《逃避婚姻的人（新版）》，頁82。

39　光泰，《逃避婚姻的人（新版）》，頁130。

40　光泰，《逃避婚姻的人（新版）》，頁10-11。關於同性戀、殘障與汙名的關聯是另一項重要的議題，國內外的相關研究已經展開，參見：Robert McRuer, *Crip Theory: Cultural Signs of Queerness and Disability* (New York: New York University Press, 2006)；海澀愛（Heather Love）著，張永靖譯，〈污名的比較：殘障與性〉，《文化研究》第13期（2011年9月），頁282-295；紀大偉，《同志文學史：台灣的發明》，頁265-266。

41　光泰，《逃避婚姻的人（新版）》，頁116-117。1986年陳若曦的小說《紙婚》就細膩描述中國女子與美國男同性戀以假結婚來換取綠卡的情況，進一步的討論參見：蔡孟

著好了，我是絕不會結婚的，我也不會像你這樣來什麼『彩排』，人們越恥笑，才越顯示我們這種人的偉大！」[42] 一方面，相較於安迪處心積慮地要結婚成家，祖翔則是站在一個詰抗的位置：藉由置疑婚姻，他置疑了「強迫異性戀」及「強迫正常」。另一方面，相較於安迪斷不開的癡心（舊愛）與妄想（正常），祖翔則是直面同性戀的羞恥與不堪：藉由執著同性愛欲，他執著於「同性戀不可能性」。這也就是祖翔在酒吧時向安迪的直白言志，他以電影《夢幻騎士》（*Man of La Mancha*, 1972）的插曲〈不可能的夢〉（"The Impossible Dream"），抒發他認為身為同性戀的感受與想法，如同歌詞所說那是永遠無法糾正的錯誤和實現的幻夢，而這樣的無望與苦痛也成為一種同性戀感受性的（gay sensibillity）內核：

> 「聽到沒有？我就是那個『夢幻騎士』，明明知道我的生活、思想，是違反常理的，但是我還是要固執己見，我要打一場永遠無法求得勝利的戰爭，我也要生活在一個註定錯誤和悲劇的生活裡。」[43]

相較於安迪認為這是一種「自虐」——安迪期盼總有一天社會將正常地看待同性戀（去病理化），也會有民意代表替同性戀發聲（合法化），更可以找到真正的愛情（去性化）——作為影子的祖翔認定自己的存在是違反常理，只能永遠生活在錯誤和悲劇之中。但是，祖翔不

哲，〈愛滋、同性戀與婚家想像：《紙婚》的「殘／酷」政治〉，《女學學誌：婦女與性別研究》第33期（2013年12月），頁47-78。

42　光泰，《逃避婚姻的人（新版）》，頁159。

43　光泰，《逃避婚姻的人（新版）》，頁16。

僅只有為性而性，他更要做自己而不要婚姻家庭。他不僅站在一個悖反的、戰鬥的騎士位置，他更坦言也承擔了安迪（和其他同性戀）會受到的打擊與說不出口的痛苦。

安迪一廂情願地認為祖翔內心依舊渴望愛情，而這是他自身的癡盼卻又對同性親密關係與婚姻家庭的既期待又怕受傷害，於是也不敢去追求彩虹彼端的各種可能性，同樣懷抱那不可實現的幻夢。祖翔代表當時的一種聲音與情感狀態，認為同性戀的存在本身即是錯誤與悲劇的安排，甚至是自厭自恨或恐懼同性戀的內化，或許這也是一直以來而且到目前為止許多同性戀者都還在經驗的情緒感受。就如同酷兒研究學者海澀愛（Heather Love）在當前美國同志驕傲與肯認政治的脈絡裡，呼籲我們不要忽略在歷史過程中所掉落、被遺忘的負面情感、倒退人物與歧視汙名，藉以批評並拒絕社會常規情感與體制的收編（例如婚姻、家庭與小孩所象徵的未來時間性），提醒著我們有些人仍然羞恥且無望地只能活在現在、甚至過往而無力顧及未來。[44] 然而，安迪還是咬緊牙關企圖奮力擠進「強迫正常」的異性戀正典婚家體制裡，把「可能性」寄託於祖翔所不願相信的未來：

> 天啊！祖翔！請不要阻止我！將來是個未知數，如果結婚對Gay是個悲劇那麼讓它上演吧！
>
> 無論如何這一生我要有個婚禮，為了若瑤，為了那個未出世的孩子，更為了我的父母⋯⋯[45]

44　海澀愛，〈倒退與酷兒政治的未來〉，頁229-244。

45　光泰，《逃避婚姻的人（新版）》，頁91。

逼使安迪結婚的「強迫異性戀－強迫正常－強迫幸福」如此強大，即令假結婚是個悲劇，但他仍想透過婚姻來「改變一個新的生活」，而那些沒說出口的與說不出口的全是為了他自己。若瑤及孩子於他而言不僅是那個早已不在場的姚應天的替代品／補充物，甚至可說是他對於那段同性親密關係的不可獲得／不可能性的不斷延異：安迪最終與若瑤離了婚，癡守著應天不知情的私生子以及應天堅持留給他的貿易公司；前者諷刺地既是安迪也是應天的「命根」，後者則荒謬地既能用以支付若瑤的贍養費也成為撫養強強長大成人的「財源」。婚家的情感結構及其效應形塑出安迪的另類同性戀主體。

　　在現今同性婚姻已法制化的彩虹氛圍裡，《逃》是一齣看來既過時又陳腐的粉紅芭樂劇，我們或許需要認真看待這樣的通俗鬧劇，特別是故事所蘊含婚家機制的強迫正常、強迫幸福以及其弔詭悖反特質的潛力：《逃》解構了異性戀繁衍邏輯、父權宗族規範與一夫一妻性別角色觀念而戳刺著婚家體制，也隱約地在進行一場戰後台灣同性戀主體脫胎換骨的前置工程，而這工程挾帶了同性愛欲轉投資到了結婚成家的想像與期待。故事的兩個角色與聲調在同性戀假結婚這個策略行動上有著緊張曖昧的「異見」，在情節發展過程裡並列交纏，顯現出敘事內在的矛盾糾葛。藉由小說的分析閱讀，或許也可窺見此際同志結婚成家討論裡頭不同的論述位置，它一方面暴露強迫婚姻機制的權力效應，同時內爆異性戀婚家連續體的荒謬與虛幻，另一方面它以無奈消極的方式回應婚姻家庭所應許的幸福快樂，或許對於婚姻體制還有著全然廢絕的不同聲調。《逃》再現了圍繞婚家而生的「幸福」憧憬，並且對二種同性戀認識論產生影響：就「癖的病理模式」來說是由性心理所構成的同性戀不可能性，就「愛的關係模式」來說則是對於同性婚姻的期盼與想像。

二、邱清寶作品的家庭倫理

　　1976年的《逃》雖然通篇訴說著同性戀的錯誤及悲劇，然而故事既沒有明確敘述同性戀在性生理、性別展演或性的實踐上究竟出了哪些問題，也沒有呈現「同性戀」被翻譯到中文語境由「性科學」為主導的汙名觀點，偏重的是原生家庭教養的傳統成因，以及無法符合一般社會期待的結婚生子與傳宗接代，構成了同性戀不可能性。婚姻與家庭作為異性戀律令的具體壓迫，同樣深刻地體現在1983年集結出版的《孽子》裡。小說中對於同性戀角色們面對家庭（父子）衝突的深刻描繪，以及當時新公園男妓、皮條客及恩客們所構成的同性戀世界的細膩勾勒，不僅在當時引發廣大的迴響與激論，後續無論在人們對於同性戀的認識或是文學創作上，其影響力更是持續不墜，業已成為同性戀書寫和文學研究的經典。[46] 歷來關於《孽子》及白先勇作品的論述成果汗牛充棟，我想轉而討論在這個光環底下的一個影子：一位多年來被評論與研究忽略的作家邱清寶。[47] 他的短篇小說也描繪男同性

46　詳見曾秀萍回顧關於《孽子》的歷年討論，以及白先勇作品之文學評論的整理。參見：曾秀萍，《孤臣‧孽子‧臺北人：白先勇同志小說論》（台北：爾雅，2003），頁25-40、430-444。黃道明強調《孽子》裡的賣淫與同性戀的關聯，批評一九九〇年代浮現的「同志」刻意拋棄這個原來一直都有的成分。參見：黃道明，《酷兒政治與台灣現代「性」》（第四章）。紀大偉認為《孽子》成為同志文學經典的原因之一，在於它開創出同志罷家做人的時代性意義。參見：紀大偉，《同志文學史：台灣的發明》，頁276。朱天文與舞鶴曾回憶白先勇及《孽子》對於他們創作同志文學的啟發，舞鶴還提到或許光泰的小說比較商業，看完後會被丟掉，所以對同志文學的影響力不及白先勇。參見：白睿文，〈孽子、荒人、鬼兒：白先勇與台灣同書寫的延續〉，白睿文、蔡建鑫主編：《重返現代》（台北：麥田，2016），頁169-211。

47　邱清寶，1960年生，屏東市人，高中學歷。作品有《請聽我的蟬聲》（1983年6月）、《航行夏日風》（1983年12月）、《蛻變》（1988年）（以上皆為皇冠出版），以及《狂夏

戀進入異性戀婚姻的情況，以及另類親密關係和同性戀不可能性。邱
清寶作品的重要性在於，其不僅再現同性愛欲與婚家兩者之間矛盾關
聯的獨特面向，也帶給我們不同的同性戀認識論和主體樣貌；他的小
說沒有「癖」的知識權力運作，僅帶有一點「窺」的捕風捉影，重點仍
在於婚家對於關係、責任及倫理的認識影響及同性戀主體的形構——
亦即所謂的「同夫」（在異性戀婚姻裡有著同性愛欲的丈夫）。

　　短篇小說〈地老天荒〉（以下簡稱〈地〉）收錄在和《孽子》同一年出
版的《航行夏日風》（台北：皇冠，1983）裡，故事描述男主角周惠峰平
庸而短暫的一生，呈現出「同性戀亦常人」的真義。他婚後無意間啟
蒙的同性愛欲為他的婚姻生活帶來翻天覆地的變化，卻也刻畫出另類
的親密關係樣貌與同夫的生存狀態。在故事中，結婚成家是離鄉進城
工作的主角擺脫貧困過往的賭氣手段，卻也成為他現實人生的沉痾重
擔，甚至是間接導致他忽然死去的敘事安排。在這個意義上，他與男
孩偶遇的情節設計驅動了小說直面同性愛欲與婚家的糾葛：他在尋芳
獵豔的過程中獲得短暫的喘息與自由，也意外地回望到自己曾經有過
的、充滿對未來的憧憬；即便他沒有勇氣離婚而只能與男孩們打炮，
無法給出海枯石爛的承諾，而且這樣的行徑還讓他自我懷疑人格破
裂。主角偶然發現的同性愛欲暴露多年穩定婚姻家庭生活的緊繃與空
乏，然而如篇名「地老天荒」所隱含的理想婚家定義，反過來也顯現

走音》（1990年）。《鴛變》收錄了黃春明與蔣勳評介他的短文，都認為是位可期待的
年輕小說家，但後來卻消失文壇。沉寂多年之後，2014年他以筆名丘末露復出，分
別獲第十二屆宗教文學獎短篇小說三獎〈妾似朝陽又照君〉，以及第十屆林榮三文學
獎短篇小說二獎〈冰山〉，前者描繪一對老夫妻相愛相殺的家庭關係，後者刻畫有著
同性愛欲男子陪母親參加家族喜宴的冷眼觀察和內心翻騰。近年作品散見於《自由時
報‧副刊》與《印刻文學生活誌》。

了同性愛欲的轉瞬與蹉跎，兩者之間難解糾纏的關係形塑出主角那矛盾掙扎、卻又無可奈何的同夫主體。同夫在此體現了同性愛欲與婚姻家庭的複雜關係。

　　相較於主角實踐同性愛欲之後帶出的故事轉折只有短短幾頁，敘事者在前段花了不少筆墨刻畫他的出身和性格，以便鋪陳結局的敘事效果。出身南部鄉下且家貧的惠峰在童年時期夢想著長大要出國留學和環遊世界，只因看到一張課本上的風景照。然而，他在求學階段意識到自己貧困的家境，就放棄夢想而變得懶散畏怯，在迷惘中摸索著未來。如同一九八〇年代台灣以農養工的經濟型態，許多人都離鄉背井進城謀生，他高中畢業後沒繼續升學，服役後北上求職，好不容易逐漸擺脫原生家庭的陰影與負累（欠債的父與討錢的母、未婚懷孕逃家的姊與嗷嗷待哺的弟），也擺脫過去沒出息的自己而摸索出生活的平衡，但是原生家庭狀況仍不斷襲來。他與曾有一面之緣的女孩陳俊燕巧遇，二人約會一陣他就急著求婚，想藉由結婚成家來逃離原生家庭的緊箍。婚後不久他也獲升職生活逐漸穩定，似乎如願以償地過著人們冀求的美滿人生。但是，他對這樣的日子和人生仍感到迷茫與空虛：「他預備這樣子過一生嗎？他的心卻又盤旋著一個問題：他有什麼不滿足呢？」[48]

　　某個秋冷的夜晚，惠峰百無聊賴地拋下懷孕的妻子跑到西門町的百貨公司閒逛，被一位大學男生搭訕回去住處。對方拿出同性色情雜誌給他看，他內心慌張隨即懷疑「聽說這種人也會要錢」，卻在男大生坦言「我喜歡你」之後，兩人發生性關係，敘事者還讓主角疑惑這樣的性關係不知道是誰強姦了誰。而事後惠峰雖認為相當不可思議，

48　邱清寶，〈地老天荒〉，《航行夏日風》（台北：皇冠，1983），頁230-231。

卻倍感回味無窮。在與男大生來往數次之後，他更瞞著妻子流連忘返於「這類人的酒吧」，在這個「複雜的世界」裡迷惑與浮沉。他在這裡頭見著有些俊秀的年輕男孩們，彷彿看見自己年少時期的那種懵懂模樣，怎麼也離不開。敘事者說主角像是鬼迷心竅般變了個人，面對有些「講究感情」的男孩他就會拿仍深愛妻子當藉口，加上或許沒什麼錢無法固定包養，所以「到處都是一夜緣」，甚至有時找間旅館就立即完事。即便他曾有過失敗的經驗而感到挫折，也曾自我懷疑人格性向有否破裂，總想著要脫離那「是非之地」，卻又難以自拔而「陷在另一種泥沼裡」。敘事者接著指出主角開始與妻子爭吵，甚至想要離婚獲得自由卻遲遲沒勇氣，因為妻子懷了第二胎又是男孩：「俊燕可是盡了好妻子的本分了。」[49] 也因此主角不斷質疑自己到底瘋魔於什麼卻沒有答案（當然他這種人也不會走火入魔），直到鄉下的父親進城來當和事佬。敘事者說主角自知理虧，忽然對一切都感到厭煩，於是同時逃離異性戀家庭與同性戀酒吧，獨自度日一陣子之後終於回了家，於是又過回以往機械般規律的生活：「他和俊燕，雖不若往前那樣恩愛，可是男主外，女主內，遞鞋遞水，規律得不得了，或許這就是一切，就是永遠。」[50] 就在這如同坐牢般看似地久天長而永無止盡的某日早晨，主角起床盥洗後準備出門上班，臨時想洗手穿著鞋就走回浴室。他一時間沒看到香皂，轉身找了一下，不小心踩到「薄薄的一灘水」，突地滑倒，撞頭身亡，故事戛然而止。敘事者最後評註「那好像是一種窩囊的死。又彷彿別人開了他一個玩笑」[51]。

相較於上一節所分析的《逃》通篇滿滿的情緒張力，這篇小說則

49　邱清寶，〈地老天荒〉，頁232。

50　邱清寶，〈地老天荒〉，頁234。

51　邱清寶，〈地老天荒〉，頁235。

淡淡地烘托出一個鄉下男孩面對階級的失落心境和探索欲望的無奈感受：惠峰既沒有也無能去奮鬥或堅持些什麼，他的人生就跟他兒時的出國夢想（因為地理課本一張照片）以及成年的同性愛欲（因為街上一名男大生）一樣，都是偶然浮現、摸著石頭過河的。或許恰恰就是這種無以名之的空乏與空洞感，體現著巴特勒（Judith Butler, 1956-）所說經由重複操演而生成的、性別化的異性戀機制：那個日復一日履踐著男主外、女主內的家戶性別角色，那個不知為何就完成結婚生子、成家立業的「幸福」人生，一點一滴蠶食著這個小人物平凡無奇的生命與莫名其妙的同性愛欲，但同時生產出這般無可奈何的、兩相矛盾的同夫主體——即便漠然無感的「行屍走肉」也是一種主體的樣態。[52]故事裡看似心理專家們口中所謂「假性的、偶發的、情境的」同性愛欲（而也是某種同性戀主體形構），是生活暫時的喘息也是延續生活的動能；是人生現實的出口（時常到酒吧去找男孩們），也是渴望人生的夢想（他在男孩們身上看見過去的自己）；是早已失落的未來（無法跟講究感情的男孩深入交往），也是盤旋不去的過去（他想要自由但又沒有勇氣離婚），而搞亂了異性戀常軌生活的直線時間性。

　　惠峰沒有先於那些偶遇、遭逢及情境的身分認同。他不似《逃》

52　柏蘭特（Lauren Berlant）藉由批評對於肥胖人口的治理而提出慢死賴活的主體，及其所體現出側向能動性（lateral agency）的生命樣態。她分析這些人以不斷地吃東西作為一種欲望的間歇與自我的懸宕，以便能夠度日而非如年，如同以狗爬式般泅泳地面對嚴峻的日常生活，將能動性分散延展於現下與片刻之中，而非那種朝向未來的意圖性謀劃。參見：Lauren Berlant, "Slow Death (Sovereignty, Obesity, Lateral Agency)," *Critical Inquiry* 33(4), 2007: 754-780. 葉德宣則以健身為例分析柏蘭特理論中的分歧，進而提出一種懸置自我意識與關注日常當下之殘酷樂觀的情動觀點。參見：葉德宣，〈不識未來的肌肉：健身的殘酷樂觀〉，《中外文學》第46卷第1期（2017年3月），頁77-110。

的安迪那般是用假結婚來矇混通關，也沒有歷經脫胎換骨的自我轉型。他只是遭逢了他者，但成為不了他者，於是卡在中間，卻展現了新的他性（otherness），凸顯出認同政治的侷限。他為了逃離婚家而無意間遭逢了同性愛欲，但是卻哪兒也去不了地卡在責任與欲望之間。小說轉了一圈之後，敘事依舊讓他無處可逃。他既無法安守於這個「有什麼不滿足呢」的人生，也無力付諸實現自己的夢想（出國留學）或欲望（同性戀生活）。他只能被賜死，而且是以一種突梯荒謬的死法。不像《孽子》那般，敘事既沒有濫情感傷地要他償還什麼，卻也不給任何人道主義式的救贖。即便都是處理同性愛欲與婚家體制的矛盾與壓迫——在這個故事裡頭我們可以看到壓迫的方式不總是單一爆裂式的傷害，而是形式內容多樣複數的打擊——惠峰既不像祖翔出身闊綽有資本能夠逃到美國去，也不像安迪為了滿足親族期待能夠捨身成仁般地假結婚，更不是《孽子》「研悲情為金粉」把阿青與龍子救贖為當代台灣同志文學史裡的悲劇英雄。[53] 他是這些經典同性戀角色的影外之微陰，是連影子都不是的罔兩，他的生與死沒有成就也不會成就任何東西，他活過復立即死去的同夫人生就像這篇小說一樣，被掩沒在歷史塵埃之中。

　　1990年出版的〈夢香倫〉（以下簡稱〈夢〉），邱清寶再次描繪了走入異性戀婚姻且家有孕妻的同夫。作者再次以看似隱晦含蓄、點到為止的平淡筆法，述說主角彭梵雨如何度過清明節的一日。但和前作〈地老天荒〉不同之處在於，情節對話中增添了常見於男同性戀之

53　「研悲情為金粉」為1995年《聯合報》報導白先勇《孽子》法譯本在法國引起的廣大迴響時所用的標題，轉引自：曾秀萍，《孤臣‧孽子‧台北人》，頁36。紀大偉則進一步分析此悲情作為一種人道主義式的閱讀及其影響。參見：紀大偉，《同志文學史》，頁286-289。

間諧擬性別的戲謔稱謂，製造出唐突與緊張的敘事效果，也讓讀者感受有什麼秘密暗藏其中，產生破譯箇中玄機的閱讀樂趣。故事中的同夫主角逃避異性戀婚家的空間有三處：其一是如同篇名所示主角所做的白日夢，其二是在他與同性戀閨密對話中浮現的往昔回憶，其三是現實生活中的同性戀三溫暖和酒吧。和〈地老天荒〉的相似，這些地方不僅是主角處心積慮逃避現實尋覓自由時的短暫遊憩區，也是他小心翼翼謹慎維護不被旁人發現的脆弱避難處。兩篇小說的不同之處在於：〈地〉的婚家被同性愛欲穿越之後只能將主角賜死，然而〈夢〉的婚家反倒刺穿了同性戀關係並給主角添了個兒子，讓他只能持續困守在婚家體制之中。

　　〈夢〉一開頭是主角的夢境，讀來讓人有點摸不著頭緒：他走入一間禮堂並賞了名叫晃得的人一巴掌，對方「神情並不羞憤或痛苦」，卻發出像是自己獨有的、如漫畫中扭曲的富家女般「尖銳亢奮而誇張」的慘叫。[54] 敘事者說，梵雨驚醒之後想起妻子月梅上午都不在家而感到愉快，並接著呈現他與月梅面對清明上墳的矛盾心態與回應之道，彷彿暗諷著「婚姻－家庭－親族」的固有家庭倫理束縛：梵雨正逢母親對年，但他卻趁著與父親吵架佯裝賭氣而不回南部掃墓，但大家公認母親最掛念的人是他；而月梅即使大腹便便仍堅持要搭公車去給父母上香，卻好似不情願地準備祭品拖拉許久，後來因買花不順利而突然決定改期，讓他不禁懷疑妻子其實內心也並不虔誠。他因此還回想起一年前夜裡，她說擔心他會對她不好而去哭墳的往事，然而妻子是否真的有去，包括她顯現出虛偽和懶惰之處，他全都不在意。敘事者緊接著描述了同性戀次文化的詼諧場景：夫妻兩人放棄上

54　邱清寶，〈夢香倫〉，《狂夏走音》（台北：派色文化，1990），頁39。

墳返家後，月梅在門口與隔壁鄰居聊天，梵雨進門聽見電話響，他接
了起來：

> 「彭姊嗎？」對方問。
>
> 他一驚，隨即嬌笑。
>
> 「好大膽！萬一不是我呢？」說著探身瞧了一瞧紗門外頭。「在哪
> 裡？」
>
> 「在你的娘家啦。」
>
> 「你的娘家啦，什麼我的娘家。」
>
> 「都一樣啦，來不來？」[55]

敘事呈現這段活靈活現、相互挪揄的對話，讀者們就乍然明白主角隱
藏的性向與性別氣質，也了解何以他對妻子的一切一點都不在意。稱
他為「彭姊」的是閨密周福全，來電約他一起去稱為「娘家」的同性戀
三溫暖快活，完事之後他們在附近邊吃飯邊閒嗑牙聊「戰績」，繼續
使用女性親屬稱謂調侃彼此。敘事者鋪陳主角與福全的相互吐槽呈現
出另類的同性情誼：例如主角說他在三溫暖遇到一個大學生，認定自
己父親也是同性戀才會出現自我毀滅的墮落，福全馬上八卦說前二天
也在那看見高中同學的父親，主角則笑回福全可以當同學的後娘，對
方不甘示弱地回擊梵雨才是立志成為每個同學的後娘。又例如梵雨說
去彰化找小宋時，對方竟要姪女喊他大姑，他說小宋自己在家才是一
付大姑樣。[56] 故事裡頭擬親屬關係的性別化戲耍，一方面鬆動了我們

55　邱清寶，〈夢香倫〉，頁38-39。

56　邱清寶，〈夢香倫〉，頁40-41。

對於異性戀父系家族邏輯在象徵層面的預設與認知，另一方面則讓隱身在（開篇讀來是異性戀）敘事裡的同性戀全都現了形而產生一種集體感。更重要的是，當時文榮光與陳珠璋以精神醫學及統計的角度強化了他們稱為「女性化完全同性戀」的觀點，小說凸顯出男同性戀性別化的自我認知與自我審查，也再現了當時以性別化來認識同性戀的知識（在《逃》則沒有看到這種被性別化的主體）。[57]

在梵雨和福全繼續的對話裡，敘事聲調一掃前頭清明祭祖的嚴肅沉重，而變得不正經、活潑了起來（即便有個如同開頭夢境般的什麼惘惘地揮之不去）。他們討論著朋友之間各自面對家族逼婚的狀況：福全即便不結婚就會拿不到家產但他無所謂，阿瑋則從有些動搖到現在快被逼到絕境仍抵死不從，梵雨原是認為「如果妥協了很汙穢」，[58] 後來不知何故反倒很快「覺悟了」（而且他認為福全很不苟同他的做法，詳後）。他們也回憶起梵雨婚前一群人住在仁愛路公寓時「天天逍遙自在，一票單身女郎」的生活，他婚後搬進平房卻被阿瑋嘲笑是「一代女皇住進貧民窟」。[59] 梵雨拉福全回家坐坐，兩人在月梅面前說話就變得小心翼翼、緊張兮兮。福全問起下週即將出世的孩子性別，

57　文榮光與陳珠璋從1976至1979年所收集的30位同性戀個案裡，統計有27位是「真正的男性同性戀患者」，其中20位屬「女性化完全同性戀」，22位有女性化行為而被人稱為「娘娘腔」或「像女孩子」。他們以童年時期家庭背景所引起的心理認同偏異，以及精神分析治療中的伊底帕斯情結來解釋男同性戀的性別化。參見：文榮光、陳珠璋，〈同性戀之臨床個案報告〉，《中華民國神經精神醫學會會刊》第6卷第1期（1980年1月），頁2。而男同志以姊妹相稱的擬親屬關係的意義與回應社會汙名的效應，因著時空脈絡而有所變化，新世紀之後的分析可參見：蔡孟哲，〈躺在哥弟的衣櫃〉，酷兒新聲編委會主編：《酷兒新聲》（桃園：中央大學性／別研究室，2009），頁1-38。

58　邱清寶，〈夢香倫〉，頁43。

59　邱清寶，〈夢香倫〉，頁46。

正恭喜他們夫婦一舉得男時，月梅卻靜靜回答男孩子不好，引起梵雨作賊心虛的注意而「騰空溜眼瞅了她一下」。[60] 福全知趣離開後，故事進入後半段，敘事者描述梵雨約了名叫小馮的人晚上在同性戀酒吧「亞當」外頭碰面。只是他覺得機會渺茫而一直躊躇赴約之事，但因下午到三溫暖開了葷，讓他下定決心赴約：「這一天怎麼說是不能絕對清明的。」[61] 他遲了些時間到酒吧外頭卻不見人影，或許是介意已婚身分所以不便入內找人，只好在隔著幾個店面的暗處等待，直到有個人來傳話小馮來過但離開了，他就勾搭起傳話的人。敘事者說梵雨疑惑這依稀見過的人不太是印象中的模樣，觀察他「手腳言態多有隱藏」，他猜測約許是在外頭多所顧忌，因為他自己「也同樣會刻意地把那潑辣招展收了」。[62] 在月梅的回應搞得他心驚膽跳之後，小說再度呈現梵雨的杯弓蛇影──身為同性戀都得要提防過度女性化，或說過曝（over camp）的言行──只是這回沒有具體的目光，而是內化到主角心底的異性戀凝視，不由得讓他多了些揣度。兩人勉強互動一陣像是沒戲唱，對方說先回酒吧陪朋友讓他等會，但他老早就沒意思，因為對方鬆懈了矜持、顯露出原形來：「眼珠子往上吊，嘴角開出來的也都是玫瑰花」；[63] 然而他同時想到自己也是五十步笑百步，對方這樣其實是對他不設防，算是有誠意的表現。[64] 在這裡，「陰柔」作為被設想的男同性戀本體，一方面成為內心感受的陰影與度量好感的標準，另一方面卻也再度操演出性別化的男同性戀主體。梵雨返家後發

60　邱清寶，〈夢香倫〉，頁48。

61　邱清寶，〈夢香倫〉，頁50。

62　邱清寶，〈夢香倫〉，頁53。

63　邱清寶，〈夢香倫〉，頁54。

64　邱清寶，〈夢香倫〉，頁55。

現月梅不在，猜想可能臨盆了在醫院裡。[65] 然而他竟然不著急，坐在預備給她嫂子來照顧時購置的躺椅上抽了一會菸，就呆瞪著發起白日夢來：

> 他不禁癡癡地笑著，自然是內容皆過於誇張荒唐。有這兩個夢來調戲一番，一切似乎又都很樂觀了。〔中略〕或許在他尚未入眠以前，就會接到來自醫院的電話，向他報喜訊。雨雖然下晚了，他兒子彷彿來早了。[66]

這個短篇以謎般的夢境開頭，而以調戲的幻想結尾，卻沒細說能讓他樂觀面對人生的白日夢究竟內容是什麼，但一路讀下來我們或許猜出來那該是有關同性愛欲的場景，可能在幻夢之中他就分別和那傳話人與公車上的男孩有了什麼進展。而開場的夢或許也能夠解讀為，他對婚姻體制壓抑的激烈復返：梵雨和晃得原是一對同性情人，在晃得結婚時，他去到婚禮打了對方一巴掌，之後自己也因覺悟妥協而進入婚姻。婚後的他得極力隱藏自身的言行舉止，努力撐起一個異性戀婚家（他跟福全說和妻子做愛時得關上燈，即便他不喜歡在黑暗中）。只是，就如同《逃》的安迪那樣，他背地裡仍需和姊妹偷溜出去打野食，也依賴誇張荒唐的白日夢以樂觀度日。然而過早問世的兒子

65　梵雨因後來雨勢變大加上遇到福全（他之前跟對方提過不會再出門），突然感到一陣挫敗且心虛就離開酒吧搭了公車回家。在公車上他偶然瞧見另一輛並行的公車有個極為俊逸的男孩，上半身攀在窗口離他很近，趁紅燈時他突然朝對方飛吻，引起男孩及身旁二位同伴爽朗大笑：「他有點得意這惠而不費的舉動」；而他會有此舉也是因他早知秒判車上乘客稀少，不會有後遺症。參見：邱清寶，〈夢香倫〉，頁56-57。

66　邱清寶，〈夢香倫〉，頁60。

彷彿打破了讓他開心癡笑的妄想，就像他一掌打碎自己可能曾經擁有的同性戀情。如果清明節象徵傳統儒家道德與社會常規遵循的倫常，那麼梵雨沒有返鄉給最疼他的母親上香，還趁機背著妻子偷溜去獵豔，[67] 一方面透露了他不願再和家族有所牽連的抵抗心態，另一方面或許他認為結婚成家已滿足母親遺願，他也達成個人的義務責任與社會期待。在這個層面上，梵雨顯然是個違反五倫的孽子與同夫，他看似在方方面面都盡了責卻也沒真的「盡責」。而異性戀婚姻是一把保護傘也是一座鐵皮屋，他藉以窩藏於世但同時被禁錮其中，如同姊妹諷刺他是皇后活在棚戶陋巷那般，他也成為自身欲望的低端人口，只好靠著撿拾愛欲碎片度日。於是對婚後的他而言，伸手不見五指因而面目難辨的三溫暖，比起同性戀酒吧來說，或許是較為安全的場所；但是他在裡頭即便認識了人也很難有後續發展，就像他和小馮那樣「連關係都談不上」。他僅能，或者說幸好還能，以挑逗為樂，在這個意外空閒的清明夜裡作了兩個不甚清明的癡夢。

　　邱清寶在收錄〈夢香倫〉的《狂夏走音》（台北：派色文化，1990）自序說這種題材一直在流行，解釋小說題名直譯則是「幻想香美的倫理」。[68] 那麼通過同性愛欲與婚家的對話，這一篇故事在幻想著，或說，顯示了什麼樣的倫理想像？延續〈地老天荒〉的討論，小說中的「同夫」主體看似為了恪盡孝道與服膺常規而進入異性戀婚姻，卻因為自身同性愛欲而冷落妻小、拋家棄子甚或傳染疾病、暴力傷害等等；

67　而故事也透露主角妻子或許知情，當福全問起胎兒性別恭喜他們夫婦一舉得男時，妻子卻回答男孩不好，引起主角作賊心虛的注意：「梵雨從螢幕上不規則的嘈雜裡騰空溜眼瞅了她一下，突地心口上一驚，月梅說這句話的時候，臉色定定的，眸子裡很清楚，像是一點都不含糊的。」參見：邱清寶，〈夢香倫〉，頁48。

68　邱清寶，〈夢香倫〉，頁2。

他們被一些女性主義者或公眾認為是欺騙、利用、將婚姻工具化，因而傷害無辜女性造成許多家庭悲劇，反倒是一種失去道德責任的作為。他們夾在欲望與責任之間失去了自由，一方面盤算如何能夠向父母與親族有所交代，另一方面衡量怎麼在常規社會覓出一線生機。有些主體未必得要「現身」或者根本無法「出櫃」，我們看到他們自有跟壓迫斡旋與汙名協商的辦法，即便那看似含蓄不張狂，或者一點兒也不「進步」。這樣的說法既不是要迴避現今某些悲慘同妻的痛苦遭遇（如小說中的若瑤、俊燕與月梅），也不是來幫某些惡質同夫的暴力行為開脫，而是藉由在歷史中看見這些主體的身影，進一步反思同性愛欲的性倫理、社群倫理以及關係倫理等議題。例如我們看到故事分別透露了當時男同性戀圈子有所謂「要錢的」、「出來玩的」和「講究感情的」，當然更包括故事主角們這種「結婚成家的」。[69] 像《逃》的安迪與祖翔面對同性之間的性／親密關係時，就展現出其中不同的態度與觀點。而在邱清寶這二篇小說中，已婚的惠峰和梵雨既不像安迪那樣鍾情特定對象並讓妻子獨守空閨，也不像祖翔那般富裕且願意買春，他們的同性愛欲難以對妻子與家人啟齒，更無法回應那些想談感情的男

69　邱清寶另一篇觸及同性愛欲的中篇小說〈航行夏日風〉，以藝專男孩鞠鵬風的第一人稱視角，講述他和就讀台大的好友康津池的暑期際遇，故事圍繞在他們與唱片界和藝術圈的人際往來，以及與女孩們的情愛糾葛，兩男之間還帶著些微「基情」（bromance）的友誼色彩。小說安排主角遇到兩個同性戀角色，也分別表徵了「講究感情的」和「出來玩的」。一位是他賃居處的臨時室友，後來戀上康津池的政大男孩沈秋聲。另一位則是在攝影師林福海飯局裡引介認識的唱片公司金主戴逸從，對方藉口把主角帶回豪華住所，一路上對他諸多肢體碰觸並不斷暗示他留下來過夜。他彆扭拒絕且慌亂逃離，揣測自己被朋友們作為利益交換的工具，認為這些人實在不知羞恥。他更心有餘悸地比較起這二個角色：「我不會討厭秋聲，但我很討厭戴逸從。然而秋聲老了的時候會不會跟他一樣？這個世界真是莫名其妙！」參見：邱清寶，〈航行夏日風〉，《航行夏日風》（台北：皇冠，1983），頁82。

孩們，最終只能讓彼此的關係變成一夜情或隨性速炮。小說在面對家庭倫理和同性愛欲之間的矛盾與緊張時，展現出不同的態度立場及對應之道。因此，同性愛欲與婚家的議題不僅涉及異性戀父權、法律體制或道德評價的面向，還有經濟條件與階級面向的深刻影響，更交織了主體面對自身的家庭關係與社會連帶時所必要（或願意、或能夠）扛負的責任等倫理面向。

　　此外，邱清寶幾乎都沒有以「同性戀」來指涉小說裡的同性愛欲及其主體，或許就像《孽子》再現的三水街和新公園裡男妓與同性戀雜混的世界那樣，這個「沒有」與一九八〇年代同性戀被等同於性工作的汙名有關。黃道明通過分析《孽子》出版後成為同性戀符號的過程及其引發的社會效應，指出同性戀與賣淫相連的羞恥過往，並揭示後來的同志運動在召喚《孽子》時切斷且淨化了這段歷史，因而在一九九〇年代以降的聖王國家性秩序裡占據了高大上的新主體位置。[70]當我們並置《孽子》中到酒吧「尋找些羅曼史」的良家子弟男大生與在街頭公園賣淫餬口飯吃的貧賤少年時，一方面小說的設計凸顯出性與階級的在地交織性，另一方面也揭露了性／別羞恥感的歷史特殊性。而這個與賣淫密不可分的性羞恥既形構了雙重性汙名（身心的變態與賣春的淫亂）的同性戀認識論及其主體形構，也再現出通過「娼良分徑」的規範區分所形構的性階序。而與同性愛欲交纏的婚姻家庭——尤其是邱清寶故事中隱含的婚家倫理，及其所牽動的各種人我關係與責任——更是形成同性戀「娼良分徑」的一個重要因素，並且遞迴

70　黃道明指出：「在《孽子》持續被同志運動政治化，成為見證1970年代同性戀壓迫的歷史的同時，那個與賣淫連在一起的壓迫及其特殊性，卻也不斷地在同志研究與同志歷史書寫的建構裡被略過與遺忘。」參見：黃道明，《酷兒政治與台灣現代「性」》，頁179。

地再生產了女性主義學者魯賓（Gayle Rubin, 1949- ）所分析的「性階序」的效應。[71] 像是祖翔這種我們暫且稱為「嫖客」，或者安迪、梵雨與惠峰這類情況不一的「同夫」，他們既不是追尋浪漫或講究感情的乖寶男大生，也不是為了生計下海賣淫的少年男娼，他們是因著異性戀婚家體制與家庭倫理而成為「出來玩的」、無法給承諾的某種「同性戀」。他們所面對的是丁乃非稱為「婚姻／專偶－妾侍／通姦者－賣淫／娼妓」變續體的歷史位移，雖然當前的同性婚姻模式置換了不斷面臨危機且改革失敗的異性戀專偶婚姻，並成為愛情婚姻－核心家庭以及婚姻平權的新符號，卻也同樣建造並中介了非正典也不合法的性活動，且持續遮蔽著早已被商品化的性／親密勞動。[72] 而他們之中有的人（如惠峰）顯然自外於「玻璃圈」或「gay circle」的世界選擇低調度日，卻也有些人（如安迪和梵雨）相當清楚而且忌憚同性戀與賣淫共享的羞恥，因此時時謹言慎行甚至殫精竭慮地結婚成家而過著雙面人生。這些嫖客或已婚同夫的主體位置在現今認同政治與同婚法權的論述框架與情感結構裡，都不容易被理解與看待，他們的「不正確」要不是需要被拯救（或被歸隊到雙性戀認同條目，或被吸納到同志婚姻清單，期待他們能站在陽光下光明正大做自己），就是可能會被批判（過度沉溺自我情感，內化恐同，無法面對陰暗與羞恥，是愛滋治理的死角）。[73] 我們通常看到會被再現與稱道的，以及被哀悼與緬懷

71　Gayle Rubin, "Thinking Sex: Notes for a Radical Theory of the Politics of Sexuality," in H. Abelove et al. eds., *The Lesbian and Gay Studies Read*er (London: Routledge, 1993), pp. 14-15.

72　丁乃非著，黃道明譯，〈成者為妻，敗者妾妓：婚姻轉型與女權演化〉，丁乃非、劉人鵬、張馨文、黃詠光編：《罔兩問景 II：中間物》（新竹：國立陽明交通大學出版社，2022），頁128、137。

73　愛滋治理後來發展出 MSM（men have sex with men）的範疇，就是為了要找出有同性

的，多半是被這些人所拋棄的癡情同志這一邊的故事，那麼當我們要
提出不同的同性戀認識論及主體的時候，或許也不能忽略這些站在癡
盼幸福的另一邊、被同志的驕傲陽光所投射出來的身影，以及他們嘗
試實踐或幻想的另一種「幸福」。[74]

三、《男婚男嫁》的幸福轉生術

　　由台灣第一家專門推行同志作品的「開心陽光」公司於1996年所
出版的《男婚男嫁》（以下簡稱《男》），就經歷了「同性戀」退場而「同
志」浮現檯面的轉變過程，同性戀受到的歧視和壓迫不再只有來自性
科學與性道德所宣揚的異性戀正典價值，最大的衝擊乃是愛滋的爆發
所帶來生死交關的影響及其汙名的疊合。[75] 這或許也是作者許佑生何
以在自序裡強調，一九九〇年代的同性戀故事包含同性婚姻與愛滋等
重大議題需要新的同志書寫來描繪與見證，白先勇多年前的名著《孽
子》即便歷久彌新卻已無法負荷新一代的現象。他直言《孽子》之後的
同志文學作品多半先天不良、後天失調，竟沒有一本同性戀作家的長

性行為但不認同自己是同性戀的男人，詳見下一章的討論。

74　這裡的閱讀視角受到鄭聖勳的研究啟發。參見：鄭聖勳，〈巨像：優勢男同志的文化
　　再現〉，酷兒新聲編委會主編：《酷兒新聲》（桃園：中央大學性／別研究室，2009），
　　頁197-220。

75　李屹論證一九九〇年代同志的誕生乃歸結於三個過程：從心理歸因轉向社會歸因；
　　「同志」相對於「同性戀」語意在時間與社會面向上開放；大學再生產地參與同志運動
　　與使用同志來做自我認同的群眾，而取代了一九八〇年代中後期因與愛滋接合導致
　　語意逐漸封閉的「同性戀」概念。參見：李屹，《「同志」的誕生：概念史視角下行為
　　語意朝認同語意之轉型》（台北：國立臺灣大學社會學研究所碩士論文，2012），頁
　　97。

篇小說問世，[76] 而決定學習現代西方「同志書寫」的傳統，「用自己最真摯的聲音說故事」。[77] 相較於《逃》及《孽子》等過往同性戀文學作品中瀰漫不散的悲劇氛圍，出版於二十年後的《男》著實是一齣筆調、情節與結局安排都皆大歡喜的同志喜劇，這一方面反映了一九九〇年代逐漸高漲的同志平權運動所打開的社會能見度與影響力，另一方面則呈顯出作者自身在美國紐約生活所經驗到的「豐富多元、生機盎然的同性戀文化」；[78] 包括他在1996年11月舉辦台灣首度公開的同志婚禮，也讓想像成為某種「真實」，小說文本成為社會文本，更是同志運動史一次重要事件。

　　我將這部小說讀為一部關於一九九〇年代思索同志婚姻與伴侶成家教戰守則的紀錄片，它一方面細膩描繪男同志對於親密關係的想像期待及成長蛻變過程裡的情感心緒，同時反省了婚姻家庭的形式與內涵，另一方面它也在美國化改造已深植台灣社會的脈絡裡，刻畫出男同志幸福的真愛模版，鞏固了靈肉合一與專偶忠誠的婚姻價值，並且以這種快樂和感動來拯救主角兒時發現自己是同性戀而自認已死的自我，同志專偶婚姻帶給他的是新生命的重生和圓滿。小說不僅重構「愛的關係模式」，並表徵以西方同志婚家為典範的當代同志幸福政治，預言與體現往後同志運動轉往同婚運動並高喊「以愛成家」的策略走向及行動變化，同時也為我們展示戰後台灣的同性戀主體如何（自我）改造成西方同志主體——以及新世紀之後的同志婚權主體——

76　1994年出版的長篇小說《荒人手記》就描繪了男同性戀、愛滋與同性伴侶之間的締結。或許作者朱天文是異性戀生理女性，沒有被許佑生列入名單。我將在下一章的愛滋脈絡討論。

77　許佑生，《男婚男嫁》（台北：開心陽光，1996），頁5。

78　許佑生，《男婚男嫁》，頁5。

再殖民歷程與置換的代價。[79]

　　這部號稱「新一代同志書寫」的小說，描述主角王小祖走過大半人生及大半地球，終於完成同婚終身大事的過程：小祖從歷經兒時異男忘的曖昧暗戀、初入職場與製作人大叔姜豪的地下姦情，到與小鬼阿謨的哥弟之愛，最後在美國紐約遇見真命天子阿官並與之成婚。故事線順著時空發展分為二部分，前半部細數小祖在台灣傳統保守的家庭形式與社會環境之下，步往同志認同與同性戀情所要面對的坎坷與艱辛；後半部則將背景拉到社會風氣相對開放的紐約，勾勒小祖以結婚成家作為追求同志幸福的圖景，及其如何處理伴隨著婚姻而來的各種疑難雜症。然而不同於前述小說主角紛紛進入異性戀婚家體制，小祖一開場就宣稱他將來不會跟女生結婚生子，要父母當作這個兒子已經死了，青春期的他自認因為是個「無可救藥的同性戀者」，沒有傳宗接代的功能，所以活著與否都無所謂而有輕生念頭。故事開門見山就將同性戀的不可能性與無法結婚生子連繫在一起；然而，即便如此心痛與自憐，小祖仍然熬過痛苦的青春期、長大成人、甚至與同性愛人結婚成家。在第一部裡，生活在台灣的小祖就如《逃》的祖翔那般面對同性愛欲的羞恥及自恨，而認定身為同性戀的人生沒有未來。不過，一九九〇年代的小祖已經不是一九七〇年代的祖翔，他所身處的外在社會環境也有了轉變，所以他並沒有一直活在「錯誤與悲劇的生活」之中。在小說的第二部，故事設計也讓小祖飛到了美國，在紐約經歷一連串的同志冒險過程：身體解放、愛情勝利、結婚成家、事業發達等等事件，如同青少年成長的類型故事那般過五關斬六將，最終

79　參照曾秀萍以全球化視角分析《男》所再現的美國夢及故事隱含的「遲到的同志平權」焦慮。參見：曾秀萍，〈夢想在他方？——全球化下台灣同志小說的美國想像〉，頁505-513。

順利結婚成家，從此過著幸福美滿的日子，完成了一套以同志婚家為目標的「同志進化論」。此外，不同於前面二個年代的故事，到了這個階段，同性愛欲和婚家想像在敘事發展過程中既不是相互對抗，也不是成為逃避或遮掩的工具，而是互為表裡並且相輔相成，並且替後來的同志婚權運動鋪好道路。

　　只是，這個進化過程需要透過敘事布置且有所對照，才能看得出來主角的轉型及變化。第一部前半段描述的是主角同性愛欲萌芽與探索的階段：小祖暗戀國中同學邱靖偉，藉由對方教他如何游泳時彼此的肢體接觸，他們在波光粼粼的盛夏溪水中共享了青春水漾的同性曖昧。同性愛欲的萌發成為小祖同志生命中一段甜美帶點苦澀的記憶，也是自我改造與身分認同的情感動力，而不只是阻斷生路、沒有未來的悲慘命運：「我也因此設法向那個記憶中的精壯身影看齊，依照他的樣子向自己改造，好像惟其如此，才覺得似乎愛仍未消逝，還與他靠近。」[80] 相較於青春期欲望的青澀與純潔，敘事者將小祖後來讀大學時的愛欲探索描述為毒癮那般，發作時渾身酥癢又劇痛難當，並把新公園比喻為獸穴與煉獄，在裡面釣人尋歡的同志們就像一群豺狼虎豹，夜夜搜尋像他這樣的小鮮肉。他因此被嚇到不敢再踏入公園，但欲望爆發時又會忍不住躲在一旁觀望，於是認為自己只是一具被愛欲驅動的喪屍。這種屍與獸的譬喻並延續到這個階段的關鍵人物大叔姜豪身上（小祖在電視台的上司，曾經紅極一時的連續劇小生，過氣後轉任節目製作人），對方如吸血鬼般飢渴地吸吮啃食他的血肉，他的欲望也因此被這強烈的力道撞開而難以自拔，有點一廂情願地期盼這段關係，卻捆得自己透不過氣。敘事者暗示或許姜豪顧忌銀幕形象

80　許佑生，《男婚男嫁》，頁31。

和社會地位，他們之間的互動往來始終躲躲藏藏且只有肉體交歡，對方還有一名銀幕情侶似的女演員作為煙幕彈。當小祖見到報紙刊登姜豪與女演員的婚訊時，終於忍受不了內心折磨前去攤牌，沒料到對方竟說：「『我們本來就沒有什麼承諾，不是嗎？』他問得我無言以對，『那你現在又要我給你什麼答案？何況，我再怎樣也不可能……娶你吧？老天！』」[81] 姜豪對小祖的回應如同《逃》裡應天對安迪的答覆，對他們來說，同性戀的性／親密關係最大的阻礙不在於愛與親密，也不在於熱情或承諾，而在於無法成親成家，在於體制與規範的認可。

　　故事設計小祖因此斷然辭職並逃離姜豪，但在兩人坎坷的交往過程中，他已逐漸認定同性愛欲就是一道骯髒汙穢的溝壑，而那些潛藏在新公園的同類們就像夜無常般巡邏偵測獵物，他則是無主孤魂四處飄浮；大家都深陷在不見天日、無法公開的欲望深淵之中，浮沉在黑暗冷寂的性社交空間裡頭。小祖遇到姜豪的粗暴無情與同類的落寞無奈似乎顯得太過絕望，於是這個以喜劇為基調的故事讓他在公園認識活潑大方、鬼靈精怪的青少年阿謨，兩人發展出一段若有似無的兄弟情誼；也讓他順利轉職到百貨公司擔任美術設計，並獲得傳聞是董事長婚外情對象的女總經理賞識，彼此也成為朋友。在她倆的一次交心對話裡，敘事者呈現了小三和男同志的愛情陣線聯盟，對方藉自己的經驗點醒他勇於面對愛阿謨的心。而當小祖因此打開心頭陰霾準備向阿謨告白時卻為時已晚，對方突然意外溺斃。他痛苦萬分且懊悔難當，於是將他「不敢說出其名的愛」寫在紙上折成小船，到對方溺水之處放洋漂流。第一部於是結束在這個戲劇性的悲傷轉折，而進入色彩繽紛明亮的第二部。第一部的故事再現且轉化了之前討論過的三

81　許佑生，《男婚男嫁》，頁64。

種同性戀認識論：「愛的關係模式」中的純潔與昇華同性友誼，以及挪用「癖的病理模式」和「窺的道德模式」分別把同性愛欲比喻為潛藏在身體的毒瘤與怪物。這樣的敘事及修辭策略目的是要連結到第二部描繪在美國完成同志婚家時的各種對照意涵，但同時也呈現出不同於《逃》的心理化、〈地〉的漠然化、〈夢〉的陰柔化以及這些故事中要錢賣淫的同性戀主體，而是打造出專屬於一九九〇年代以身分認同模式為主的同志認識框架，也就是兩組相互對照的認識：兄友弟恭的同性友誼（愛的模式）vs. 吸血鬼與喪屍的怪物愛欲（癖與窺的模式）。

　　第二部設定的時空已是一年之後的紐約，小祖因阿謨的死與公司內的流言蜚語而決定到紐約進修美術。敘事者將這個大都會描述為同性戀的巢窟，處處皆是彩虹地景，但主角雖在紐約大開眼界，卻也深怕自己置身夢境與烏托邦。他在新發展的人際關係之中，開始自我覺醒與自我認同的主體再形構過程，不僅學習如何面對身體和欲望，逐步釐清、辨識和確認自己想要什麼和自己是什麼，也包括如何實踐同性戀的性／親密關係，例如和伴侶結婚之後的生活安排與互動模式。敘事者在此為讀者所體現的是，全然有別於以往的、嶄新的同性戀認識論及主體樣貌。例如，主角在一家咖啡店素描形形色色的客人如日記般記錄，見識到老少配與跨種族配等多種多樣的同志情侶，也結識了希臘裔中年作家亞歷山大和藍眼珠的年輕服務生路卡斯這對伴侶。亞和路約他到家中晚餐，全裸誘惑他一起三人行，教導他誠實面對自身的肉體和愛欲，但他卻因自慚自卑自恨而感到既羨且怕，擔心體內愛欲如瘴氣般一湧而出，於是逃之夭夭。他雖欣賞佩服二人的坦蕩真率，卻自認怎麼學也學不來。這段期間他也在一個亞洲同志組織的聚會中，結識中學就從台灣移民來紐約的阿官，兩人則一步步邁向結婚之途。敘事者評論說，主角非常訝異美國有專門服務亞洲同志的組

織，他認為東方的同性戀在以往綿延子裔的壓力下，總像慘死的冤孽無法修成正果，所以身為孽子的亞洲同性戀飄洋過海來到異鄉，就像是轉世投胎般總算能夠當個「人」。

　　這個階段的小祖結合了《逃》的安迪和祖翔，也將完成一次主體轉化，不過他不像安迪僅僅進行「脫胎換骨」的整型手術而已，他更是要「投胎轉世」從妖孽轉生為人，不僅跨越國族與種族，更跨越人妖之別。先是以有如同志烏托邦一般的曼哈頓為空間環境，再以亞歷山大這個希臘裔美國人為核心象徵，敘事將西方的身體及其所指涉的同性戀歷史作為主角認識自我（以及讀者們認識同性戀）的參照對象。[82] 雖然看似倒轉了以往「西方／主體 vs. 東方／他者」的殖民化對比，然而小祖的主體形構過程仍然沒有擺脫既有後殖民文化式的象徵階序：西方對於身體及欲望是驕傲且陶醉坦然，東方則是羞愧及自慚形穢；因此西方是導師、主體與人，東方則是學徒、他者與鬼。如果對照敘事在第一部裡描摹台灣（亞洲）的同性戀形象有如妖魔鬼怪般的形銷骨立，那麼小祖遭逢且欣羨西方（美國及想像的古希臘）以聖賢哲人為楷模所召喚那真率動人的同性愛欲，就成為他新的認識框架及相互伴生的情感意喻，以進行從羞恥自恨到驕傲快樂的裂變。這個通過時間性（以前／現在）與空間性（東方台灣／西方美國）的認識論斷裂與情感轉變，是小祖完成主體轉化的核心，而且也要歷經這個自我改造之後，他與阿官的性／親密關係也才會獲得進展，邁向結婚成家。小祖的認知、實踐與情感的移動同時呼應了作者所說需要新一代的同志書寫來取代過往的《孽子》，也就是說，推動這個轉變過程

82　最明顯的一幕是亞歷山大在扮裝舞會裡扮成古希臘哲學家蘇格拉底，手拿《饗宴》向大家宣揚同性之愛的高貴情操。參見：許佑生，《男婚男嫁》，頁113。

的敘事動力，就在於書名「男婚男嫁」表徵的同志婚家想像及欲望。
於是我們看到在敘事內部的層次以及文本之外的層次都進行了一次由
悲轉喜、從鬼成人的主體轉生術。這個新生的同志主體逐步成為後來
的婚權主體。接著再經由「小祖重感冒發高燒而阿官無微不至地照顧
他」的情節設計，主角的人生際遇彷彿也浴火重生般地重新開展。他
以自身肉體愛欲宛如從地獄到天堂作為比喻，回顧自己在台灣時悲慘
黯淡的同志生活，以及飛到紐約歷經解放之後開心陽光的嶄新人生：

> 姜豪與我的鼠輩一般的作愛，使我更信服自己的身軀為一座惡臭
> 牢獄。我的肉身對其他男色的嗜愛無法公開與求不得苦，也落實
> 了它的活該被打入地獄。我過去一直活在這種不淨但不得不偷歡
> 的情緒中，矛盾且苦惱地煎熬。可是當阿官的腳在餐桌下碰觸
> 我，他的手在我的裸背愛撫，以及回想亞歷山大和路的交歡，我
> 生平初次覺得自己的身體瘴氣一掃而空，地獄景象盡去，陽光
> 大把大把拂照進來，通體光明，儼然它也變成一座神殿，飄著焚
> 香，等候滿天仙佛降臨。[83]

　　即便《男》訴說的同婚成家故事就像諸多流行文化的喜劇作品一
樣有情人終成眷屬，主角卻不是只有完成主體轉化那麼簡單就能夠走
到幸福結局，得要有高潮起伏的情節過程才更能引人入勝。即便小祖
離開台灣／亞洲（東方）／青少年／過往／地獄，飛往紐約／美國（西
方）／成人／現在（連結到未來）／天堂，以逐步實現成家的夢想，敘
事者還進一步描述了主角對於同志結婚成家的遲疑與再確認的過程。

83　許佑生，《男婚男嫁》，頁132。

然而，這樣的安排其實更會召喚讀者心中越需趨向這個主體位置的想像，以便洗去汙名的認同與期待。小說一方面對照小祖弟弟「奉子成婚」以及父親「奉命成婚」兩者不幸福婚姻的景況，在看似質疑異性戀婚家體制的同時，卻因阿官鼓勵他回台灣參加弟弟的婚禮之後，反而肯定了愛情婚姻－核心家庭的好處與價值。原本小祖還擔憂同志結婚會如同那象徵同性戀的彩虹般美麗但不真實，不過藉由觀摩弟弟婚禮的體會反倒成為推動他想像與期待同婚成家的動力之一，同時思考伴侶關係的重要性並將其位階提升到生命全面的存在。他還體認到父親乃是以不快樂的婚姻作為示範，來教導他去追尋自己的快樂，因而再次堅定與阿官成婚的心意。[84]

另一方面，故事也讓小祖置疑同志結婚的意義，尤其在國家法律與社會體制都還不承認時，那麼兩人結婚實質意義在哪。包括亞歷山大聽到小祖說要結婚時，也提出「婚姻完全是異性戀社會的遊戲規則」的反對理由，認為同性戀不應投入異性戀婚姻的約束和一夫一妻制的分贓系統。[85] 然而後來路卡斯因為感染愛滋即將離世，反對同婚的亞為了完成愛人的心願，也進行了一場病榻婚禮。[86] 小說再經由阿官父母極力反對、兩人婚前的出軌和疑心病、婚後的占有欲與性別化的家務角色，以及小祖的精神外遇等等危機事件製造緊張與高潮，也作為兩人戀情層層試煉的橋段，讓小祖逐一掃蕩阻擋同性專偶婚家的障礙物，漸進地確立婚家的價值信念。其中一個例子是小祖、亞歷山大和路某回不小心實踐了三人行，而阿官則與同事朱利安酒後亂性，不過兩人在婚禮前互相懺悔這些婚前的逸軌行為，彼此承諾既往不咎

---

84   許佑生，《男婚男嫁》，頁153-154。

85   許佑生，《男婚男嫁》，頁161-165。

86   許佑生，《男婚男嫁》，頁206-208。

而順利化解心結。[87] 加上他巧遇一對結縭相守二十五年的老年男同志伴侶鄰居，他們在挪威通過同志婚姻法後，已返國登記確定彼此的身分，而成為他與阿官的夫夫典範。[88] 有此加持，小祖於是更確認結婚成家的心志意願，故事到此終於能夠走到幸福美滿的結局：

> 我於是甘心透過婚姻裡一對一的絕對忠誠形式，來表達對一份愛所能觸及的最大極限。當心裡容納一個人，塞得滿滿，不能也不該再容下另一個人時，婚姻雖是限制，但不也正必須忍受和抗拒限制所帶來的犧牲，才格外體會「一切只因為有愛」？
> 「我願意。」
> 「我願意。」[89]

敘事者讓我們看到，小祖衷心認為專偶同婚能帶他脫離悲慘的過往及無愛的孤獨，他相信忠誠的婚姻能帶來幸福和快樂。文化研究學者阿梅（Sara Ahmed, 1969-）則從酷兒現象學的觀點分析人們如何體認幸福，例如我們認為家庭是美好的並且渴望它的緣由，是因為我們渴求的幸福是藉由渴求與幸福的關聯物有所關聯，所以當我們擁有正確的關聯物時會感到幸福，而這樣的許諾可能就是我們被導向婚姻家庭的原因，[90] 因為婚家早就在異性戀主導的歷史過程中成為幸福的物件：

> 換句話說，我們乃透過事物的親近性想像美好生活。也就是說，

87　許佑生，《男婚男嫁》，頁190-191。

88　許佑生，《男婚男嫁》，頁183-184。

89　許佑生，《男婚男嫁》，頁193-194。

90　Sara Ahmed, *The Promise of Happiness*, p. 2.

幸福的情感集合體給予我們某種生活的圖像，一種擁有特定東西
和做特定事情的生活。也就是說，我們難以把美好生活的圖像從
異性戀行徑的歷史特權裡分離出來，它表現在浪漫愛和夫妻配偶
制，以及家戶私領域的理想化之中。[91]

小祖對於同婚成家的想望是因為這些東西和幸福有關，要與它們
親近關聯才能想像幸福人生。而這樣的幸福事物其實是在社群公眾中
流通傳播（例如藉由固定的情感腳本），在社會生活裡長期積累沉澱
（例如都沒有被反思挑戰且得維持其地位），而逐漸轉變為其具有的
道德價值（例如我的家庭真可愛，幸福美滿又安康）。也因為社會普
遍認為同志生活缺乏這些幸福事物而把同志建構為悲慘的存在，異性
戀和同性戀自己都認為同志生活是不幸福的，於是同志生活就不斷被
貶損為「次好的」（second best）。[92] 所以身在亞洲的青少年小祖自認無
法傳宗接代而望親心痛，對於承諾幸福的事物感到失望，會產生自我
懷疑或憤怒的論述來解釋這樣的情境，因而感受「和死了沒有什麼兩
樣，比死了還糟糕」。[93] 而阿官的父親知道他要與同性結婚時更有如
核電爆發般氣炸，即便阿官一再強調他是如何藉由自我認同而努力活
下來，以及同婚所帶給他的喜悅與美滿，父母還是把他置於不幸的境
地。又例如，阿官的妹妹克莉絲汀雖然非常支持哥哥的性認同，她卻
依舊傷心樣樣優秀的哥哥不會有自身子嗣，無法和她一樣感受為人父
母的幸福，所以貼心地將自己的新生兒與他同名。即便如此，這個嬰
兒也如同《逃》的「私生子」強強那樣，仍是那同志婚家幻想中的替代

---

91   Sara Ahmed, *The Promise of Happiness*, p. 90.

92   海澀愛，〈倒退與酷兒政治的未來〉，頁234。

93   許佑生，《男婚男嫁》，頁8。

品／補充物，也就是那虛幻不可得的「幸福」家庭的不斷延異：「哦，是啊，我第一眼看見他時，I cry，我是為自己快樂，也為我二哥傷心。I hope you don't mind. 我這麼說，我知道二哥不會有自己的小孩，但我真希望他也能和我一樣幸福，感覺到當父母的開心。」[94] 於是，即便同志能結婚成家還是會被認為因為不能生養自己的小孩而不夠幸福，「同婚＋成家」便被合謀為一項能夠讓同志幸福的事物，而那些悲慘的亞洲／同性戀兒少／往昔就在同婚成家被設想為幸福來源的同時，持續被推往不幸的位置而維持同志婚家那幸福美滿的地位。

　　最後，前面討論到當小祖的主體轉生術完成之後，他才有資格且有能力「癡盼幸福」。而這個幸福以同志結婚為目標，卻是以兩具屍體作為代價。故事中出現的兩次同志婚姻，一次是亞歷山大和路卡斯的醫院婚禮，而「愛滋」是這場婚禮的主要動因，病發體弱的路就在婚禮一周後死去，愛滋的失落與創傷在此變成人們批判婚姻體制的封口令，也是被同志婚姻用過即丟的「敘事義肢」(narrative prosthesis)，更是主角害怕感染就無法與愛人白首偕老的恐慌根源。[95] 另一次是小祖與阿官如同志嘉年華般的婚禮，表面上死去的是那個轉世投胎、重新做人的主角自己（過去種種譬如昨日死），然而這個「昨日之死」連結到的也是他在新公園結識的酷兒少年阿謨的屍沉大海。因為當時小祖無法真誠地面對自己的欲望而閃躲對方的陪伴、示好與期待，那

94　語出阿官的妹妹克莉絲汀。參見：許佑生，《男婚男嫁》，頁139。

95　關於殘障作為敘事賴以進展的輔助裝置，參見：David Mitchell and Sharon Snyder, "Narrative Prosthesis and the Materiality of Metaphor," in L. J. Davis ed., *The Disability Studies Reader* (4th ed.) (New York: Routledge, 2001[2013]). 關於愛滋作為敘事義肢的討論，參見：蔡孟哲，〈愛滋、同性戀與婚家想像：《紙婚》的「殘／酷」政治〉，頁47-78。

個「不敢說出其名的愛」確實是他的心痛懊悔，卻也是敘事拋棄苦難過往、轉進幸福未來的裝置：如若沒有這具意外溺斃的浮屍，敘事就難以開展出讓主角飛向美國的新同志人生。所以整個小說的推展過程是以小祖長大後的癡盼幸福，逐步地置換了同性戀兒少的慘淡過往：「我十三歲那年，因為知道自己是一名無可救藥的同性戀者，慌張到差點兒去尋死了。我三十歲生日這一天，體悟到作為一名同性戀者，仍能保有尊嚴和快樂，而深深慶幸我還活得好端端的，對生命因此湧起了無限的感恩與感動。」[96]

　　同性戀生存的可能性是什麼？我們需要或製造了什麼樣的同性戀生活來作為典範和參考呢？同婚成家是更好的範例嗎？還是說，同志社群其實並沒有變得比較好，很多人的生活在長大以後也沒有比較開心陽光？《男》正像一部關於一九九〇年代思索同志婚姻與伴侶成家教戰守則的紀錄片，它一方面細膩描繪同性戀對於親密關係的想像期待及成長蛻變過程裡的情感心緒，同時反省了異性戀婚姻家庭連續體的形式與內涵；另一方面它也在當時的社會脈絡裡，刻畫出同性戀幸福的真愛模版，鞏固了靈肉合一與專偶忠誠的婚姻價值，並且以這種快樂和感動來拯救主角年少時發現自己是「無可救藥」的同性戀而自認已死的自我，同志專偶婚家帶給他的是生命的重生和圓滿，或許映照的也是現下眾人以婚家作為同志幸福的心緒及行動。

四、小結

　　過往婚姻家庭經常被認為與同性愛欲沒有多大關聯，甚至在某些

96　許佑生，《男婚男嫁》，頁236。

宗教教義或文化習俗裡是彼此互斥的。以往婚家體制不僅以法律化保障異性戀的性／親密關係，也讓同性愛欲成為一種羞恥情感而走入地下化的情況，然而婚家象徵價值也有其歷史性及物質基礎，是在社會文化的轉變過程中經由制度化、法律化與常規化所逐步累積而成的。因此，婚家的原則框架與同性愛欲的悖反關係，並非始終一致。自2010年前後開始台灣同性婚姻立法的倡議過程引起諸多社會爭議，當保守宗教團體為維護異性戀專偶婚姻體制而批判同婚成家的訴求出現時，[97] 提出與同婚成家相關的討論與分析，將冒著同性愛欲再度被貶損與詆毀的風險與情緒，甚至可能會變成和反同方站在同一陣線而助長了恐同聲勢，使得我們不容易去碰觸或展開某些仍待探究與追索的複雜議題、矛盾現象與曖昧歷史。透過重讀三個年代的小說，本章試圖指出圍繞同婚成家而生的複雜認知與矛盾感受，希冀打開在歷史過程中關於同性愛欲與婚姻家庭相互交織的多重面向。就如同女性主義法律學者們在討論同性婚姻立法時所指出的，重點或許不在於婚家能夠帶來什麼平等權利，而在於我們能否藉此反思批判異性戀與婚姻家庭作為一種持續施展排除與壓迫的常規正典：

　　我認為關鍵不是要讓更多身分的人擁有選擇婚姻的資格，而是「不應偏袒異性戀」、「不應偏袒婚姻」，並且必須消除壓迫：如

97　江河清指出，以保守基督教為主的反對者不只是反對同性婚姻法制化，同時反對許多與同志相關的政策議題，例如性平教育、愛滋醫療負擔、性傾向扭轉治療。而2012年台北同志大遊行的主題是「婚姻平權、伴侶多元」，成立於2009年的台灣伴侶權益推動聯盟也在2013年提出「多元成家三法」，同婚法制化運動才真正進入廣泛的社會對話。參見：Hoching Jiang, "Marriage, Same-Sex, in Taiwan," in H. Chiang et al. eds., *Global Encyclopedia of Lesbian, Gay, Bisexual, Transgender, and Queer (LGBTQ) History*, (Farmington Hills: Charles Scribner's Sons, 2019), pp. 1004-1008.

何使人們不再為了享有公民權而必須選擇婚姻，如何使不進入婚
姻的人們、以及進入婚姻的女性不因此而處於劣勢。換言之，重
點在於抵抗異性戀常規性與婚姻常規性，終止強迫婚姻與強迫
異性戀，不應將「異性戀」及「已婚」作為享有平等公民身分的前
提。[98]

2010年由侯季然（1973-）所編導、原住民歌手陳永龍（1976-）重新
演唱李泰祥（1941-2014）2004年所作的名曲〈告別〉的音樂錄影帶裡，
敘說一段男男情侶無奈道別的故事，其中一方是進入異性戀婚姻的同
夫，男子則是去參加對方喜宴的主角。[99] 影片與業已成為同志小說經
典的《荒人手記》（朱天文，1994）形成文本互織性（intertextuality），然而
這對愛侶並沒有按小說安排的那樣擁有結縭相伴的幸福，而是如歌詞
描述的：「在曾經同向的航行後／各自寂寞／原來的歸原來／往後的
歸往後。」[100] 〈告別〉所再現的同性愛欲悲劇呈現出「同性戀不／幸福

---

98 陳昭如，〈婚姻作為法律上的異性戀父權與特權〉，《女學學誌：婦女與性別研究》
第27期（2010年12月），頁113-199。另可參照納思邦（Martha C. Nussbaum）討論
美國的情況：「事實在於，婚姻作為一種制度，同時蘊涵了愛與暴力、對小孩的養
育、虐待和貶抑。〔中略〕當我們擘畫未來的方向時，我們必須深思所有替代方案。
不幸地，對同志婚姻的恐慌使這類急需進行的公共討論延後了。」參見：納思邦
（Nussbaum, Martha Craven）著，方佳俊譯，《逃避人性：噁心、羞恥與法律》（台北：
商周，2007），頁400。

99 〈告別〉的音樂錄影帶，參見：https://www.youtube.com/watch?v=AyifFTD_tzA

100 音樂錄影帶中在顯示手機撥號畫面的二個鏡頭裡，導演透露些許線索，告訴我們道
別的人叫小韶，即《荒人手記》的主角，而結婚娶妻的是永桔，小韶的伴侶。但在
小說中，小韶與永桔在交往三年後，飛往羅馬的聖彼得教堂自行締結婚約，不過他
仍不敢放膽地設想未來，那龐大的古蹟聖殿帶來的是一生一世的許諾與保證，卻也
是時時刻刻就可能會崩毀的預兆：「最幸福的片刻，我每每感到無常。」參見：朱天

的可能」並構成一種相互的對比：鏡頭刻畫主角面對同性戀情的挫敗感，而這個失敗在同婚成家法案已付諸實現的此刻或許仍具意義。它一方面根源於內化的異性戀律令，如同安迪期盼與愛人成親卻無法實現；即便後來小祖和許佑生都盼到了，然而到了現在仍有人盼不到。另一方面它再現了過往同性戀的宿命感受，「同性戀註定得不到幸福」那道歷史痕跡，就像祖翔（或年少時的小祖）認定自己活在錯誤與悲劇裡那般。影帶主角最後的回望彷彿對未來不再抱持任何希望，只能留戀記憶中的往日情懷，以及那不可能實現的幸福幻想；而我們不知道他下一刻是否就會步向大海，如同一些朋友們那樣，決定離開這個世界。影片的懷舊再現既是「同性戀不／幸福的可能」，也是一個「不可能的同性戀幸福」的拙劣模範。或許對某些人而言，身為同性戀本就生無可待，而他們也就像前述這些故事中的不同角色那般，在強迫幸福的張力與壓力裡與特定的異性戀結構進行協商斡旋，以創造出自身的幸福。

　　2016年專門製作出版同志大眾文學的「基本書坊」發行韓道光所寫的長篇小說《男大當婚》，故事描述台北都會的男同志時尚工作者何嘯天在歷經一連串速食性愛與戀愛背叛，以及通過幫忙從高中時代以來鍾情的直男同學韓志愷與意外懷胎的女友季香復合並順利結婚的過程，最後他終於再度願意相信愛情與婚姻，遂得與幻想中的螢幕男神偶遇。小說中偶爾穿插他與男神一同載歌載舞與親密互動的音樂劇幻想，是別出心裁的敘事設計，讓故事點綴喜劇色彩的同時，也稍微淡化小說的目的性：即同婚法制化及多元成家以如同置入性行銷及情感說帖的方式，成為這本小說的核心命題，故事安排各種情節橋段

文，《荒人手記》（台北：商周，1994），頁67。

要來勸服讀者相信，就如同小說中主角一步步被說服的過程。《男大當婚》和四十年前的《逃避婚姻的人》略為不同之處在於，小說已置身後冷戰自由人文主義的社會脈絡——台灣不僅歷經婦女運動與同志運動的洗禮，也有性別平等相關權益的立法保障——所以故事中新世紀的男同志主角既已完成自我認同也對外界大方出櫃，他毋須像冷戰時期的闇安迪那樣面對社會汙名、家族壓力與自我懷疑，最終以假結婚手段娶心愛直男的懷胎小三來間接完成心願。故事情節也和二十年前的《男婚男嫁》稍有差別，主角用不著千里迢迢飛到美國去才能完成同志主體改造和巧遇同性佳人，他只需要在島內接受已然籠罩在「同志全球化」效應下的粉紅經濟洗禮，就能夠三槍牌醜小鴨變A&F（Abercrombie & Fitch，美系服飾品牌）天鵝，努力健身喝高蛋白和改頭換面穿名牌，以便走出慘綠少年期搖身成為主流同志天菜，並釣到留學美國的高富帥設計師男友。

　　有趣的是，兩本相差二十年的小說仍有極為相似之處：故事不僅都讓主角學習同志前輩伴侶典範，更讓主角們都歷經愛滋死亡的道德教訓，以便能堅定確認愛情婚姻－核心家庭的重要性。在《男大當婚》中前者的套路是，嘯天在戀愛時遇到困難會請教中年男同志好友Kenny如何維持長期伴侶關係，也讓他目擊Kenny喪偶之後因沒有同志婚姻的法律保障而受到各種財產損失（共同經營的髮廊被對方家人收回）和情感失落（沒有名分無能參與完整殯葬過程）。後者的設計則是，他體驗到參加性藥／派對（轟趴）與多人雜交而衍生的愛滋恐慌，以及舊愛人小飛因藥物過量致死的嗑藥恐懼：「我知道自己似乎已經一腳踩上了鋼索，要嘛一路搖搖晃晃驚險抵達對岸，要嘛就

是不小心摔落深淵而粉身碎骨。」[101] 兩本小說都是用兩具屍體為代價來召喚並完成同志婚姻的終極目的，只是新世紀小說對於性藥／派對的道德譴責更甚於一九九〇年代故事中的愛滋與速炮。如同巴代伊（Georges Bataille, 1897-1962）所說，他人屍體成為令人焦慮不安的對象，眼前屍體就是人們未來命運的寫照，屍體見證的不僅是個體的死亡，更是人類毀滅的暴力；而這種死亡意識所形成的禁忌（包括性禁忌），同時也是構成愛欲的前提——即死亡的失控與性交的過度——以拒斥理性世界所對立的脫軌與失序之暴力世界。[102] 下一章將討論愛滋與性藥／派對所涉及關於性與暴力、死亡與更生、禁忌與懲罰、愉悅和逾越等議題的倫理反思，並與本章所分析的透過婚家想像而重構的「愛的關係模式」，形成極具張力的辯證關係。

101　韓道光，《男大當婚》（台北：基本書坊，2016），頁177。

102　巴代伊（Georges Bataille）著，賴守正譯，《情色論》（台北：聯經，2012），頁97-98。

愛的共生體
千禧年後愛滋與性藥派對的倫理反思

　　從上一章的討論裡我們可以看到同性戀認識論的轉變過程，兄弟情誼的友愛模式和已婚同夫的深櫃模式逐漸不再是主導的認識框架，在論述層面則生產出了「心理化」、「陰柔化」及「色情化」的同性戀主體，同時也形成了相關的性汙名，而這是戰後台灣自一九七〇到一九八〇年代由警察、心理衛生、輔導、精神醫學與泌尿科等實作領域所做的特定觀察，再從這些觀察所形成的特定內容進入「同性戀」概念中的歷史發展。[1] 隨著時序進入一九九〇年代，我們會看到文學再現同性戀主體與構成同性戀認識的移動軌跡，這同時標誌了汙名的沉澱、重疊與位移：一方面是「同性戀的性別化」附加了性實踐之後的賤斥與蔑視，同性戀仍被再現為人妖、男娼、零號與娘娘腔；另一方面則是「愛滋的同性戀化」帶來的排斥及恐懼，[2] 強化了同性戀的性與疾病、道德與醫療的連結及想像。1990年的〈夢香倫〉雖生動地刻畫了男同性戀的娘娘腔，也提到同性戀三溫暖這樣的場所，卻沒有述及當時已經引起人們廣泛關注的愛滋病。台灣於1985年8月出現來自男

1　李屹，《「同志」的誕生：概念史視角下行為語意朝認同語意之轉型》，頁80-81。

2　黃道明，《酷兒政治與台灣現代「性」》，頁96。

同性戀的第一個愛滋病例，公衛、醫療與警政系統就開始密切追蹤及
調查男同性戀社群，也引發媒體及社會的道德恐慌。[3] 愛滋在這個階
段取代了過往各種用以形容男同性戀的諢名黑話，成為人們認知中獨
一無二的代名詞以及前所未見的歧視根源，也是當代同性戀認識論的
一次巨大分斷：同性戀開始被認為與死亡高度相關。

　　唐毓麗的研究指出，從1983年《孽子》開始，台灣的文學作品就
直接探討愛滋病患，而且小說裡頭所描繪的愛滋感染者，都是以同性
戀的身分形象出現。[4] 而在作家安克強（1963-）出版於1990年的短篇
小說〈一個悲傷靈魂的懺悔〉，則細膩描繪了同性戀所遭致的汙名及
生存情境，字裡行間可能暗示著「愛滋的同性戀化」。敘事者藉由姊
姊向耶穌基督懺悔自己卑鄙齷齪的罪惡，娓娓道出就讀大學的弟弟
向她吐露身為同性戀的沮喪苦惱而尋求她的支持時，她因疼愛且不
忍心看他痛苦而不得不說出支持他的話，可是內心卻倍感衝擊與害
怕，而在生活中逐漸疏遠原本親密的弟弟。因為姊姊忍不住會注意弟
弟的「某些動作十分女性化及娘娘腔，對他觸碰過的東西感到不潔與
骯髒」；甚至當她猜測弟弟在床上可能扮演的角色到底是坊間雜誌報
導的一號或零號時，「驀地湧上一股無法抑制的噁心與嫌憎」。[5] 若參
照媒體報導愛滋新聞的歷史——1987年師大強迫愛滋感染者田啟元
（1964-1996）退學事件，以及1991年衛生署長張博雅（1942-）向民眾宣

3　黃道明編，《愛滋治理與在地行動》（桃園：中央大學性／別研究室，2012），頁229-
　　237。

4　唐毓麗詳細整理了直接述及愛滋病患的小說。參見：唐毓麗，〈病患的意義：談《天
　　河撩亂》及《丁莊夢》的家族／國族紀事與身體〉，《興大人文學報》第49期（2012年9
　　月），頁146。

5　安克強，〈一個悲傷靈魂的懺悔〉，《玫瑰花枯死了》（台北：皇冠，1991），頁71。

告愛滋是自作孽，而且死得難堪又難看這兩起關鍵事件——姊姊的種種負面感受暗示著零號陰柔與愛滋難堪這二種同性戀認識論的轉變。姊姊後來在兩人爭執時於雙親面前不小心說出弟弟的秘密，導致他被父親責打並關禁閉，也害得他的男友被迫休學。弟弟最終破窗逃跑、跳樓自殺身亡，她對自己的行為悔恨不已並控訴上帝為何要對這些人開玩笑。而跳樓自殺成為自一九九〇年代以降除了因愛滋發病去世之外，男同性愛欲小說最常再現的死亡方式，這樣的故事安排可能蘊含什麼樣的倫理反思呢？我在本章的第二節會再回到這個議題。

同時期的另一位創作者舞鶴（本名陳國城，1951-）實驗風格強烈的短篇小說〈一位同性戀者的秘密手記〉，[6] 除了諧謔地呈現心理學家和變態行為學家把同性戀當成研究對象之外，更值得注意的是，故事禮讚各式各樣有關肛門的欲望與肛交的行為，並且露淫地諧音「ass」（屁股）與「愛死」來譬喻同性性實踐的極樂與痛快：「他是叢林男人有一張漂的ass愛死／他愛死了我讓他愛死／男人的愛死是宇宙的恩賜：叢林男人是地球的恩寵／我最愛他擺愛死向著我：我心跳如他的那兩粒吊擺。」[7] 小說安排主角遇到一個有漂亮屁股的叢林男人（以叢林一詞來形容對方，推測是原住民），他說對方非常享受他的性器插入，他認為這個男人的屁股是來自上天恩賜，對方將屁股擺向他的

6　這篇小說推測創作於一九八〇年代晚期。據舞鶴整理自身部分創作於一九八〇年代實驗性的中短篇小說集《詩小說》（台南：台南市立文化中心，1995）及1997年發表於《中外文學》的〈一位同性戀者的秘密手記〉一文（第25卷第10期，1997年3月，頁109-133）；另據紀大偉所論：「作者舞鶴自承此篇算是在一九八〇年代『閉居』淡水期間所著的『不完整之作』。」（紀大偉，〈翻譯的公共：愛滋，同志，酷兒〉，《臺灣文學學報》第26期，2015年6月，頁83之註21）

7　舞鶴，〈一位同性戀者的秘密手記〉，《十七歲之海》（台北：元尊文化，1997），頁178。

舉動則讓他興奮不已。然而，這樣的語用戲耍卻會因著當時媒體已把「AIDS」（acquired immunodeficiency syndrome）翻譯為「愛死」，再次將愛滋、死亡與男同性戀的肛交性實踐接合起來，而且裹入人們對於兩者的厭憎與恐懼。所以，小說中「你的性行滅絕人類」這句話，就不只轉譯了人們想像同性戀非生殖的性的害怕（「是他們之中的最大反叛」），更呈現出愛滋被視為是同性戀所引發的世紀末絕症的死亡恐慌（「你是對人類的天譴」）。[8]

　　愛滋的同性戀化在歷史中所帶來的死亡威脅，使得愛滋形成一種文化創傷，不僅在空間面向上影響同性戀的生活方式，在時間面向上也擴及同志世代。文學作品則再現這一段活生生血淋淋的歷史現實，特別是通俗小說經常承載了集體記憶，尤其是在這個過程中被掩埋與消音的另類社群愉悅／踰越，以及次文化所蘊含豐富可能性的記錄。愛滋的同性戀化也結合了社會文化關於性與死亡的雙重禁忌，就如同巴代伊所提示的：「因此，情色的本質就在於性愉悅與禁忌之間無法分割的結合。就人類而言，禁忌讓人聯想到性愉悅；同樣地，性愉悅令人聯想起禁忌。」[9]紀大偉在分析台灣同志文學史時，倡議以「愛滋」來作為新舊同志文學的重要分水嶺，要取代過往以政治解嚴作為文學史分期的觀點；他並進一步主張「『愛滋』、『同志』、『酷兒』這三者的『翻譯遭遇』一起強力推動世紀末的同志文學」。[10]他更藉此來分析「同志」如何被大家期待作為一種參與式及抵抗式公共，進而成為

8　舞鶴，〈一位同性戀者的秘密手記〉，頁164。2003年，時任副總統的呂秀蓮仍表示「愛滋是天譴」的觀點。（https://sex.ncu.edu.tw/news_archive/?p=1153）

9　巴代伊，《情色論》，頁161。

10　紀大偉，《同志文學史》，頁346-347。

包羅世紀末同志文學眾聲喧嘩的平台。[11] 我一方面延續紀大偉關注愛滋作為世紀末同志文學的特色，另一部分則把文學作品的範疇從一九九〇年代推進到千禧年初期的小說：1994年朱天文的《荒人手記》、2005年阿森的《愛我就趁夏天》、2008年徐譽誠的《紫花》及2011年振鴻的《歡海的人》。從一九八〇年代開始，娛樂性藥物就參與了男同性戀之間某些社會連帶的形構過程，也生產出一種特定的歸屬感與次文化社群，而這些小說的重要性在於其再現男同志性文化中愛滋與性藥／派對（轟趴）的交織。[12] 我將藉由分析這些文本來討論：在廿一世紀初男同志性藥／派對場景轉變、愛滋治理模式移轉，[13] 以及男同志藥物文學再現性藥文化興起的脈絡中，小說書寫及相關論述所呈現的「癖的病理模式」、「窺的道德模式」以及「愛的關係模式」的認識框架如何轉變及作用？這個變化又形構什麼樣的同性戀主體？他們如何回應且付出哪些代價？

　　換句話說，當愛滋及性藥／派對幾乎全面取代過往的認識論內涵而成為主導性框架時，我們應該要反思與想像生命倫理相關的議題？我在本章第二節將深入探討2004年1月「農安街轟趴事件」，並主張把這個事件視為同志社群歷史的關鍵參照時刻，因為在事件爆發之後「愛滋的同性戀化」轉進為「同性戀的性藥愛滋化」：當人們一提到同志立馬想到轟趴、嗑藥、雜交多P及感染愛滋，連同志社群內部也

11　紀大偉，《同志文學史》，頁376-377。

12　喀飛，〈糾葛愛滋污名的男同志轟趴風潮〉，酷兒新聲編委會主編：《酷兒新聲》（桃園：中央大學性／別研究室，2009），頁181-196。

13　黃道明，《酷兒政治與台灣現代「性」》，頁96。另參見：黃道明，〈列管制度下的醫療治理：「人類免疫缺乏病毒傳染防治及感染者權益保障條例」與新道德威權〉，《台灣社會研究季刊》第94期（2014年3月），頁107-145。

難以自外（例如上一章最後討論的《男大當婚》），不僅影響了後續小說創作的樣貌走向，也主導了後來人們對於同性戀的認識框架，其效應更深刻地擴及後來諸如中小學性別平等教材與同志婚權公投等等爭戰對峙各方的戰術及策略方向。愛滋疫情在台灣面對冷戰終結的國際政治局面、島內政治解嚴與社會力釋放的脈絡裡逐漸浮現，而同性戀者因為縱情性樂而不生養後代的形象，一直以來都被視為是傳統婚姻價值和家庭倫理的威脅，成為對國家未來發展和社會經濟產值的隱憂和負面代表，而愛滋的同性戀化更是連結到人類滅絕的想像。近年來同志爭取婚姻成家以及領養小孩和人工生殖的權利，反倒重建並鞏固既有的家庭價值，包括公衛醫療部門的愛滋防疫策略也認為讓同志結婚成家，維持忠貞伴侶和建構家庭生活，將有助於減緩疫情擴散。同性戀主體從愛滋感染的死亡形象，轉變成接連到同志婚姻家庭的生活風貌，這不僅是道德與情感的轉投資，也讓同性戀身體從死亡政治（necropolitics）移轉成為生命政治（biopolitics）的運作場域。死亡不再接合同性戀與愛滋，而是成為生命權力（bio-power）的共謀，某些人的存活是以另一些人的死亡與不值得哀悼作為代價，就如同巴特勒所說的，只有某些社會死亡（social death）是被承認為可供哀悼的：「何種情況下某些人的生命比其他人更脆弱，因此也更值得悲傷。」[14]

14　巴特勒（Judith Butler）著，何磊、趙英男譯，《脆弱不安的生命：哀悼與暴力的力量》（鄭州：河南大學出版社，2016），頁25。

一、《荒人手記》的愛滋悼亡

　　1994年朱天文的《荒人手記》（以下簡稱《荒人》）獲第一屆時報文學百萬小說獎的首獎，[15] 受到文壇矚目，小說細膩記述中年男同性戀的荒人心境及愛欲百態，述及台灣解嚴後進入消費社會的各式社會現象與知識羅陳，也隱含作者對於島內國族議題、政治局勢與文化轉變的憂慮思索。在一九九〇年代初期同志運動逐步拓展社會能見度的浪潮中，《荒人》成為同性愛欲書寫與再現的指標性作品，也是暨《孽子》出版以來，又一部重要的長篇小說。在《荒人》所置身的文學史地位脈絡，因其題材內容與形式風格的殊異創新──尤其是以一位年屆不惑的都會中產外省第二代男同志教師小韶，作為敘事聲調和情節鋪陳──在文藝界及文化批評領域既受好評亦頗有爭議，而學院歷來相關研究更呈現百花齊放、眾聲喧嘩的景象。關於《荒人》歷來的研究著作眾多，我大致區分以下幾類：性別文化與酷兒研究觀點的剖析、國族議題與政治論述的探討、作家美學風格系譜的考掘，以及社會文化思潮的探究。只是本節無意綜覽《荒人》所引起如此族繁廣泛的議題面向，而僅著重於討論本章關注的愛滋與生命倫理議題。

　　我一方面依循前人研究成果，也將書名的「荒」讀為主角小韶無法順利放手的哀悼，以及難以自我寬恕的憂鬱創傷，以致荒人墜入巨大的虛無深淵。[16] 另一方面，我更要強調的是荒人哀悼及創傷的歷史

15　同志文學中以「手記」為著作名，前後時期尚有舞鶴的〈一位同性戀者的秘密手記〉和邱妙津於同年出版的《鱷魚手記》。

16　相關研究如張志維以佛洛伊德（Sigmund Freud, 1856-1939）的哀悼與憂鬱理論（mourning and melancholia），來討論小韶與阿堯的雙身／聲的鏡像關係，認為《荒人》擺盪在生與死的辯證之間。參見：張志維，〈以同聲字鍊製造同性之戀：《荒人手記》的ㄷㄨㄟ

面向，也就是其摯友阿堯的死因乃是「愛滋」：感染愛滋已屆臨終的
阿堯是小韶急欲逃離、卻忍不住回望的失敗過往，投身同志運動與愛
滋抗爭的阿堯也象徵著某種的同志未來性，雖然這未來不被小韶所
相信，然而卻因為他倆過往的情欲曖昧以及持續維繫的友愛關係，
荒人難以放手而落身於憂鬱。所以《荒人》既是一部倖存者劫後餘生
的個人私密「訃語術」與「悼亡詞」，[17] 更是一處送行者滿懷傷痛以筆墨
寫就的愛滋歷史與公眾汙名（「我送焚了阿堯。這只是開始的，第一
個」），[18] 而不只是荒人所自陳的「色情烏托邦」。[19] 這看似私密卻又公
諸大眾的哀悼過程與創傷經驗，它關乎個人的生死存亡，也連結社群
的過去與現在，為後來的我們展示了一次回望愛滋苦難歷史的同性戀
哀悼：「似乎，我必須為我死去的同類們做些什麼。但其實我並不能
為誰做什麼，我為我自己，我得寫。用寫，頂住遺忘。」[20]

　　《荒人》出版的一九九〇年代中期正逢台灣同志運動風起雲湧之
時，荒人的自我恐同與退縮避戰都曾受到抨擊與批評。[21] 而在經過多

語術〉，《中外文學》第25卷第10期（1997年3月），頁160-179。廖勇超則以拉岡式精
神分析的解讀，說明小韶不採用建立穩固認同的方式來迴避身分政治的超我肆虐，
而是選擇透過書寫來屏覆空缺，與孤寂共處、與寂滅同生。參見：廖勇超，〈尋求
認同，洞穿幻見：《荒人手記》中〈同性情欲〉創傷空間與認同政治的對話〉，《中外文
學》第32卷第3期（2003年8月），頁79-103。

17　張志維，〈以同聲字鍊製造同性之戀〉。

18　朱天文，《荒人手記》，頁218。

19　我推測「色情烏托邦」一詞來自於敘事者僅片面詮釋了傅柯《性史》的第一卷，而沒有
繼續閱讀後面的第二、三卷，以至於沒有全面掌握晚期傅柯的理念如修養主體、友
誼關係、生存美學及倫理取向的古典道德考掘，才會標定同性戀的生命情境僅是「航
向色情烏托邦」。

20　朱天文，《荒人手記》，頁37-38。

21　例如朱偉誠與紀大偉都指出小說內化恐同與忌性並複製愛滋天譴的觀點，以及保守

年之後，同志們身處不同的社會情境與論述語言底下，在台灣民主
發展、政黨政治競逐、國族地位行銷及伴隨的道德情感等何春蕤稱
為「性別治理」的過程中，[22] 性別平權建制化與同性婚姻法制化業已上
路，再加上身分認同政治的策略推動已上軌道的同時，保守宗教反
同勢力也已然集結，以往的「反轉論述」因為成為相對政治正確的話
語，而不太能再用來抗敵戰鬥。[23] 相較於故事中阿堯的挺身爭權，荒
人小韶自認他是藏躲於衣櫃之中的負片存在，廢然地不相信組織、運
動，甚至是這個世界；即便小韶後來也（不得不）接受自己的同性愛
欲時，阿堯轉以酷兒自居的戰鬥挑釁姿態又讓他備感羞恥醜陋。在面
對同志運動或性／別論述時，荒人似乎總找不到適恰的位置擺放自
身而顯保守尷尬、格格卡卡地不知所措，所以招致退縮自鄙的批評。
《荒人》在國族、世代、性別、情慾、美學風格等等議題上的矛盾分
裂、游移擺盪、退縮倒退、政治不正確，尤其是面對同性愛欲時所伴
隨的自悔自恨、悲劇宿命論、自我汙名化等等，都讓它與出版問世那
時甫萌生的、以及那之後蓬勃發展的同志驕傲理念有所扞格，也讓想
替它辯護的人感到左支右絀。

拒戰順應主流異性戀價值的態度。參見：朱偉誠，〈受困主流的同志荒人：朱天文
《荒人手記》的同志閱讀〉，《中外文學》第24卷第3期（1995年8月），頁141-152；紀
大偉，〈在荒原上製造同性戀聲音：閱讀《荒人手記》〉，《島嶼邊緣》第14期（1995年
9月），頁81-88；紀大偉，〈帶餓思潑辣：《荒人手記》的酷兒閱讀〉，《中外文學》第
24卷第3期（1995年8月），頁153-160。

22　Josephine Chuen-juei Ho, "Queer Existence under Global Governance: A Taiwan Exemplar,"
　　Positions: East Asia Cultures Critique 18(2), 2010: 537-554. 何春蕤，《性別治理》（桃園：
　　中央大學性／別研究室，2017），頁iiv-x。

23　參照卡維波對於晚近同性婚姻爭戰中道德保守主義在論述運用上的觀察。參見：
　　卡維波，〈當代台灣性意識形態之派別與變化〉，《人間思想》（台灣繁體版）第17期
　　（2018年8月），頁63-77。

　　我認為若將荒人的這種格格卡卡與不合時宜，放到二〇一〇年代後以爭取諸如同婚法制化等個人身分權益為主的同志運動及政治策略來看，那麼《荒人》裡所富含的絕望失落與保守倒退，其實是一種負面情感結構的再現（體現為替阿堯送終的同性戀哀悼），因此荒人的書寫就能夠打開負面性空間，使得複雜的現實與矛盾的感受能夠並陳存在。而且後設地來看，《荒人》所引發的批判閱讀及愛恨交織的感受，或許更是一種後冷戰自由人文主義知識與情感效應的再現，也就是以歐美現代性作為普遍標準，來衡量自身在地的發展情況（例如同志運動、社運NGO化等），即白瑞梅（Amie Elizabeth Parry）稱為想要向歐美「自由民主」榜樣看齊的一種「典範式情感」（examplary affect）。[24]而要在由《荒人》所開啟的、看似政治不正確的負面性空間中，我們才比較能貼近理解荒人何以兩面矛盾地既懷念又不滿、既哀悼又受創地面對因愛滋而死去的摯友與他倆的青春回憶，還有這裡頭所表徵的同性戀生態和社群次文化。過往的評論指出荒人對阿堯的種種不滿，出自於內化社會的恐同忌性與羞恥自恨，小韶厭惡痛恨阿堯的性濫交並將之連結到是對方投身同運的影響，然而小韶自己後來卻也進入這種所謂同性戀的「敗德」場景，而感到羞恥自慚：荒人自覺宿命般地不得不然，或者因此製造甘願、自虐而無法輕易與同類者切割。如同本書第三章分析《逃避婚姻的人》裡的安迪與祖翔，阿堯也是小韶的影子。荒人的拉扯擺盪來自於一方面他認同那個把同性戀排除在外的異性戀親屬再生產網絡、認同社會的正典常規與秩序的世界，另一方面他也激進地指出同性愛欲的負面性特質（queer negativity）

24　Amie Elizabeth Parry, "Exemplary Affect: Corruption and Transparency in Popular Cultures." *The Wenshan Review of Literature and Culture* 9(2), Jun. 2016: 39-71.

早就使得同性戀偏離常軌而讓「同性戀無祖國」：「豈只無祖國。違規者，游移者，非社會化，叛教徒，我們恐怕也是無父祖。」[25] 或許我們可以把酷兒學者愛德門（Lee Edelman, 1953- ）標舉摧毀生殖未來性的「sinthomosexuality」詮釋為「荒人」：[26] 社會標定出同性戀背德敗倫的負面性特質，也以此來定義同性戀的例外存在，他體現著同性戀因此的艱難挫敗與深受其辱，在認同社會常規的同時也沾黏了揮之不去的公共汙名。荒人時而部分認同時而全然詆毀自身的身分，呈現輾轉反覆的認同矛盾，他難以面對個人的苦難經驗（因之逃躲於文字煉金術、尋找戀物美感體驗與宗教崇高倫理）、無法相信阿堯投身的同志運動（因之求助於支持二元本質論、歸順黃金結構秩序與社會正典常規），從而不斷自我質疑、自我鞭撻，掙扎於沮喪虛無的深淵。我們該如何理解同性愛欲的負面性特質，這種「負面之愛」生產了荒人主體，複雜化也重構了既有的同性戀認識論，更重要的是它所蘊含的生命倫理議題？

　　看似「倒退保守」的《荒人》細膩描繪出同性戀生命情境那種荒蕪失落的情緒感受，那既是精神摧折，也是肉身折磨，更是社會性的艱難存在：「置身社會，心理的非社會化，註定了我將一生格格不入，孤獨罪人。」[27]《荒人》不僅恐同忌性又複製愛滋天譴論，還以現在看來落伍錯誤的「第三性」與「性倒錯」二元論與本質主義，來醜化他者而且自我鄙視。然而，小說所表述的觀點也是一直以來同性戀持續遭逢「你必是失敗之造物」的異性戀霸權意識形態，以及這個意識形態

25　朱天文，《荒人手記》，頁201-202。

26　Lee Edelman, *No Future: Queer Theory and the Death Drive* (Durham: Duke University Press, 2004), p. 202.

27　朱天文，《荒人手記》，頁145。

所造就的社會經驗與情感效應。《荒人》的敘事者通過這些說法、這種「負面之愛」，再現荒人主體所滿含的苦謬與錯誤、體驗到的孤獨與流放，他吸納沉積了這些政治不正確的負面情感與汙名經驗，成為一具背負社群失落、替代社會死亡之重擔的行屍走肉與飄零隻魄。[28] 荒人主體展示出那如屍骸如幽靈般漂蕩在人間荒原的流放心境，以書寫來表達雖是英美新批評對於現代主義的建構，卻也是某些主體所經驗到而難以言表的情感結構與生存狀態。那種植根內心底的空洞失落、那無可名之的惘惘的威脅，是來自於歷史與社會情境所構築出對於某些主體來說的「存有的不可能性」，而那恰恰就是荒人念茲在茲的數理的秩序井然、巴哈完美樂境、李維史陀所勾勒追尋的「黃金結構」[29]——血緣宗族生殖未來主義、異性戀專偶婚配制度、親屬家庭社群連帶、國族文化神話系譜想像——所形成的結構不平等，及其所構築成形的種種落拓敗亡的經驗。即便荒人將此秩序結構類比於島內戒嚴時期說出「那個幸福的年代，只有相信，不知懷疑」，[30] 但是這樣的懷舊口吻也是矛盾曖昧的，因為小韶不僅自我質疑自身的伶仃而無法參與阿堯投身的同志運動，而他同時害怕呼口號、厭惡集體齊集叫喊、懷疑民粹集體主義，而擺盪於國族之愛的神話召喚與負面之愛的拒斥整體這兩者之間。

　　前引「用寫，頂住遺忘」這一段評論者經常分析的名句後面還有

28　如1994年北一女學生林青慧與石濟雅相偕燒炭自殺，遺書所言：「社會生存的本質不適合我們」；又如2010年屏東某專科女學生小可與小靜也是燒炭，遺書寫著：「感謝父母養育之恩，我們要一起走」；再如2011年鷺江國中男學生楊允承跳樓輕生，遺書說：「即使消失會讓大家傷心，卻是短暫的，一定很快就被遺忘，因為這是人性。」

29　朱天文，《荒人手記》，頁55。

30　朱天文，《荒人手記》，頁55。

鮮少被討論的段落，若我們完整地閱讀前後文的脈絡，它其實述明了蔓延全書的懷舊與失落來自荒人面對悼亡愛滋與故人的難以哀悼，或者說，是他不願放手的憂鬱創傷過程，而不全然是作者自陳且論者批判荒人在面對本土國族打造工程時的「由悼亡轉為憶舊」：[31]

> 時間會把一切磨損，侵蝕殆盡。想到我對阿堯的哀念也會與日消淡，終至淡忘了，簡直，我無法忍受。如果能，我真想把這時的悼亡凝成無比堅硬的結晶體，懷佩在身。我只好寫，於不止息的綿綿書寫裡，一再一再鐫刻傷口，鞭笞罪痕，用痛鎖牢記憶，絕不讓它溜逝。[32]

有別於過往研究使用傳統佛洛伊德學派的概念來分析《荒人》，我則借用賽菊寇解讀克萊茵（Melanie Klein, 1882-1960）的後設精神分析理論——她藉此重新審視以往酷兒理論過於著重「妄想式閱讀」（paranoid reading）的分析方式，而提出「修復式閱讀」（reparative reading）的詮釋可能性[33]——主張將《荒人》讀為一本記錄愛滋失落的悼亡書，而敘事

31　劉亮雅，〈擺蕩在現代與後現代之間：朱天文近期作品中的國族、世代、性別、情慾問題〉，《中外文學》第24卷第1期（1995年6月），頁9。另參見：劉亮雅，〈世紀末台灣小說裡的性別跨界與頹廢：以李昂、朱天文、邱妙津、成英姝為例〉，《中外文學》第28卷第6期（1999年11月），頁109-131；劉亮雅著，王梅春、廖勇超譯，〈在全球化與在地化的交錯之中：白先勇、李昂、朱天文和紀大偉小說中的男同性戀呈現〉，《中外文學》第32卷第3期（2003年8月），頁63-78。

32　朱天文，《荒人手記》，頁38。

33　賽菊寇指出，克萊茵提出「妄想－分裂型位態」（paranoid-schizoid position）和「抑鬱型位態」（depressive position）的概念，繞過了佛洛伊德的抑制假說，解釋個體為了阻擋來自內在的原初焦慮（或恐懼）所發展出來的諸如「分裂、全能、暴力的投射與內攝」和「否認、輕視、控制與理想化」等基本的防衛機制，而非防阻外在禁制的規範。克

的推衍進展也就是荒人進行哀悼的過程：小韶對死去阿堯的愛與依賴，使他重新吞併對方成為內化的失落客體，例如他回憶並重新理解年輕時兩人那段瀑布冶遊的曖昧。在敘事述說哀悼過程的起伏擺盪中，小韶一方面視阿堯為壞客體而攻擊批評其種種行徑，在施虐的同時也形成自我折磨；另一方面，小韶也依戀著對阿堯的愛並且歷經放手的痛苦，他嘗試以書寫來重整記憶，以疼惜阿堯的母親來修復妄想分裂——他稱阿堯的無極老母為「媽媽」替代了自己的母親，而整本小說都沒有述及小韶自己的父母親——也慢慢重拾對其他客體的信任與價值（如後來結縭的愛人永桔），最後他才能再度擁抱逝者，而將阿堯的死亡比擬為佛陀釋迦的捨身求道。荒人歷經哀悼的憂鬱與創傷的痛楚，讓他以書寫／創造來延續、保存這分無比的失落，他送焚阿堯肉身成一甕骨灰，並且藉由文字來逆轉愛與生命的消逝：「時間是不可逆的，生命是不可逆的，然則書寫的時候，一切不可逆者皆可逆。」[34]

阿堯之死啟動荒人的書寫、推展手記的敘事，他的屍體／骨灰卻扛起再現的重擔、擔負失落的勞務，[35] 因愛滋而死的阿堯代償了荒人

萊茵的「抑鬱型位態」主體能夠整合好與壞的部分客體，將它們形成一個既是好的卻又被損壞、受到汙染、帶有敵意的完整客體，主體此刻會面對著矛盾複雜的情感，擔心被壞客體傷害、卻又失落於好客體的消失。這種精神發展危機所帶來的憂鬱歷程，會讓主體發展出關心與愛的能力，也就是「修復」的能力所在。參見：Sedgwick, Eve Kosofsky, "Melanie Klein and the Difference Affect Makes," *South Atlantic Quarterly* 106(3), Jul. 2007: 625-642. 賽菊蔻著，楊雅婷譯，〈梅蘭尼．克萊茵與情感造成的差異〉，劉人鵬、鄭聖勳、宋玉雯編：《憂鬱的文化政治》（新北：蜃樓，2010），頁269-296。

34　朱天文，《荒人手記》，頁218。

35　「那裡，死人遺失了它的骸骨，我默念。艾略特的荒原詩句，吾等年少最愛」。參見：朱天文，《荒人手記》，頁21。

身兼倖存者與送行者的生與悲，[36] 也代償了社群的死與傷，[37] 更代償了
我們對於愛滋／同性戀／色情烏托邦／親屬終結者的幻想與恐懼：

> 我不會忘記，醫護人員進來掀開阿堯被單時，我看見他已死的，
> 被愛滋噬光了的裸骸，什麼都不剩。唯有，兩個大膝蓋骨，和贅
> 贅如纍的陽器。那陽器一大包，是裸骸上唯一僅有的肉物，故而
> 顯得朋碩無比令人詫異極了。[38]

敘事者帶領我們隨小韶的眼光直視阿堯的屍體，沒有閃躲也不會遺
忘，直面愛滋年代當時所帶來的慘痛失落及其所形成的恐懼式政體，
他哀慟地訴說《聖經》中那位逃離焚墮之城索多瑪（Sodom）卻又忍不住
回望因此變成鹽柱的羅德之妻故事（"Lot's wife"），他頻頻回望過往、
難以放手的哀悼抑鬱的主體位置，暫時懸置拮抗對戰的狀態，因而能
夠打開倫理反思的空間。荒人恐同忌性懼愛滋的言論、看似妥協保守
的優勢位置的背後，[39] 或許不是表面上看似認命與接受現況的鄉愿怯
懦。荒人亦嘗言他將蹲踞歸墟風化成為一木乃伊，目睹世事流經不返
且盡錄其事，[40] 他凍存不腐的受詛己身持續提醒著我們愛滋苦難的歷
史過往，不會過去亦過不去，而需要在負面之愛的理解之下，才能讓
愛恨交織與矛盾無奈的情感與倫理思考從錯誤和失敗中浮現。

36　「我真慶幸我居然，居然，並非HIV帶原人。……阿堯死了，我還活著。」參見：朱
　　天文，《荒人手記》，頁36。
37　「阿堯說，救贖是更大的誘過。」參見：朱天文，《荒人手記》，頁52。
38　朱天文，《荒人手記》，頁217。
39　鄭聖勳，〈巨像：優勢男同志的文化再現〉，頁197-220。
40　朱天文，《荒人手記》，頁209。

　　在本節的最後，我將並置討論林俊穎出版於2003年的短篇小說
〈愛奴〉，[41] 透過分析這兩篇以看似保守的方式再現愛滋的作品，來展
開關於倫理面向的討論：經由悼亡愛滋、經由「負面之愛」而形成的
同性戀社群照顧網絡、或者說共生互助的關係意味著什麼？而這種既
愛又恨的關係倫理又重構什麼樣的同性戀認識模式？〈愛奴〉的敘事
幾乎自外於異性戀正典的時空框架之外，形式上則流轉在遺忘與重敘
的多重聲調，內容淫／盈滿著失敗、怨恨與復仇的毀滅能量。篇名的
「愛」字至少有二重意思，望文生義即指戀愛或性愛，也是小說以「負
面之愛」來思索同性愛欲的價值觀與態度。另一層意義就是「愛滋」，
也是敘事的核心。林俊穎與朱天文同為三三文學集團的作家群與好
友，而〈愛奴〉和《荒人》也都顯見胡蘭成（1906-1981）對於三三集團的
文學影響：[42] 小說不只再現同性戀某種程度上放浪形骸的感官性愛，
也細描愛滋對於身體肉身之摧枯拉朽的破壞性影響，而藉此來思索若
世間血肉軀體終有頹圮消毀之時，那麼我們該如何道成肉身，要如何
參透領悟死生化育之輪迴循環。

　　〈愛奴〉的故事時空坐落於一九八〇年代末到一九九〇年代的台
北城，略早於《荒人》，但就是愛滋傳入島內並在同性戀社群開始盛
行的年代。小說的情節推展是以敘事者的回憶和當下時空交錯並行，
但是敘事者應有二人穿插發聲。最先登場的敘事者阿弟是花心大少阿
柱的青梅竹馬、所謂的元配大房，在阿弟回憶的當刻阿柱已是愛滋感
染者，他照料看顧發病的阿柱，聲調時而溫和感傷（在對著「你」說話

41　林俊穎，《夏夜微笑》（台北：麥田，2003）。

42　張瑞芬，〈明月前身幽蘭谷：胡蘭成、朱天文與「三三」〉，《臺灣文學學報》第4期
　　（2003年8月），頁141-201。

時）、時而爽利潑辣（在對著病榻阿柱說話時）。[43] 另一位敘事者阿鳳因感染愛滋而出家，在故事裡或以人身或以鬼魂復返的形式，回來探望發病躺在醫院裡的阿柱，阿鳳以既嘲諷又自省的態度，闡發同性戀與愛滋、情欲與汙名、身體與疾病之間的關係。除了這三個人之外，還有一個角色是皮耶，出現在阿弟與阿鳳的回憶述說裡，也是愛滋感染者，亦已病發亡故。〈愛奴〉描述阿柱與阿弟、阿鳳、皮耶四人糾葛交纏的性愛關係，我把這樣的關係解讀為，他們因愛滋病毒而形成的另類親屬構成與互相照顧的關係，例如阿弟同樣對阿鳳的往生送死。小說也再現了當時SM、多P、雜交、藥物性愛等的愉悅／踰越場景，例如有一段吞食白板的三人性愛橋段。〈愛奴〉將他們的肉身編織成一張錯綜複雜的人際性愛網絡，以如同荒人那般的「負面之愛」，暴顯同性戀所處的生命－社會－倫理道德情境：他們身為婚家建制之外的漫遊者、人倫架構邊緣的逃脫犯，以及受主流異性戀排斥歧視與詛咒汙衊的畸零人，是以孤身試險實踐著極度耗費愛欲、直面性與死亡禁忌的愛欲（不）經濟學，形成一幅幅愛滋病毒傳染的交通路徑圖。這是一個以愛滋病毒為根柢的色情異托邦、甚至是無托邦（dytopia）：──「我們的血統即道統，交融，於源頭感染一隻病毒，孳生衍息，密密麻麻附麗整個星球」，[44] 甚至更為激進地反寫了本書第

43　此處的人物關係推論有個模糊地帶，小說第三節處阿弟是對著「你」在回想，述說他甫認識阿柱並隨他回溫泉路銀光巷住處的往事，包括他與特種部隊的一段往日情。阿柱在這節的故事裡看似與「你」並非同一人，但在後文裡讀來又似為同一人。

44　林俊頴，《夏夜微笑》，頁186。另參照狄恩（Tim Dean）討論美國舊金山男同志無套性交社群，其成員透過HIV病毒交換而創造出另類的血親網絡，進而組成並鞏固社群，也重新定義了親屬關係，是由同性社交轉變為同性射交的社會關係組成。參見：Tim Dean, "Breeding Culture," *Unlimited Intimacy: Reflections on the Subculture of Barebacking* (Chicago: The University of Chicago Press, 2009).

二章討論胡秋原以同性友愛為基礎所設想的世界大同宇宙觀。

〈愛奴〉與《荒人》對於愛滋觀點看法相近，都將愛滋感染與同性愛欲歸為因果宿命，[45] 兩者看來都是如此倒退、錯誤與政治不正確。但與《荒人》不同的是，〈愛奴〉採用了類似刀鋒邊緣的敘事手法，一方面是敘事腔調與內涵帶有愛德門倡議的極端潑辣嘲諷（irony）與敢曝露淫（campy）的酷兒拮抗性，[46] 另一方面則是文中暗含「負面之愛」的觀點與倫理思辯有其矛盾雙重性，若是放在當前同志愛滋教育與治理運動脈絡來看，不加細辨詮釋的話，確實容易再度加深同性戀與愛滋天譴論的勾連，擴大忌性與恐懼愛滋的汙名。然而就如朱偉誠所指出的，小說極寫同性戀性愛感官細節的用意不是等同愛滋天譴論的說法，而在於「要點出愛滋病對於身體的顯著摧殘所象徵的，難道不就是人類肉身必然結果（衰老死亡）的一個高度戲劇性的啟示展現？應當據此參悟身體色相的執迷」。[47] 身體既是愛欲的容器載體，也是愛滋的肉身戰場，反之，感官欲望亦為肉身之存在表現，「愛／奴」是愛滋病毒拖曳身體而增殖繁衍的文字意象，同時反寫同性戀敗困於情愛欲望之中而捨身為奴的喻義，小說因而交織了身體、存有、情欲、病毒、生命與死亡的辯證，在歡爽與滅絕雙面雙生性質裡，質疑著異性戀正典歷史與生殖未來主義的象徵秩序：

> 當個體生命消亡即是永恆的滅絕，微渺的我總要有延續自己形象哪怕只是短暫一陣風的方法。當每一次射精即是生命的淘空，而不是發軔的可能，沒有一粒等待的卵子，嘿嘿，那就換給你千萬

45　「愛滋病對男同性戀，是果而不是病。」參見：林俊穎，《夏夜微笑》，頁205。

46　Lee Edelman, *No Future: Queer Theory and the Death Drive*, pp. 3-4.

47　朱偉誠編，《臺灣同志小說選》（台北：二魚，2005），頁268。

個亦可參悟死生劫毀的病菌可好？[48]

有別於《荒人》的哀悼聲腔，〈愛奴〉以刻薄自嘲來面對愛滋與同性愛欲之間的唯物存有辯證——無用的精子與實存的病毒、生命的發軔與死亡的滅絕——而在新世紀性藥／派對風行草偃於同性戀社群之後，愛滋與藥物文學有了更關乎身體／物質面向的另一刻畫，也打開我們對於「愛的關係模式」及互助共生的另翼想像及實踐。

二、《HIV教我的事》的愛滋治理

相對於上一節《荒人》的同志文學經典位置，以下二節將透過討論兩篇通俗網路文學作品，來檢視愛滋治理及性藥／派對脈絡下的同性戀認識論之轉變，以及相應的主體形構及生命倫理議題。一方面我將在千禧年之後台灣男同志性藥／派對場景轉變與愛滋治理模式移轉的脈絡裡，來討論男同志性藥／派對文學《愛我就趁夏天》（以下簡稱為《愛我》），[49]分析小說所再現的性藥／派對場景（特別是對於趴場的再現）、藥物消費經驗和同志主體情感狀態。另一方面我也將並置閱讀網站PTT（批踢踢實業坊）同志性板的網路文章《HIV教我的事》（以下簡稱為《HIV》），[50]這篇訴諸性藥／派對主體的自我告白，被同志網友們盛讚「感動、大推、情感真摯的好文章」且大量轉貼，而在對愛滋服務第一線工作者的培訓課程中，它也被標舉為需要仔細研讀的示

48　林俊穎，《夏夜微笑》，頁218。

49　阿森，《愛我就趁夏天》（新北：紫光，2005）。

50　SEXLGBT（同志性板匿名帳號），《HIV教我的事》，2012年8月22日，https://docs.google.com/document/d/1Yde_okeCMJrcpjEv26z-K9E70seyU4LbtGFACtMsD8c/edit?pli=1

範教材。[51]

　　我在第二節將先論證《HIV》在當時的「公衛－司法－道德」論述底下，如何被「示眾權力」（exemplary power）馴服為愛滋感染者用藥濫交的警世劇碼，[52] 運作「以儆效尤」的象徵效應，生產實質懲戒的悔罪力道，成為「窺的道德模式」當代規訓化的楷模典範。在愛滋防治的減害論述與毒品防制的戒治觀念裡，《HIV》和《愛我》的故事主線都容易被人們讀為男同志玩咖的悔過書和懺情錄，而在強大的道德氛圍與濫情政治的籠罩下，「以愛之名」的「回頭是岸」似乎就成為男同志性藥感染者唯一的救贖之道。而在本章第三節我將會說明，寫作於農安街事件前後的《愛我》展現幽微複雜的矛盾辯證性，撐開了男同志性藥感染者的另類生存力場，成為一則挑釁、侵蝕正典同性戀的壞範例（bad exemplar），這其中也隱含思索男同志社群生命倫理可能。透過並置分析《愛我》略異於《HIV》的發言位置與情感狀態，我將闡釋即便是派對藥物（及其關聯的性與愛滋）所擎動的情感動能及生命倫理反思，或許蘊含「再創造／愉悅」（re-creation）共生互存與照顧關係的可能性：亦即，在特定的歷史、社會與文化情境裡，生存在醫療公衛部門以「公衛－司法－道德」所打造的「新好同志的健康文化」[53] 下的「不爽政體」（不可能爽、不可以爽、不可言爽），這些不馴毒蟲（滿溢著各種病毒與毒品）體現一種兩面矛盾的「毒／藥」政治。這一具具流

51　羅一鈞，〈愛滋防治中性行為與藥物使用對健康及傳染病的影響〉，《「毒品不防制，愛滋難控制」：103年俱樂部藥物濫用暨毒品防制教育訓練（北部）》課程手冊（台北：財團法人台灣紅絲帶基金會，2014）。

52　「示眾權力」（exemplary power）引自雪梨大學教授瑞斯（Kane Race）的概念，詳後討論。

53　黃道明，〈紅絲帶主流化：台灣愛滋NGO防治文化與性治理〉，黃道明主編：《愛滋治理與在地行動》（桃園：中央大學性／別研究室，2012），頁85-144。

布著化學物質、愛滋病毒以及羞恥憂鬱情感的同性戀身體，為我們帶來不同的政治創造與倫理反思。

　　對於當代台灣男同志社群來說，在電音瑞舞派對（rave party）和轟趴（home party，又稱PA）裡消費派對藥物有其在地歷史發展過程，從2000年左右台北市著名的所謂「搖頭店」——「teXound」（台客爽）、「2F」（二樓）和「Going」——成為男同志舞客的固定場域，並且旁及一些戶外的瑞舞活動開始，延續到2001年出現、2002年逐漸興盛的藥物性愛派對（ESP, Ecstasy Sex Party）。當時社群裡充滿各式各樣有關派對藥物消費與使用經驗的討論，這些「草根知識」散落在BBS（Bulletin Board System）同志站台、個人新聞台或部落格、同志網站留言版以及網路聊天室等等。這段期間警察雖會臨檢舞廳，但主要是以妨礙社會安寧、青少年犯罪防治與毒品查緝為重點，直到2004年初「農安街事件」和同年10月「建國北路事件」發生後，媒體輿論聚焦於愛滋病與同志藥物濫交的關係，以及當時的主管機關行政院衛生署疾病管制局（今疾管署）配合檢警偵辦，[54] 將28名愛滋感染者通通移送法辦的作為，更凸顯派對藥物及用藥男同志成為「公衛－司法－道德」三位一體的治理匯集點。在此過程中，因警察臨檢頻繁，大型轟趴逐漸潰散為中小型的私趴（民宅、MOTEL、KTV），加以男同志社群歷經警察網路釣魚的侵襲和手機交友APP（application）的問世，在此社會條件和科技發展的脈絡之下，性藥／派對場景更逐漸轉型為以個人為主的私人邀約（私宅化），職業趴場越來越少見。而流行的派對用藥從過往適合派對狂歡的快樂丸（MDMA，又稱Ecstasy，台灣俗稱搖頭丸、E或

54　「行政院衛生署疾病管制局」於1999年7月成立，後於2013年7月改制為「衛生福利部疾病管制署」，以下簡稱「疾管署」，後不贅述。

衣服）與愷他命（Ketamine，俗稱褲子、K他命或K）等，轉變為較為貼合網路約炮生態的娛樂用藥：甲基安非他命（Crystal Methamphetamine，俗稱煙、冰、冰毒、安、安仔）[55] 與GHB（Gamma-hydroxybutyrate，俗稱神仙水或G水）。[56]

　　而自千禧年以來，醫療公衛部門的愛滋防治重點，開始轉向注意派對藥物與愛滋的關聯，[57] 其研究顯示網路交友約炮以及性藥／派對是年輕男同志愛滋感染率上升的主因[58]（如認為這些物質因在使用時有助於各樣性行為發生，可能會引起意識模糊、降低自我控制的情況，以至於增加高風險性行為的比例，或像是無套肛交，被認為會提高愛滋傳染的機會等），或是愛滋感染者使用派對藥物可能會延遲就醫服藥、影響愛滋藥物的服藥順從性，以及有較高比例會無套性交和感染性病等。[59] 於是，醫療公衛部門引介國外研究並結合在地脈絡，生產關於派對藥物的減害策略，並且透過愛滋病個案管理制度的培訓

55　使用安非他命，俗稱「呼煙」；使用安非他命後的情緒亢奮，俗稱煙嗨（high），後引申為使用安非他命後的性交。

56　我不採「娛樂用藥」一詞是想強調藥物消費的場景特點，如派對分別意指瑞舞派對與性藥轟趴；而把煙放入「派對用藥」的範疇，一方面是想接合島內男同志性藥文化與派對場景的發展從E到煙有其關聯與延續，另一方面則是本節想要對話的愛滋公衛論述也把煙放到派對用藥範疇裡；煙在本地性藥／派對脈絡的特殊性詳後討論。

57　我所指稱的醫療公衛部門，主要是指形構愛滋治理權力，生產和操作愛滋防治論述的機構、組織和制度，包含疾管署（例如防疫政策與法律）與愛滋醫療單位（例如醫療個管），而部分民間愛滋NGO的知識生產忽略「愉悅」，也成為醫療公衛部門的愛滋防治論述的一環。

58　柯乃熒，〈網路、搖頭與性的交錯：青少年男同志感染HIV的風險〉，《愛之關懷季刊》第63期（2008年6月），頁34-40。

59　羅一鈞，〈娛樂藥物使用對於愛滋防治及愛滋病毒感染者健康的影響：實例與國內研究〉，《愛之關懷季刊》第88期（2014年9月），頁14-21。

課程以及愛滋NGO（Non-Governmental Organization）服務產業的運作施行，滲入男同志愛滋感染者與男同志社群之中，逐漸成為愛滋治理之論述核心。這些結合各類專家所生產的減害論述與操作，形成疾管署的愛滋防治邏輯，共構出「忌色、滅爽、反毒」（sex-negative, kill-joy, anti-drug）的生命政治，藉由包裹同志友善與人道關懷的治理技術之實踐，[60] 男同志用藥者與感染者身體成為生命權力的部署對象。

　　本節參照的理論框架是澳洲愛滋研究學者瑞斯（Kane Race）對於同志藥物文化及愛滋治理的一系列精闢研究，他將當代的藥物使用放在消費文化脈絡進行探索，強調藥物能夠帶來愉悅的可能性，其用以回應西方社會（主要是美國及澳洲）當前醫療和法律權威論述以道德化的方式劃界出藥物的合法與非法，進而區分人的正常與反常、像樣與偏差。他的論點在於：無論合法或非法藥物，都是當代自我轉變之實踐的一部分，其挑戰在於如何將藥物的物質效果（如狂喜或爽快）放在自身多重性和複雜性來看待。瑞斯對於藥物的研究思考，嘗試接合身體、主體性、身分認同和日常實踐，希望撐開一個空間去處理這些對人和社會產生效用的物質——其在道德壓力和正典規範下，難以被大眾所理解——也希望能不依賴當前的權威論述（例如病理化或罪刑化），以能清楚表述藥物的作用。[61] 瑞斯後來的研究則以三種男同志的性社交生活之基礎設施變化——即社會科技組裝的數位基礎設施、藥物消費的化學基礎設施，以及公共場所的基礎設施——為研究對象，反思批判當前愛滋防治策略（例如要脫離循證醫學的隨機控制實驗法，改以既具愉悅又有創意的科學研究），以提出他所謂「健康的

60　黃道明，〈紅絲帶主流化〉。

61　Kane Race, *Pleasure Consuming Medicine: The Queer Politics of Drugs* (Durham: Duke University Press, 2009).

公共抵抗」並提醒說:「不是以病徵或失序來看待性藥活動,而是把它們讀成是在感覺及思考活動中的自我練習。這些實驗活動以人們經驗和實踐愉悅的方式,以我們體驗和運作身體能力的方式,以我們連結彼此和感受世界等等的方式,已經生產出各種變革。」[62]

　　若回到台灣本地的愛滋治理歷史脈絡,從一九八〇與九〇年代以道德規勸的論述動員所形成的性別等級制度,使得男同志感染者落入汙名與受排斥的處境,一直到了二〇一〇年代接合國際知識與政策轉向「治療作為預防」,以藥物治療和維護健康來實踐包容式的治理,[63]而也因此開始關注性藥/派對族群的歷史轉變過程來看,醫療公衛部門的防治邏輯倚賴的是科學與法律的專家權威論述,強調男同志濫用派對藥物容易感染愛滋,及其所可能引起的人身與社會國家傷害,而瑞斯所說的愉悅實踐作為男同志性藥/派對主體經驗的層面鮮少被討論,更遑論討論派對藥物作為觸發主體自我轉變的「能動之物」的可能性。在E藥瑞舞與轟趴次文化較為盛行的2000至2003年期間,舞客趴友們生產過一些日常生活的閃躲技巧和衝撞戰略,也打開過些許存活和拮抗的空間,例如個人親身體踐的地下用藥經驗、在瑞舞派對或轟趴進行過程發展出來的照顧關係、避免檢警查緝追捕的空間安排、黑話術語、臨檢實務及筆錄教學等等法律相關建議,這些在不同介面管道(特別是人際網絡與網際網路)流轉散播成為「公共的」草根知識,在後來都被愛滋治理權力一一刺穿或阻絕,而最主要的轉轍點就是2004年的農安街事件(詳後討論)。

62　Race, Kane, *The Gay Science: Intimate Experiments with the Problem of HIV* (New York: Routledge, 2017), p. 7.

63　Po-Chia Tseng(曾柏嘉), "Subordinated Agency: Negotiating the Biomedicalisation of Masculinity among Gay Men Living with HIV," *Sociology of Health & Illness* 43(6), 2021: 1486-1500.

　　而我所謂的愛滋治理權力介入男同志性藥／派對次文化，主要脈絡是台灣愛滋公衛政策在2004至2008年間採用美沙酮（methadone）替代療法，宣稱有效降低以海洛因（heroin）為主的靜脈注射藥癮愛滋傳染率之後，疾管署的愛滋防治策略轉進處理MSM（men have sex with men，男男間性行為）的愛滋問題，其中男同志次文化中的網路交友約炮、無套肛交（bareback，俗稱BB）以及性藥／派對被認為是促使愛滋感染率升高的原因而逐漸受到關注，並且特別聚焦男同志青少年群體。[64] 醫療公衛部門為何要顧慮男同兒少與派對藥物這一塊？一部分是因其統計數據顯示男同志感染者年齡層降低，另一部分則來自歷年校園反毒「春暉專案」此塊法律－道德論述帶來的思維，亦即「青少年心智發展未全，易受性與毒品的誘惑」的說法。這些針對派對藥物濫用與愛滋防治的論述，無論是成癮戒治或藥物減害的觀點，一方面引介了國外醫療及公衛科學研究的專家知識，另一方面則挪用了性藥／派對次文化的草根經驗，前述社群內部的公共知識逐漸被外部化與公衛化，成為防治論述的研究對象。這些由專家研究知識結合草根經驗所形成的減害論述與教材範本，[65] 再透過現行民間愛滋NGO過往甚少檢視的醫療個管制度，[66] 運作到與感染者諮商互動的情境之中。[67] 藥

64　柯乃熒，〈網路、搖頭與性的交錯〉。

65　如台灣同志諮詢熱線協會出版的《性愛達人》（2005年初版、2013年再版）、小YG行動聯盟與男同志減害健康聯盟共同出版的《跑趴指南》（2009年初版、2011再版），以及財團法人台灣露德協會出版的《娛樂性用藥減害手冊》（2013）。熱線的「愛滋愛滋亮晶晶系列講座」則在2011年、2012年分別舉辦討論娛樂藥物、無套與男同志轟趴文化等議題的公開座談會。

66　民間愛滋NGO組織與工作者對於派對藥物和個管制度的立場態度複雜而紛歧，呈現出不同光譜與內在張力，這部分待未來深入研究。

67　如由台灣愛滋病學會和財團法人台灣露德協會等民間團體主辦的《娛樂性用藥對愛滋

癮減害政策和農安街轟趴這兩個與毒品有關的事件，促使疾管署加強
對用藥感染者的列管治理，愛滋個管制度就在此毒品消費的脈絡下浮
現，那些減害教材則成為個管人員用來做行為導引或改變的知識基
礎，同時也形成評價感染者行為的道德標準；此外，在個管制度裡出
現的「穩定個案」新範疇（亦即接受個管滿兩年、穩定就醫與服藥、未
重複感染性病或兩年內未吸食或注射毒品者），則反證出醫療個管體
系內隱的道德階序，「儼然成為觀察勒戒用藥感染者的監護機構」。[68]
這兩個事件使得近百年前以歐美性科學為主要框架和內涵的「癖的病
理模式」，轉變為當代以愛滋治理和性藥／派對新聞為主導、結合了
醫療病理與道德訓斥的同性戀認識論。

　　若以瑞斯所提醒的派對藥物減害策略與愉悅實踐的關聯，前述
例舉出的藥物減害手冊、愛滋防治論述和毒品防制課程，有些部分
就忽略用藥愉悅與嗨幹爽快是用藥者的立基點，以及愛滋領域新興
科技所發展出來的自我風險評估實踐。[69] 即便部分手冊教材挪用男同
志內部流傳累積的草根經驗，但那些描述感官愉悅與身體爽快的部
分、或是降低風險的性實踐幾乎都被漠視了：[70] 例如在減害說法裡會

感染者影響之進階教育訓練》，以及紅絲帶基金會主辦的《「毒品不防制，愛滋難控
制」：103年俱樂部藥物濫用暨毒品防制教育訓練》，皆為疾管署針對愛滋防治的第一
線工作人員所舉辦的訓練課程。

68　黃道明，〈列管制度下的醫療治理〉，頁130-132。
69　黃道明，〈列管制度下的醫療治理〉，頁131。
70　就像美國資深酷兒及愛滋運動者荷安珀（Amber Hollibaugh, 1946-）所提醒的：「減害
是與特定人共同建立一個可以支持他們的策略，且他們真心相信那是他們需要的，
而不是『你』認為他們需要的。」參見：荷安珀（Amber Hollibaugh）著，梁俊文、黃道
明譯，黃道明校訂，〈愛滋運動的社群照顧與慾望對話之必要：荷安珀訪談〉，黃道
明主編：《當慾望碰上公衛：愛滋治理的解放政治》（桃園：中央大學性／別研究室，
2016），頁30。

警告煙嗨性愛很容易BB強調要戴保險套，但在各式各樣的性藥／派對情境裡，不同身心狀況的參與者有時會評估愛滋感染風險而採取某些BB無套實踐，像是商議式安全（negotiated safety）或感染者間的配對組合（sero-sorting），這是感染者挪用HAART（highly active antiretroviral therapy，高效能抗愛滋病毒治療，俗稱「雞尾酒療法」）醫藥科技和病毒檢測技術，用以衡量自己身體狀態所發展出來具有自我風格與倫理意涵的性實踐。[71] 到底減害是要減誰的害？諸如此類的減害策略礙於醫療－司法權威與強調實務工作面向，不太著重教導社群閃躲檢警查緝的辦法，[72] 也不太會挑戰醫療公衛部門的愛滋防治立場（其背後強調成本效益的計算和風險利害的評估）。減害論述假設性藥／派對主體具備理性自由選擇，以及追求公定健康幸福的前提衡量，就容易忽視性藥／派對複雜多樣的脈絡情境及愉悅享樂目的，也可能形成「個人造業得自己擔」的責任化效應。原本立意良善的減害操作或許就淪為醫療恫嚇、司法警惕與道德教誨，而有助於形成生命權力的全面部署，成為「忌色、滅爽、反毒」愛滋治理權力的一環，與醫療公衛部門共構為讓男同志用藥者與感染者難以愉悅／逾越的「不爽政體」。本節所要討論的《HIV》，即是在此脈絡裡所生產出來，也要放在此脈絡裡來重新閱讀。

71　黃道明，〈紅絲帶主流化〉，頁119-120。

72　例如王彥蘋記錄了過往瑞舞舞客如何閃躲檢警臨檢的社群實踐，例如怎麼藏藥、臨檢時離地上不明物體遠一些以免警察栽贓，或是驗尿時女生可偷用茶包泡水代替。參見：王彥蘋，《狂喜舞舞舞：台灣瑞舞文化的追尋》（台北：世新大學社會發展研究所碩士論文，2003），頁88-90。鍾道詮表示其轟趴受訪者幾乎都發展出一些策略，以降低成為警察臨檢目標的風險。參見：鍾道詮，《男同志轟趴參與者的實踐經驗與在地知識》（台北：行政院衛生署疾病管制局科技研究發展計畫研究報告，2011），頁30。這些面對臨檢的知識和技術既不會也沒有明列在減害手冊之中。

2012年8月22至28日在同志性板連載刊登的《HIV》，採匿名發表的作者以男同志性藥感染者的過來人口吻，自敘歷經煙嗨約炮、無套感染、身陷性藥／派對不可自拔、玩到身心俱傷，但到最後終於覓得愛人伴侶走出生命死蔭幽谷的三年心路歷程：

> 願這篇文章能夠帶給閱讀的人一些啟示，不論是警示或希望都好，在眾多帶原者的故事中，我的故事絕對不是最完美的也絕對不是最悲慘的，我只是用我的經驗告訴大眾，這世界的黑有多黑，白有多白，如果能夠改變人的一些想法，那或許就不枉我分享我最不堪的過去，那如果能讓一些人打消吸毒的念頭，那或許就是我贖罪的方式吧。[73]

這篇網路文章的文筆流暢、故事情節高潮起伏，既有腥羶色情的性交場面，也有甜膩溫馨的愛情絮語，更有真情流露的道德勸說；而故事內容再現了性藥／派對的進行方式與場景生態，也透視了性藥感染者的內心思維與情感轉折。文章刊載所在的BBS網路場域、徵文活動形式與作者的開場自白，使網友們讀來彷若身歷其境，也跟隨敘事者的生命經驗遊歷一回轟趴「地獄」，最終獲得救贖洗滌。《HIV》以警世文的形式在各男同志網路論壇廣為流傳，成為愛滋NGO訓練教材的範本，甚至是愛滋專家用以理解用藥感染者與性藥轟趴的腳本，形成前述減害防治策略的知識框架之一：「從事愛滋防治的第一線工作者，可以從這篇文章深切瞭解到娛樂藥物帶來的各種誘惑與健康風

73　SEXLGBT，《HIV教我的事》。

險。」[74] 相較於這篇文章，另一本小說《全部幹掉》也有著對轟趴淫亂場景的文化再現與感染者悔罪救贖的敘事邏輯，我選擇討論《HIV》而沒有採用後者，並非認為後者是虛構的小說而《HIV》自白形式的書寫看似出自真情就是真實，而是因為這篇網路文章受到網友轉載以及愛滋醫療公衛部門的高度重視和分析引用，讀者（包括專家學者）將透過它來認知或想像性藥／派對是什麼樣子。我著重分析的是《HIV》作為男同志性藥／派對的再現過程及論述效應，認為故事所隱含的文化邏輯和符號意義順應著主導性的意識形態與道德標準，製造出種種價值評斷。以下我將分析《HIV》的文化再現過程（它也建構出符號秩序），並說明其如何被「示眾權力」運作為一紙傳遞「痛改前非」溫情訊息的悔過書及產生的效應。

　　「示眾權力」概念來自於瑞斯的研究，他檢視西方國家的藥物誤用與濫用概念如何透過法律作為一套社會裝置，並且在醫療－道德論述成為政府治理的權威工具之下，透過示眾權力尋找和懲罰壞榜樣，來介入政府對於公民正常樣態的管理和維護。[75] 他認為政府對於藥物控制的權力形式不只是規訓，更有其示眾面向，藉由仰賴媒體和警察的運作，把某些文化消費的實踐變成壞範例，用以例現政府一再聲明的自我管理之政體。示眾權力偏好使用醫療－道德知識及其樣本作為工具，以便製造個人行為是否正當的生物醫學範例（例如藥檢作為

74　羅一鈞，〈娛樂藥物使用對於愛滋防治及愛滋病毒感染者健康的影響〉，頁16。本地性藥／派對的知識多半來自口耳相傳的經驗談，但也有醫師與個管師的個案訪查或以此為基礎的研究，如：張淑瑛，〈愛滋感染者趴場概況〉，《娛樂性用藥對愛滋感染者影響之進階教育訓練》課程手冊（台中：社團法人台灣露德協會，2014），以及疾管局的委託研究案，如：鍾道詮，《男同志轟趴參與者的實踐經驗與在地知識》等來源。

75　Kane Race, *Pleasure Consuming Medicine*, p. 59.

社會控制的手段），而試圖擺脫以往有著專制保護色彩的規訓權力陰影。[76] 此外，示眾權力的運作方式是透過把某些實踐抽離其具體的關係脈絡，突然丟到公眾領域的抽象空間裡；在此其中，任何偏離正典規定的肉體實踐要不是成為病理學的案例（成癮），就是不顧後果的想法意圖和道德的違常敗壞（濫用）。行使示眾權力的危險不在於妖魔化個人，而是它會「染黃」那些不聽話的人事物以滿足自身目的，並且「抹黑」來自既定身體實踐的諸多照顧可能性，促使公眾和人們對這些人事物產生不良的觀感和錯誤的認識。[77] 要分析台灣本地的示眾權力如何施展於《HIV》，就要先回到農安街事件如何成為壞範例、怎麼造成殺雞儆猴效果的社會脈絡來看。

　　無論從標題到敘述內容，新聞媒體報導男同志性藥／派對一直以來幾乎如出一轍，尤以農安街事件為最。2001年性藥轟趴在男同志社群內已經出現，從2002年開始逐漸盛行，媒體早在農安街事件前半年就報導了同志轟趴，緣由是民間NGO注意到轟趴成為愛滋感染的溫床而舉行記者會，這時的報導似乎就已定調同志轟趴的「性汙名」（肉慾橫流）與「汙名性」（愛滋穿梭）。[78] 在2004年1月17日深夜，警方查緝位於台北市農安街的男同志搖頭性愛轟趴，帶回92名趴客驗尿驗血，媒體同步在現場拍攝取締畫面，呈現92名男子只著內褲裸身抱頭、集體蹲坐在小房間內背部被拍的影像，在當時引起非常大的社會道德恐慌與同志社群關注。後來媒體報導方式與內容形成人們認知性藥轟趴的主流常規敘事，[79] 此腳本框架也一再被挪用來生

76　Kane Race, *Pleasure Consuming Medicine*, pp. 70-71.

77　Kane Race, *Pleasure Consuming Medicine*, p. 162.

78　[無署名]，〈同志肉慾橫流 派對愛滋穿梭〉，《中國時報》，2003年8月2日。

79　見事件期間的密集報導：左皖瑄、俞戎航，〈男同志雜交搖頭內褲派對 保險套滿地

產相近的報導。[80] 而在農安街事件發生後二日，當時的愛滋公衛機關疾管局召開記者會，發布轟趴中有28名愛滋感染者（14名已列管、14名新發現），並表示如此高的檢出量凸顯轟趴已不只是疫病傳播，而是嚴重的社會問題，加以過往的道德勸說無效，要將他們移送地檢署併案偵辦，依「蓄意傳染罪」追究刑責，其餘的人仍需持續半年追蹤。[81] 即便民間NGO提出反論述，[82] 加以後來檢方因查無具體犯罪事證而沒有起訴任何人，仍有一名趴客受不了輿論壓力和可能的判刑結果而輕生。在事件發生後，疾管局隨即建立轟趴追蹤管理的作業程序，除了在查獲者的驗血結果未確認前，就要在二十四小時內比對感染者的列管名單外，還須持續三個月追蹤輔導篩檢初步結果為陰性的參與者。此外，2007年經大幅修正後的愛滋防治條例（原為《後天免缺乏症候群防制條例》於1990年底施行，2007年更名為《人類免疫缺乏病毒傳染防治及感染者權益保障條例》）實行之後，在官方公告的HIV（Human Immunodeficiency Virus）病毒檢查必要者的名單裡，「轟趴」參加者取代以往的「同性戀」成為新的強制篩檢對象，「作為新偏差範疇的性／派

異味令人作噁〉（《東森新聞網》，2004年1月17日）；[無署名]，〈轟趴走光92內褲男進警局 搖頭派對、多P雜交大場面罕見 起出數百枚保險套、大批毒品查出一舞客是愛滋病患〉（《聯合報》，2004年1月18日）；[無署名]，〈內褲男轟趴92人搖頭雜交〉（《中國時報》，2004年1月18日）等。

80　如後續幾年的報導：[無署名]，〈寂寞同志 在轟趴肉慾裡沉淪〉（《蘋果日報》，2006年10月24日）；孫藝文，〈32同志拉K轟趴 逾20人染愛滋 檢警嚇到！〉（《今日新聞網》，2009年12月9日）。

81　參見：[無署名]，〈性病防治所：搖頭轟趴 愛滋病的溫床〉（《中國時報》，2004年1月20日）；[無署名]，〈92人雜交28人患愛滋31梅毒 疾管局：疫情恐擴散〉（《蘋果日報》，2014年1月21日）等報導。

82　[無署名]，〈同志愛滋派對 人權團體籲尊重當事人隱私〉（《中國時報》，2004年1月20日）。

對主體則在愛滋新法脈絡裡應運而生」。[83]

回顧農安街事件及其後續效應，我們看到檢警與疾管局利用媒體作為訊息傳遞的管道，告誡社會大眾濫交用藥危險的觀念，農安街事件因而成為「示眾權力」的運作對象，鞏固了男同志性藥／派對就等於愛滋感染溫床的深刻認知，形塑為一則威脅著公衛防疫、社會治安和道德風俗的壞榜樣，同時促使政府機關擬定制度規章以便進行管理控制，也區分出不合格、不守分的性藥／派對偏差主體。《HIV》的文化再現就是在這個歷史脈絡裡形成，其所建構的轟趴場景與社交生態，一方面來自大眾媒體持續對男同志性藥／派對的負面報導，另一方面則是醫療公衛以科學權威論述介入藥物使用與愛滋感染的再編碼與再傳播，兩者相互影響而逐漸沉澱為大眾用以理解性藥／派對的主流常識和故事腳本──「肉慾淫亂、濫交雜交、違法亂紀、吸毒危險、愛滋風險」。敘事者在得知感染愛滋之後，自認本來就是玩咖而且現在血液裡也充滿病毒，像他這樣的愛滋怪物為何要走在陽光下，於是選擇步入所謂的「黑暗」，而主流常規敘事所認定的骯髒淫穢的轟趴對他來說反倒是一處適合生存藏躲之處，讓身為感染者的他自承很有安全感。《HIV》一方面描述感染者艱難的生存處境，像是雞尾酒藥物副作用帶來的身體折磨，以及失去生命希望感到悲慘而自甘墮落、有如怪物異形般無奈地活著的心理狀態，卻還有一處如烏托邦所在的場景特性（如空間布置、藥物消費、匿名性質等），能夠讓感染者與他人較為順利發生性愛與親密關係。但另一方面，故事也再生產並維穩了既有的性階序，在專偶關係（無論同、異性戀）仍舊占據性／親密關係實踐的道德優位時，性藥／派對所發生的不合法的用藥

83　黃道明，〈列管制度下的醫療治理〉，頁115。

濫交雜交，以及不正典的（尤其是呼煙所觸發的）性欲望與性實踐，在故事中就只能以荒謬和獵奇來名之。就像魯賓曾提醒的：

> 假如同性戀是專偶的伴侶關係，那麼社會就開始認可它包含了人類互動的所有範疇。至於濫交的同性戀、SM愉虐戀、戀物、跨性別和跨代性交，則仍被視為不受控制的恐怖事物，其無法含括情感、愛、自由選擇、仁慈或精神層面的昇華。[84]

《HIV》在第三集時述及主角因感染愛滋且沉溺轟趴不配擁有愛情而自我否定與自我放逐，內化也再現魯賓所分析的價值系統：社會只認可好的性，將那些壞的性都看成可怕的東西，這套邏輯還延續到文化價值和社會地位層面，運作「性正典者幸福美滿vs.性反常者悲慘缺殘」的權力與權利再分配。而專偶同性戀伴侶原本處在中間游移的爭議地帶，但在同志社群開始爭取婚姻平權以及政府通過同婚專法之後，他們逐漸朝向主流性正典靠攏上升、甚至成為新正典（the new normal），進而持續維持那條區分好壞的想像界線與性階序。[85] 這也是何以故事在第四集開始鋪陳主角跑趴玩到內心空虛自我麻痺，卻仍舊渴望專偶親密關係，於是在轟趴裡與炮友產生戀情互吐情愫，最後以兩人相愛交往作為這個黑暗故事的光明結局。即便故事稍前才提到他們續嗨E幹的非正典性愛有多嗨多爽多極致，此刻那些性藥／派對的反常變態快感突然就成為專偶親密關係的墊腳石，原本提供棲身與安

84　Gayle Rubin, "Thinking Sex: Notes for a Radical Theory of the Politics of Sexuality," p. 15.

85　參照洪凌批判這個新正典性別／秩序的再形構與排他力道。參見：洪凌，〈反常肉身奇觀，跨性酷異戰役：再閱讀科奇幻文學的酷兒陽剛與負面力量〉，《文化研究》第21期（2015年12月），頁161-198。

全感的趴場巢穴，轉眼間「寶變為石」成了罪惡的淵藪；於是兩人以愛情作為繩索捆綁在一起，要合力逃離轟趴這個泥淖廢墟：

> 「以後我只想要跟你一對一好不好？」他對我低聲耳語。
>
> 「好」，我睜開我疲倦的雙眼仔細看著他。
>
> 這句承諾，我當時並沒有想那麼多，我並不去想我做不做得到，我也不去想我有沒有資格做到。我只覺得強烈的感受到他對我的渴望，這股對愛的渴求跟在 PA 場裡面的截然不同，他找到我那腐敗的心靈中一絲對愛情的部分。就這樣，兩個在幽谷中相遇的人，我們都曾是愛情的受害者，以致自我放逐至今。在廢墟中，滿是塵埃的我們開始徒手找尋我們對愛情最基本的需要。而這個對愛情的需要，使我跟他像綁了一條繩索，開始努力的離開那充滿罪惡的巢穴。[86]

我無意批評與指責個人選擇的性／親密關係形式與實踐，因為那看似個人的決定其實是論述實踐的效應，我是要凸顯敘事「以愛之名」的救贖策略，這裡的「愛」同時接了同志爭取婚權背後隱含排他性的浪漫愛與透過婚家結合的想像，在愛滋防治的脈絡下，體現為「新好同志的健康文化」，再次維穩性價值階序，持續生產道德優越主體，排除賤斥性藥／派對主體。因此，也就不難理解何以疾管署和愛滋 NGO 會出現支持同志婚姻的論調、何以某對提出同志婚姻釋憲案（正式名稱為「司法院釋字第 748 號解釋」）的男同志伴侶會公開呼籲：「攜伴定期接受愛滋篩檢」；他們宣示要拋棄過往開放式關係的協議，

86　SEXLGBT，《HIV 教我的事》。

透過「經營與穩固單一固定的伴侶關係，讓婚姻品質能深化」來降低愛滋感染的風險。[87] 在此種同志「平權」論述（藉由權利化婚家想像）與公衛道德健康文化（透過責任化伴侶篩檢）之下，不願就位與不能到位的性藥／派對感染者及其性／親密關係實踐，一再被示眾權力暴力地體現其性卑賤與卑賤性，他們既成不了同志婚家運動的主體（不正典的情欲實踐太「黃」），也得不到醫療公衛部門的認可（高風險的感／傳染身分過「黑」），甚至成為同志社群想要除之後而快的骯髒老鼠屎，[88] 以及等著被權力機制整治懲戒的不馴黑羊。[89]

再者，示眾權力的行使還會透過把偏離正軌的肉體實踐抽離原本的脈絡，並加以病理化操作為樣本範例，例如精神科醫師衛漢庭引用國外醫學研究指出減害措施對於男同志使用煙嗨助性是無效的策略，認為島內男同志性藥文化是相當危險的問題亟需高度重視：「少數男同志族群之安非他命濫用已不僅是物質濫用或精神疾患之問題，對性病防治之公共衛生產生顯著負面影響。」[90] 而當時疾管署愛滋公衛醫師羅一鈞則以《HIV》作為「娛樂藥物帶來各種誘惑與健康風險的

87　張雅雯，〈同志團體：「伴侶關係」有助於愛滋防治〉《華人健康網》，2012年6月7日，https://www.top1health.com/Article/5564）；張雅雯，〈控制愛滋！施文儀：支持同性婚姻〉《華人健康網》，2012年8月20日，https://www.top1health.com/Article/7347）。

88　例如2013年台灣同志遊行聯盟舉辦「誰在看賤性難民：性縛靈的慾望場景」座談會，討論當前可能因國家法律而受罰的性主體（娛樂性藥物使用者、BDSM實踐者、性工作者），引發同志社群內部不滿與切割聲浪，遊盟也因此被迫發表聲明澄清立場。

89　目前最嚴峻的案例是馮姓教師因持有非法藥物被捕之後，發現其為列管的愛滋感染者，立刻被檢方預防性羈押，後來依「交叉傳染未遂」而被判刑。詳細分析見：黃道明，〈評馮姓教師案〉，《苦勞網》，2012年12月29日，http://www.coolloud.org.tw/node/72175；黃道明，〈列管制度下的醫療治理〉。

90　衛漢庭、陳牧宏，〈男同志與安非他命使用：文獻回顧與臺灣的挑戰〉，《愛之關懷季刊》第88期（2014年9月），頁6-13。

實例」，分析煙嗨與BB實踐的情況（這也是《HIV》與農安街事件的核心差異）；在當時對本地的性藥／派對情境脈絡仍未全然清楚掌握的情況下，他們的說法製造出「煙嗨＝BB＝高風險感染」的論述效應：「為了追求感官的極致刺激，許多性藥派對中，常見多人性愛又不使用保險套的高風險性行為，造成性傳染病擴散之風險顯著增加」[91]，以及性藥感染者的心理因素與精神狀態：「娛樂用藥是種被動攻擊的心理防衛機轉」（怨恨報復但不主動BB）、「娛樂用藥、BBES（bareback ecstasy sex）或無套煙趴是感染者自我放棄的壓力因應方式，造成更深層的惡性循環」（憂鬱、焦慮、挫折和適應不良等負面情感）。[92] 在當年仍缺乏煙嗨與BB感染間因果關聯性的本地實證研究資料，以及男同志社群還無法對此性／親密關係實踐（及其汙名）公開且充分討論的情況之下，[93]《HIV》描述感染者參加煙嗨無套趴的情節，就坐實且回饋了愛滋公衛與精神科醫師對其手邊感染者個案的病理化與心理化的診斷，再度產生恐嚇與殺雞儆猴的權力效應。而瑞斯等人針對西方男男性健康與性藥文化的回顧性研究指出，一九七〇年代的男同志性愛就有關於藥物的文化再現，早於愛滋出現之前，所以性藥的關聯歷來都是汙名壓力的關鍵。[94] 於是如前述公衛醫療部門認為，男同志會甘冒風險尋求性藥刺激為的是能夠拋開身心束縛的說法，其實「忽略

91　衛漢庭、陳牧宏，〈男同志與安非他命使用：文獻回顧與臺灣的挑戰〉，頁10。

92　羅一鈞，〈愛滋防治中性行為與藥物使用對健康及傳染病的影響〉。

93　2015年3月成立的「煙嗨牛莖學園」是少數公開在網路討論煙嗨資訊與使用者經驗的志願團體，並於2017年根據在地經驗修訂與編譯「AIDS Commiteee of Toronto」的相關出版物，推出同時包含安全用藥與減量停用知識的《遠離煙嗨實用手冊》。參見：https://oxfxck.wordpress.com/

94　Kane Race, et al., "The Future of Drugs: Recreational Drug Use and Sexual Health among Gay and Other Men Who Have Sex with Men," *Sexual Health* 14(1), 2017: 42-50.

事件層次及其他分析，像是會有風險行為的人其實有沒有使用藥物都一樣」[95]。

　　為什麼感染者參加性藥／派對、把帶套選擇權交給對方、沒有主動告知感染狀況、想自我放棄就是不好、不負責、不合法的呢？以被動式攻擊與毀滅性人格的心理歸因來究責用藥感染者，其實是公衛－司法論述的再生產，藉由醫療道德權威，把性傳染病和愛滋傳染的責任都歸屬到性藥／派對和感染者身上。裴新（Cindy Patton, 1956-）關於美國媒體以「鎮靜」而非恐慌的手法報導冰毒興起的研究也指出：一方面記者看似減緩男同志性藥現象對同志權益造成的傷害，卻是以預設同志公民身分具備的條件為代價，包括性的個體責任化；另一方面記者往往以對於性藥成癮和愛滋關聯的既有認知來挑選專家研究，並且透過修辭手法來塑造出兩者之間的因果扣連。[96] 如此一來，如台灣醫療公衛與愛滋防治人員也就會忽略無套煙趴的一些前提或情境，例如煙嗨的效果可能可以讓感染者暫時擺脫愛滋感染的汙名位置和社會壓力，以及前面提到一些低風險的BB無套實踐等等。此外，煙作為具有能動性的物質，其作用效力在於增進自信、影響情緒、擴大感官敏感度等，有些感染者和使用者反而是透過呼煙來獲得幫助，他們因此能夠處理那些負面情緒，或者再次與人親近、參與新的性社交網絡等生活上的改變。[97]

　　藥物的確可能帶來傷害，愛滋感染者若用藥不當也可能會造成身

95　Kane Race, et al., "The Future of Drugs," p. 44.

96　裴新（Cindy Patton）著，張竣昱譯，黃道明校訂，〈跟Tina談談：夢幻成真之際〉，黃道明編：《當慾望碰上公衛：愛滋防治的解放政治》（桃園：中央大學性／別研究室，2016），頁151-174。

97　Kane Race, *Pleasure Consuming Medicin*, pp. 180-181.

心受創，但醫療單位所接手的個案，多半都是需要介入協助的重症特例，卻反而形成某種醫學樣本，變成具有專家威信的知識來源和評判準則，這種愛滋防治策略依舊是由醫療道德權威來主導，也就難以去理解不同煙嗨者的各種實踐情況，發展出合宜的照顧策略。我們對於煙嗨與BB實踐的公共討論或許顯不足，因為這類實踐愛滋治理氛圍環境下依舊充滿罪惡與羞恥，而即便煙同時被歐美公衛論述建構為「高度成癮危險、高度感染風險」而迥異於其他派對藥物，仍有研究反駁這樣的說法，像是物質使用和不安全性行為沒有顯著相關，或是煙嗨時的男同志性實踐和其他種藥物也沒有顯著不同。[98] 只採用醫療道德權威的病理式歸責，無助於理解性藥／派對主體的複雜處境以及反思愛滋防治的工作，就像瑞斯等人的研究提醒我們要關注藥物實踐脈絡中的關係性：

> 不是要否定精神物質對於身體的效用，而是要理解當我們將物質活動置放到特定的安排配置之中，這些效用是被一組更廣泛的關係和實踐所生產出來的。換句話說，藥物效用的身體化過程在任何既定的時刻裡是關係性的，而且仰賴於組成那個狀態的各種活動、實踐、物件、關係與環境。〔中略〕換句話說，實踐與脈絡**至關緊要**——它們以身體及意義的方式影響著藥物使用的經驗、效用及推論結果。[99]（黑體強調為原文所加）

《HIV》敘事者自承寫下此文是要「贖罪」，但要問的是他何罪之

---

98   Kane Race, *Pleasure Consuming Medicin*, pp.170-175.

99   Davi Martinelli Gonçalves et al., "Harm Reduction in Process: The ACON Rovers, GHB, and the Art of Paying Attention." *Contemporary Drug Problems* 43(4), Aug. 2016: 316.

有？為何他會自覺有罪？又是要向誰來贖罪呢？在台灣愛滋治理的轉變脈絡裡、在示眾權力的多重運作之下，《HIV》成為一則道德警世寓言，也生產出背負罪咎情感的悔罪主體：「我有罪，我因為愛滋帶原又吸毒跑趴濫交而有罪。」敘事者一方面描述男同志性藥感染者的多重汙名與生存困境，性藥／派對是他的避難所卻也成為黑暗與墮落的象徵，全然接納與包容的專偶浪漫愛則是惟一的救贖之道；另一方面「回頭是岸」的罪嫌需得寫下自甘墮落的悔過書，經由公開示眾他的罪行，尋求社會的寬恕、體諒與接納，悔罪與得救才得以成立。就像黃道明所批評的，露德協會的「帕斯堤聯盟」主要成員「光哥」和「石皓」藉由公開揚棄感染前的用藥自我，透過反毒來換得新生命的脫胎換骨，以建立感染者的身分價值。[100] 我在本節透過小說所做的跨文本分析，想要回應的是醫療公衛的專家知識、愛滋NGO的減害操作，以及愛滋政策、法律與司法系統所共構而成一套關於男同志性藥感染者的論述，而這論述來自過往農安街轟趴事件裡示眾權力運作的社會脈絡，其所形成的知識／權力框了我們思考責任承擔和不同倫理的可能性，所以出現一方面如陽光帕斯堤以懺情悔罪形成個人責任擔當的做法，另一方面如《HIV》藉由以愛之名的專偶親密關係來回應男同志社群的倫理想像和期待。

三、《愛我就趁夏天》的共生倫理

在農安街事件之後，越形高壓緊縮的檢警查緝與道德氛圍，使得男同志性藥社群對於藥物實踐的知識不再如以往那般自由流通；加以

100　黃道明，〈列管制度下的醫療治理〉，頁136。

社會對於性藥／派對的認識框架已然定型，而且隨著愛滋治理政體的逐步形成和介入感染者生命，都讓後來男同志性藥文化呈現不同的樣貌，像是煙嗨的興起與轟趴的退潮，因此上一節先分析描述煙嗨場景的《HIV》，將它放在農安街事件的歷史效應裡討論，本節接下來要回望 2000 年初期快樂丸與轟趴時空背景的《愛我就趁夏天》。雖然《愛我》的主線故事看似很雷同《HIV》懺悔式救贖的敘事再現，但後半部的情節布局卻浮現出不同的發言主體與情感狀態，這條歧出的敘事支線使得《愛我》呈現不同生命倫理的想像與可能性，也凸顯小說所蘊含矛盾複雜的敘事觀點而非只是單純的懺情錄。

出版於 2005 年的《愛我》後來經作者阿森潤稿以《ES 未竟之歌》於 2014 年重新發行，新書書名的「ES」（ecstasy sex）二字比舊版更凸顯出性藥文化的主題，書封文案「2F、台客爽、motss、Going、HIV、搖頭丸、性愛趴，枷鎖與解放，一段千禧年藥物浪潮席捲下的故事」也毫不遮掩地標明這本小說是描述男同志性藥／派對的內容，或許作者擔心會被辨識出來，連筆名也變更為「Peter」，由此可見性藥／派對汙名的持續性威力。本節的分析與引文以 2005 年舊版《愛我》為主，除了舊版的出版時空貼近性藥／派對轉變的階段，主要是新版刪去當時「愛滋感染者權益促進會」秘書長林宜慧所寫的序文，但此序文有助於解讀小說的情節設計，故以舊版為討論材料。故事描述的時空脈絡早於《HIV》，主要背景大概在 2001 至 2004 年的大台北都會區。《愛我》是一本哀悼之書，一開場就充滿了哀悼的情感，敘事者哀悼那未能與不能哀悼的哀悼：哀悼同志青春期的苦悶折磨、也哀悼死去的好友與未竟之愛；哀悼那已逝去的、交織著靈光與黯黑的性藥／派對時代，也哀悼愛滋感染的苦難與失落，以及曾經有過（或未曾有過僅能想像）的親密關係：

夏生：

我要在這裡寫一封長長的信給你。

我要寫一封長長的信，來悼念那些發生過故事的地點：2F，
Funky，going，Texound。我要悼念羅斯福路的琴房，我要悼念
黯黑的Home Pa，還有還有，悼念我們相守於西門町的家居。

我要寫一封信，帶它回到你生命的最初（與最終），島國的山海
小城，美麗的石礫灘，寄給你。[101]

　　除了哀傷的敘事聲調與壞情感為底蘊，《愛我》還有著特殊的書寫
形式，故事一方面穿插描述奧地利作曲家舒伯特（Franz Schubert, 1979-
1828）的傳奇人生，包括他的創作歷程和軼事、與同性友人的曖昧情
誼、感染過梅毒（syphilis）後因傷寒（typhoid fever）而身故、晚年創作詩
歌集《冬之旅》（Winterreise）心境遭遇等的坎坷命運，以及小說對於歌
曲的詮釋賞析，隱喻著另一條故事線主角夏生的生命。另一方面，小
說主軸是由夏生與阿和這一對男同志愛侶的魚雁往返交織而成，在故
事推進過程中，我們逐漸知道夏生是一個用藥跑趴的男同志愛滋感染
者，阿和則是他在同志搖頭店「2F」相遇交往的男友；他們雖然是愛
滋感染狀態相異伴侶，但不是專偶式路線而是開放性關係，兩人即便
交往也會持續去派對跳舞尋歡，嘗試舞廳裡各種人際關係的探索冒險
（包括他們曾和另一對伴侶一起抽大麻做愛）。故事採用交錯並置兩
人書信的雙聲調雙視角，讓小說前半部有著交互詰問的辯證效果，使
得敘事能夠既矛盾又複雜地再現當時男同志性藥／派對的場景與次文
化，包括藥與不藥、愛與不愛、快樂與痛苦、自責與歸罪等等情感轉

101　阿森，《愛我就趁夏天》，頁35。

折;而後半部則呈現了感染者發病入院的心情寫照,以及身為照顧者的曲折情緒。

在故事裡,「(病)毒/藥(物)」同時是想像幸福美滿伴侶生活的犧牲品與共生物,愛滋病毒既帶來痛苦也給予恩賜,派對藥物讓他們相遇相戀卻也被愛情所置換取代。不過,已回返陽光國度的子民仍要走回毒/藥的黑夜世界裡,因為浪漫愛雖帶來純真卻也有墮落,而天堂與地獄同時存在:

> 無法忍受也無法想像的是要活到老朽,經歷更多情感的變故與滄桑。
>
> 所以就這一方面來說,HIV反而是個恩寵。[102]
>
> 是的,當我們步入地下國度台客爽,冒失卻華麗的顆顆星星隨著音樂奔竄出來,奔得我們眼睛來不及閃避。
>
> 我們從陽光的國度來,往另個永夜的世界去。〔中略〕
>
> 我忘情地被攪拌進去,旋入旋入更深更深更深更深更深更深……那裡……
>
> 繁華而寧靜,純真而墮落,天堂地獄並存。[103]

藉由毒/藥在故事裡的作用,《愛我》反覆質疑辯證著生命、死亡、肉體、存在、救贖、希望、(壞)情感、愛情與親密關係,使得這些意義與價值處於不穩定的漂浮狀態;即令自我厭棄也懷抱希望,因為

---

102 阿森,《愛我就趁夏天》,頁124。

103 阿森,《愛我就趁夏天》,頁139-141。

相信黑暗之中有光，縱然以肉身獻祭、召喚死亡，救贖卻仍待探問：

> 於是我想到你遇見我前，如何的憤怒、懼怖與哀怨，但其實心底
> 仍閃著微小的火光，想要為自己找一條活路，不管是在2F、台
> 客爽或轟趴，除了把自己投入烈火之中燒灼之外，也懷著一絲絲
> 的希望能找到救贖。
> 肉體是你一關關待解的謎相，但酒池肉林層層相疊，謎底太艱澀
> 也太難解，賠盡了身體的磨難與生命的滄桑仍是徒然，卻也召喚
> 來了死亡。
> 所以被旋入黑暗黑暗之中，仍相信黑暗有許多顏色，其中仍會迸
> 出琉璃之光。
> 但救贖會是什麼呢？你仍在問。[104]

　　我使用毒／藥這個修辭語藝，一方面意指所討論的愛滋病毒與派
對用藥，另一方面則是操作「是毒似藥、是藥似毒」的邏輯，來自德
希達（Jacques Derrida, 1930-2004）對於柏拉圖（Plato）哲學的深刻詮解，
他分析「*pharmakon*」這個希臘字被翻譯為解藥時，喪失了其既豐富又
矛盾的多重意義；「*pharmakon*」同時具有毒與藥的雙重面向，它所蘊
含的曖昧性與辯證性能夠捕捉事物的混雜意義，良藥的本善未必真能
阻卻傷害與壞損，它既是好的又是壞的，既能帶來愉悅又會產生痛苦：

> 這種痛苦的愉悅（painful pleasure）的形式，乃身處於它自身的一
> 種*pharmakon*，同時連結了疾病及其處方。它既好又壞、既怡人

104　阿森，《愛我就趁夏天》，頁247-248。

也惹人厭。甚或是，它就處在能夠描繪這些對反意義組合的匯聚裡。[105]

德希達這篇論文回應西方哲學關於書寫與記憶的討論，也牽涉到其解構主義（deconstruction）的核心思想，他豐富的分析不是本節主要展開的部分，因此我借鑑邱德亮的鴉片歷史研究，[106] 採用他歸納德希達分析毒／藥邏輯（pharmacology）的幾項論點：首先，「*pharmakon*」同時指涉多種意義如藥方、毒藥、迷幻藥、魔咒、蠱術等等，其特色為模稜兩可的不可決定性，包括等待被決定或無法被確定屬於某個特定意義，甚至還有抵抗被確定為某個意義的神秘力量。第二，對柏拉圖來說，為了建立城邦政治秩序，「*pharmakon*」是不得不用的比喻，他透過析辨一系列對立的定義，來判斷是非好壞與善用濫用；而明定何者為毒何者是藥，乃是醫師之責，但就如同毒／藥的雙重性，醫師也可能就是、或變成巫師（*pharmakeus*）。第三，「*pharmakeus*」有著醫巫同源之義，同時也是下蠱者，醫師藉由操弄論述與話語來壓制巫師以掌控支配權，而判定良藥的醫／巫卻往往也會被控訴為下蠱者，如同蘇格拉底（Socrates）原以各種大師的身分（*pharmakeus*）出現，特別是以言語迷惑年輕人的智術師，最後卻被判以褻瀆神明的談話讓年輕人墮落而飲鴆身亡；而這帖致命的毒藥，卻又藉著他對死亡和哲學等議題的言說，幻化為一種解脫之藥，一種品格與救贖。蘇格拉底成為替罪羊（*phamarkos*），這個字也具有為城邦或身體驅逐異己的意思，而德

105　Jacques Derrida, "Plato's Pharmacy," in Barbara Johnson ed., *Dissemination* (Chicago: University of Chicago Press, 1981), p. 99.

106　邱德亮，〈亦毒亦藥與鴉片政權〉，《新史學》第20卷第3期（2009年9月），頁140-142。

希達則非常強調「毒／藥－巫／醫－替罪羊」（*pharmakon-pharmakeus-phamarkos*）這一系列同源同義字之間的過渡、轉換與替代。

　　在《愛我》的敘事裡，愛滋病毒與性藥／派對就如同「*pharmakon*」般曖昧矛盾、幽暗不明，它們是對反並陳的「痛苦的愉悅」，隱喻著前述生命死亡種種價值意義與秩序。例如小說描述阿和對於性愛轟趴的愛憎，既厭惡又無法拒絕，其仰賴嘔吐想要拋棄濫藥濫交的自我卑賤感，後來選擇不去趴場但仍繼續去「2F」享受用藥的愉悅；[107] 或是描述夏生在台客爽用藥的各種淫穢行徑，他自陳喜歡在骯髒的地方，發現生命純粹的美麗。[108] 而敘事者則是「*pharmakeus*」，其入藥以文，用書寫來調製一劑救贖的解藥，他透過交織夏生與阿和的書信對話、透過穿插舒伯特的境遇與夏生的遭遇、透過歧出轟趴事件的刻畫（詳後分析），以自我質問來辯證這些價值意義，特別是要確立愛與希望作為解毒良藥；可是故事中的愛與希望又不完全是主流社會道德所期盼的那種解藥（例如《HIV》的痛改前非），意義在故事過程中仍持續懸盪著。而《愛我》作為再現男同志性藥／派對次文化的文本，對讀者來說同樣展現「*pharmakon*」矛盾複雜的特性，若在同性戀正典價值或醫療公衛道德權威的讀法之下，本書身為施展書寫幻術以蠱惑讀者的巫師就會變為「*phamarkos*」而被當成異己驅逐，如同政府需要消滅毒蟲與毒人以淨化社會、需要破壞或抑制愛滋病毒以健全身體那樣。另一方面，毒／藥就如同「上癮」，是作為修辭而非科學概念，奠基在政治和道德評價而形成，它被歷史文化以及習俗評價規範等等制度化定義所制約組構；[109] 既然是修辭概念，那麼就需要進入這些相互糾

107　阿森，《愛我就趁夏天》，頁83。

108　阿森，《愛我就趁夏天》，頁100。

109　Jacques Derrida, "The Rhetoric of Drugs," in Anna Alexander and Mark S. Roberts eds., *High*

纏的論述網絡來進行文學與文化研究的分析工作。而我的作法則是提供文本一種介入式的解讀／毒，但此處「以解讀來解毒」的目的不是要去「解其毒」，而是發揮「不被解讀為毒」的詮釋效應，凸顯毒之文化修辭的曖昧矛盾；文本裡的「毒」是病毒和毒品，也關聯到它們怎麼被「讀」，毒也可能被讀為是生命的解藥、死亡的救贖（如安非他命觸發生活改變、HIV可能是恩賜等），而同時解藥也或許會變為致命的毒、希望的喪失（如浪漫愛的消逝等）。更甚者，我的解讀／毒策略亦可能被認為是毒蠱迷藥，而冒著成為替罪羊的風險。

有別於《HIV》以專偶浪漫愛作為救贖解方，我將阿和讀為是夏生想像出來的一個愛欲他者的理型、一個性藥感染者所投射的臨終照顧者、一個不可得之幸福世界的平行宇宙的象徵：阿和既是愛欲對象，也是對話對象，此平行宇宙之所以可能存在，需得建立其鏡像對反的存在──那滿布夏生體內自認無比羞恥的毒／藥與創傷過往──它在文本裡無法輕易地被劃開（即便小說立場讀來有時是搖擺的），而支撐著故事中源源不絕的愛與痛。我的解讀途徑一方面參照當年權促會秘書長林宜慧為本書寫的〈序：妖妖雪蓮〉，她在文中回顧台灣同志運動與愛滋汙名的歷史過程，批評同志社群內部反倒歧視異己，替男同志性藥感染者辯護，並呼籲放下道德批判來理解這些人通過性藥／派對來作為生命困境壓抑過往的喘息出口。她所提的建議是以柔軟的心來陪伴，因為「我們都在尋找阿和」。[110] 理想的照顧者「阿和」在此成為愛與希望的象徵想像的一劑解方。另一方面，我提出平行宇宙的

Culture: Reflections on Addiction and Modernity (Albany: State University of New York Press, 2003), p. 20.

110 林宜慧，〈序：妖妖雪蓮〉，阿森著：《愛我就趁夏天》（新北：紫光，2005），頁12-21。

讀法要到小說最後三分之一處、要在濃情蜜意的書信對話中，一段突然插入的〈暗光〉系列才顯現端倪。這個系列召喚了讀者對於農安街事件的記憶，其所再現的轟趴場景是整本故事的一段逸軌歧出。這突如其來的番外篇吐露了夏生「看著『另・一・個・自・己・』踏上截然不同的旅程」[111]，這個夏生與原本的世界決絕，經歷全然不同的際遇，而平行時空當中跋扈壞痞的趴主阿豹則是夏生的另一個愛欲對象，用以對照不離不棄、作為想像他者的照顧者阿和：

> 夏生自忖那個時空要從哪裡算起？也許在那裡夏生從沒遇見阿和，或者遇見阿和玩沒幾下就甩人或被甩……，永遠是在酒池肉林顛沛流離，看被浪潮席捲到哪就在哪裡播下愛欲的種籽。[112]

〈暗光〉的敘事提供了男同志性藥感染者的另類救贖想像與生命倫理。在近三百頁的故事裡，它僅占二十三頁，以極小的篇幅落在小說第六部「冬之旅」。故事在此部已近尾聲，那時CD4（Cluster of Differentiation 4 receptors）細胞數量剩下不到50、[113] 身體虛弱的夏生，仍瞞著阿和感染愛滋的情況，偷偷跑去台客爽玩以求慰藉，卻感到非常漠然與陌然，似乎自己正要告別一切，因而捨不得男友，安排了一場旅行。「冬之旅」採用時空交錯的呈現手法，夏生的部分描繪旅途中

111　阿森，《愛我就趁夏天》，頁225。

112　阿森，《愛我就趁夏天》，頁227。

113　「愛滋病毒」（human immunodeficiency virus，簡稱HIV，人類免疫缺乏病毒）進入人體後，會經由血液輸至全身，病毒會破壞人類免疫系統中抵禦感染的免疫細胞CD4（Cluster of Differentiation 4 receptors）造成身體免疫力的下降，當CD4細胞的數值低於200cells/mm3，即會陷入「後天免疫缺乏症候群」的狀態——也就是俗稱的「愛滋病／AIDS」（acquired immunodeficiency syndrome）。

兩人親膩的相處互動，藉由此趟旅程盡訴繾綣愛意；阿和這邊則是述說旅行結束後夏生臥病在床，身為感染者伴侶的照顧陪伴情況，以及他心疼與不捨的心情。而〈暗光〉裡的另一個夏生則開啟眾妙之門，走進性藥／派對的迷幻時空，也在其中歷經天堂地獄並存的「痛苦的愉悅」與「甜蜜的悲傷」。這樣的情節安排，一方面產生暗指夏生的染病來自轟趴的效果，另一方面意圖對比夏生與阿和的綿綿情意，以及迷幻時空中夏生與阿豹的悲慘墮敗；尤其是當夏生雖已蜷縮病榻，但他擁有象徵愛與希望的阿和照顧著，而另一個夏生卻如風中殘燭般只能苟且偷安，因為轟趴被抄、朋友被抓、阿豹避走大陸，只剩他形隻影單：

> 就在那一晚，警方直搗盤絲洞，姥姥與豹，五花瓣四姊妹均被當場逮捕，更可憐的是那些客人猶如被拔光羽毛的幼雞，在媒體無情的鎂光燈下生吞活剝。〔中略〕但事情並非就此結束，還有勒戒以及隨後的官司，許多人丟了工作，隱姓埋名，終日惶惶莫名，許多人銷聲匿跡，更甚如豹因有毒品販賣罪嫌，為了避風頭偷渡前往大陸，徒留下夏生一人。[114]

盤絲洞是阿豹的元配所經營的轟趴，四姊妹則都是阿豹的男同小妾，夏生與他們一起在趴場裡扮裝表演和打掃清理等工作營生。連結上一節所討論的「示眾權力」對性藥／派對所施展的力道及效應，趴客們成為這個社會排外仇異的替罪羔羊，必須保衛社會之下的牲禮祭品；性藥／派對被染黃抹黑為愛滋高風險傳染的淫窟，必須加以殲滅，趴

114　阿森，《愛我就趁夏天》，頁258-259。

場內的共生關係也因此潰散不復存在。在《HIV》和《愛我》的主線故事裡，男同志性藥感染者的主角最後都找到伴侶獲得照顧，這是大家都能接受的道德價值，但在〈暗光〉裡，夏生的形單影隻與無人聞問來自於他原所依歸的共生體／「家」被搗毀，這種滿布病毒及汙名的性藥／親密關係與轟趴多人家庭能納入多元成家的圖譜嗎？性藥感染者們組織「家庭」一起嗨茫，也彼此幫助、共同生活這種另類的照顧倫理也能被男同志社群所想像嗎？此外，來自於性藥／派對與愛滋帶原強大的羞恥汙名作用，如果夏生想要得到治療與協助能夠不進入政府的公衛列管體制與醫療個管追蹤嗎？他能夠找出其他的生存策略嗎？[115] 夏生害怕獨自一人但又一身是病無處可去，只好不斷仰賴陌生人的愛，情節的推展與對比讓他走投無路。某日溽暑午後，他看見電視播著《白蛇傳》，遂投影自身於白素貞，男同志性藥感染者的多種汙名身分就如蛇妖一般，因著社會異樣眼光人見喊打，「人情酷寒比之夏生承受的病苦有過之而無不及」，[116] 社會汙名歧見才是他真正背負的不可承受之重：

> 那日，他服用三顆 E 提神，靜悄悄一人搭車到信義計畫區，尋覓適當高樓。無須叫囂，也莫需要有人知曉，他躡手躡腳地爬至高處，縱身一跳……
> 只在窗口用奇異筆寫下幾個大字：
> 「我－是－要－自－己－做－主－離－開－這－他－媽－的－

---

115 關於愛滋感染者在列管制度之外求生的討論，參見：蔡孟哲，〈愛滋、同性戀與婚家想像：《紙婚》的「殘／酷」政治〉。

116 阿森，《愛我就趁夏天》，頁275。

世－界──！」[117]

　　夏生身為男同志性藥感染者的遭遇與《白蛇傳》的情節，讓我聯想到田啟元與他在1993年創作的經典劇作《白水》即改編自《白蛇傳》，我將兩人的故事並置閱讀、相互參照，來凸顯愛滋感染者身負汙名的生存處境。田啟元是第一個媒體曝光的愛滋事件主角，因此也被師大拒絕入學，他將此民間傳說改編成為小劇場演出，也隱喻著自身生命困境。[118] 田啟元於1996年因愛滋去世，同為愛滋感染者的韓森回憶田是在感染近十年後才恢復醫病關係，[119] 而〈暗光〉中的夏生寧願忍受孤獨病苦的折磨也不願就醫，選擇自己離開這個世界。相較於主線故事裡，夏生擁有阿和與家人的陪伴，接受愛滋醫療照顧，為什麼〈暗光〉卻要讓夏生走向憂鬱跳樓之途？夏生的「自殺」作為生命倫理價值的探問，凸顯以下問題：為什麼他（們）不願就醫接受治療？是小說所說個性驕矜意氣使然（將問題給個人化）？還是醫藥發展與制度問題（如愛滋藥物的副作用、公衛列管體制等）？或是各種外在與內化的汙名恐懼（如男同志性藥感染者的多重汙名）？或許，更是他原本

117　阿森，《愛我就趁夏天》，頁277-278。

118　黃道明指出田啟元的劇場實踐與左翼和殖民歷史有所關聯，並透過獨特的表演訓練讓演員直面進而能夠呈現面對欲望與汙名時的恐懼和矛盾，包括愛滋與其他汙名的共構，以及同性取向如何作為生活模式而能夠被接納，點出認同政治的不足之處。他不僅是當時地下愛滋運動團體SPEAK OUT的主事者，也是愛滋紀念被單上唯一繡上真名的人。參見：黃道明，〈愛滋防治的解放政治〉，黃道明主編：《當慾望碰上公衛：愛滋防治的解放政治》（桃園：中央大學性／別研究室，2016），頁116-122；黃道明，〈「盡忠追尋過去，大步走向醉生夢死，期待重生」：田啟元的愛滋生命與左翼酷兒劇場初探〉，《台灣社會研究季刊》第109期（2018年4月），頁73-116。

119　韓森，〈愛滋鬥士田啟元〉，1997，http://praatw.org/right_2_cont.asp?id=52

信賴與依靠的人際網絡與親密關係形式被瓦解，他頓失支持系統也喪失存在的意義，我們能否想像「盤絲洞」作為「公衛－司法－道德」規訓底下的生存縫隙？感染者能否擁有不被監管治理的醫療照護？同志性藥／派對能否不再被檢警查緝？性藥感染者的汙名恐懼能否處理？這些提問除了坐落在我對於《愛我》這部男同志性藥文學的另翼詮解之中，也坐落在召喚農安街事件的汙名歷史裡，更坐落在愛滋公衛論述與政策施行的生命權力部署之下，需要我們持續的反思與回應。

　　〈暗光〉所蘊含激進的家庭型態及其與毒／藥共生的親密關係，包括對於生命存在價值與意義的探問，在同志社群一片擁同婚反汙名的聲浪中，用以作為思考男同志社群的生命倫理，或許不容易被聽見也不易被理解。2015年元旦警察大規模臨檢台北的同志舞廳，他們在其中一間查緝到派對藥物，於是帶回62名男同志進行偵訊、驗尿和驗血；接下來的三天假期，警察持續臨檢同志舞廳和酒吧，這是島內十多年來規模最大的派對臨檢行動，更不用說其間針對男同志舞廳、酒吧和三溫暖的多次小型臨檢。事件之後，同志社群再度出現切割用藥同志的聲浪，更可見針對性藥／派對的高壓治理和道德汙名仍舊強大，彷彿那一切都要被淨空與消音。農安街轟趴事件已過十餘年，我們既聽不見那些隱姓埋名的趴客們的痛苦與哀悼（自我噤聲？），社群也沒有繼續公開哀悼（不在場證明？）；這些社會邊緣、底層之底層的個體的消逝與死亡看似一種社會結構下的必然，這些主體存在本身被迫承擔整體社會的受苦與失落、被迫成為現代體制的剩餘物、被迫過度承載社群的罪責，尤其是當整個社群已然要上攀時，他們只能成為下流。〈暗光〉裡的夏生是一條替交受罰的分靈體（double）、一隻委罪推過的代罪羔羊（*phamarkos*）、一個被汙名化的社會他者（social other），他的跳樓自殺替代的是原本夏生的死，也是整個社群的死，

而且沒人要哀悼他（們）。

　　英國文化研究學者阿梅認為酷兒哀悼的倫理與政治在於如何哀悼，她主張為逝者而哀悼就是讓他們的印記／影響（impressions）持續存活著，因為我們都是被他人所影響形塑的，我們都帶著這些印記在身上，主體的創造性更將仰賴這些印記。[120] 酷兒哀悼的形式是要藉由公開分享這些故事來維繫他者的印記，而且要能維持哀悼者的主體性，不讓這些印記變成客體而淪為國家認可與社會拿去妝點的配飾，而是讓他們有時間和空間能夠進行哀悼：

> 支持他者作為哀悼者──不是藉由哀悼他們，而是讓他們有哀悼的時間和空間──尤其當他們是被排除在日常生活的合法與支持網絡之外的人們時，這件事顯得更為重要。這個不斷進行的哀悼工作幫助維繫那些逝者的記憶使其存活著，也協助提供照顧給那些正在哀悼的人們，而且讓逝者的印記能夠觸動酷兒社群的表面。[121]

而如同本章第一節對《荒人》的重新閱讀，我也把《愛我》重讀為哀悼之書，哀悼作為一項酷兒（壞）情感，展現的是酷兒生命在異性戀或同性戀正典中的種種失敗與失落，而藉著酷兒哀悼能夠反思與探索其中的倫理想像及可能，希冀能夠達到阿梅所說的「幫助維繫那些逝者的記憶使其存活著」：這本哀悼之書或可提供歡慶同婚法制化的同志社群一個機會，能夠去分享、去感受性藥／派對參與者的汙名印記、

120　Sara Ahmed, "Queer Feelings," in *The Cultural Politics of Emotion* (Edinburgh: Edinburgh University Press, 2004), p. 160.

121　Sara Ahmed, "Queer Feelings," p. 161.

甚至是憂鬱羞恥等等的壞情感；而這本書也是一個與他人分享酷兒哀悼的範例，進而能支持那些不合法的、無法哀悼的哀悼來進行公共的酷兒哀悼。就如同愛滋運動學者克林柏（Douglas Crimp, 1944-2019）提醒的：「戰鬥，當然要，但此外，也要哀悼：哀悼並且戰鬥。」[122] 而這也包括持續思考如何去照顧那些進行哀悼的人？如何去照顧那些背負起超過他們原本所應承擔之責的人？這是我認為當今同志社群要探索的共生倫理。

四、小結

　　男同志愛滋與藥物文學再現了新世紀以來島內性藥／派對次文化浪潮襲捲社群的興衰轉變過程，曾經專門出版大眾同志讀物的「基本書坊」更是同志性藥文學出版的主力，其所發行的相關作品有《趴場人間》（2008）、《窺》（2009）、《全部幹掉》（2013）和上一節分析的《ES未竟之歌》（2014）四本小說，[123] 而出版這類帶有法律與道德汙名的書籍受限於圖書分級制度、同志社群輿論壓力以及消費市場風險，基本書坊的選書立場頗有為同志藥物文化發聲的社會運動傾向。紀大偉在編寫《同志文學史》時也將同志藥物文學納入，羅列了如《搖頭花：一對同志愛侶的e-Trip》（2005）、《男灣》（2005）、《紫花》（2008）以及《窺》等作品，[124] 並指出「這些作品主要還是將藥物文化開啟的身體心

122　Douglas Crimp, "Mourning and Militancy," *October* 51, Winter 1989: 18.

123　喀浪，《趴場人間》（台北：基本書坊，2008）；徐嘉澤，《窺》（台北：基本書坊，2009）；T0P，《全部幹掉》（台北：基本書坊，2013）。

124　大D＋小D，《搖頭花：一對同志愛侶的e-Trip》（台北：商周，2005）；墾丁男孩，《男灣》（台北：寶瓶，2005）；徐譽誠，《紫花》（台北：印刻，2008）。

理變局置入內心世界的道德討論」。[125] 他也分析了廿一世紀以降新興
藥物文化的勃興和同性戀欲望場域的變化與蔓延，一方面用藥人口從
社會邊緣人到中產階級，另一方面同性戀場域則從虛擬的網路世界到
轟趴，而這些都是往昔社群難以想像的，也是一九九〇年代同志文學
不足以呈現的。[126] 除此之外，同志藥物文學不僅交織的題材與形式
範圍廣泛，探索的議題面向也溢出個人心理層面。例如〈指甲長花的
世代〉描述已婚男主角的跨國用藥經驗，帶來種種逾越異性戀婚姻規
範、性別角色、種族類屬、世代差異與地理範圍等界線，[127] 以及參照
農安街事件來探討警察查緝轟趴，包括同志在性／親密關係上的各種
失落而造成主角跳樓身亡的〈借來的故事／夜間飛行〉。[128] 中篇小說
〈墜落手札〉則描繪歷經同性伴侶跳樓自殺的主角，如何通過雜交、
買春、性藥，以及性對象們分別感染愛滋與自殺的逾越脫序經驗，來
面對與處理自身的哀悼歷程。而時序橫跨近三十年台灣同志社群發展
的長篇小說《幻城微光》，也以轟趴和性藥文化作為小說敘事和人物
命運的核心，展現記錄當代同志次文化歷史的企圖。[129]

　　相較於農安街時代的轟趴所展示的性藥合一，出版於 2008 年的
《紫花》有三篇描繪娛樂藥物或「非法」藥物消費的主角──〈白光〉的
「寶璐」、〈極地〉的「你」，以及〈紫光〉的敘事者「我」──反而偏好獨

125　紀大偉，〈序二・茫向色情烏托邦〉，徐譽誠著：《紫花》（台北：印刻，2008），頁
　　17。

126　紀大偉，〈序二・茫向色情烏托邦〉，頁14-15。

127　陳思宏，〈指甲長花的世代〉，《指甲長花的世代》（台北：麥田，2002），頁135-163。

128　王盛弘，〈借來的故事／夜間飛行〉，《關鍵字：台北》（台北：馬可孛羅，2008），頁
　　91-108。

129　楊風，〈墜落手札〉，《同志小說集：墜落之愛》（台北：唐山，2014），頁33-95；廖宏
　　杰，《幻城微光》（台北：時報，2020）。

自一人享樂，很少甚至也沒有與他人性交，呈現關係疏離或個體孤獨的存有狀態。在他們的藥物烏托邦之中，迎面湧現的不僅是同性愛欲的噴發或流溢，還包括隨之而來的種種殘破與失敗。而這種「個人主義式」書寫不僅是戰後台灣壓縮式資本主義帶來的歷史終結與烏托邦的消散，以及反人文主義的新風潮，[130] 更是冷戰自由人文主義與新自由主義全球化情境中，同志用藥社群在歷經媒體奇觀及道德懲戒的後農安街事件時代，以及身處愛滋治理與生命權力的後雞尾酒療法時代所衍生出來的特定現象：一方面集體性藥派對的形式不容易再舉辦，另一方面愛滋感染者面對著新的維生方式。在這個社會轉變過程中，新的科技裝置如智慧型手機和同志交友APP，以及新的物質形式如甲基安非他命的興起，是相互加乘應用在這個特殊在地的藥物次文化發展情況。《紫花》所描述的主角們還沒有躬逢其盛《HIV》所描述的煙嗨場景，因為若他們獨自呼煙時或許就不是故事中光影幻覺籠罩的孤獨存有，而是會感受到結合現代權利與解放觀念、更為新自由主義的占有式個人主義（possessive individualism）：前所未有的、無所披靡的自我中心。

而在2011年出版的《歡海的人》輯一〈愛與鄉愁〉裡，作者振鴻以敘事者「我」的主觀視角，回顧從弱冠到接近而立之年在台北的同志生活。以愛人和密友為時間經緯，在一篇篇既連貫而又各自獨立的大事記般的故事裡，敘事者述說自身在性／親密關係裡的挫敗與孤寂、人際網絡間的奔波與流離，間雜他反思參與同志運動、創辦同志籃球隊而又離開同志社群並離群索居的自省。敘事者在歷經參與同運組織的激情退燒以及籃球社團的友誼關係崩解之後，蝸居自轉星球的他

130　紀大偉，〈序二‧茫向色情烏托邦〉。

與F在網路結識，也被對方澎湃於改造社會的革命反抗所鼓動，再度陪伴F走上街頭參加同志遊行。敘事者後來愛上F，然而F卻選擇與他結義而非結縭，還提出一起皈依出家、同修渡眾的另類「成家」想像；敘事者猜測或許F知道自己掙扎是否進入異性戀婚姻。只是F因感染愛滋而消失，再次現身時已病弱體虛，而就像《荒人》的小韶陪伴與送終因愛滋而亡故的摯友阿堯，以及《愛我》主線故事的阿和照顧愛滋病發的伴侶夏生那樣，敘事者也陪伴照顧F直到對方決定返回南部老家爾後過世。無論是通過彼此結義的友誼關係、出家修行的道友關係或者看護病人的照顧關係，《歡海的人》也為我們打開性／親密關係形式的非專偶化與非法制化的想像，以及實踐互助共生的照顧倫理提案。敘事者以鄉愁和懷舊置疑現代和進步，以失敗和回歸追尋修復與希望，面對社會仍遍布的種種結構性壓迫與不公，我們該如何擺放這種質疑身分認同政治、看似保守維穩且難以轉化的主體樣貌？敘事者因陪伴愛滋感染者而重新扎根傳統、家鄉與土地，以及連結島內眾生來思索互為主體的共生關係與生存狀態，並通過反思批判同志運動、論述與生活形態而重構了「愛的關係模式」。

在愛滋成為男同性戀重要且斷裂的認識論之後——如愛滋人類學者布爾斯托夫（Tom Boellstorff）討論MSM自一九八〇年代末在愛滋防治脈絡的浮現，逐漸從一種新的認識論轉變成具有本體論的效應，影響既有的同志身分認同範疇[131]——我們面對愛滋衝擊及社會歧視時對於生存或存有的反思，或許就不只是採取拮抗與對立，也不是去全然否定社會運動的價值，而是如何看見同性愛欲的多重組合成分，這也

131　Tom Boellstorff, "But Do Not Identify as Gay: A Proleptic Genealogy of the MSM Category," *Cultural Anthropology* 26(2), 2011: 287-312.

是如何對待複雜多樣的主體存活模態，更是晚期傅柯從思考自我照顧的技術並擴展到倫理層面之求索與探尋。[132] 從愛滋風暴襲捲而來所造成的死亡與傷痛以及當時政府與社會的漠視和不作為，到雞尾酒療法出現之後愛滋變成慢性病而逐漸擺脫死亡形象，迎面而來的卻是體制的不當干預；政府及醫療公衛部門、愛滋服務產業與跨國藥廠協同共構新的愛滋治理模式，讓感染者依循順從服藥來控管維生與餘命，並且透過同性婚姻家庭的體系再生產與倫理價值的再鞏固來維穩社會秩序；於是我們看到「愛滋＝同性戀」的認識論連結與權力運作軌跡，從過往的批判死亡政治、到置疑生命政治，再到當前的倡議殘障政治之轉變歷程，相關的倫理反思仍有待持續研究。

---

132 晚期傅柯從權力技術轉向古代希臘與羅馬哲學來思考倫理主體或修養主體的問題，以工夫接合精神與身體經驗的修養技術——由自我來關照自身——而同性戀工夫則藉由友誼及其關係上的社會連結，從自我關係擴充社會關係，就像美國同性戀文化的關鍵在於連接了自我實踐、友誼與社會運動。參見：何乏筆，《修養與批判：跨文化視野中的晚期傅柯》（台北：聯經，2021）。

航向愛的「汙托邦」

　　2019年5月17日中華民國立法院三讀通過《司法院釋字第七四八號解釋施行法》，確定「相同性別之二人，得為經營共同生活之目的，成立具有親密及排他性之永久結合關係」，並準用《民法》配偶及親屬的相關規定，我們成為亞洲第一個同性婚姻法制化的地方。海內外媒體都讚揚中華民國是亞洲自由、民主與人權的燈塔，[1] 歐盟與數個通過同婚的歐洲駐台辦事處也都公開發布賀文；多數外媒除了以「亞洲第一」下標之外，有些外媒則以國家來稱呼台灣；美國《時代雜誌》（ *TIME* ）還指出：「雖然中國聲稱台灣是自己的領土，但台灣是一個自治的民主政體，擁有充滿活力的民間社會，致力於促進少數民族、LGBT、女性和身心障礙者的權利。在威權共產黨統治下，中國仍然

1　這個形容最早來自2014年10月台灣同志遊行之後，美國《紐約時報》（ *The New York Times* ）的專題報導標題「台灣是亞洲同志的燈塔」，由該報當時駐北京特派員也是普立茲獎得主傑安迪（Andrew Jacobs）撰文，他認為相較於亞洲其他地區的同志仍在爭取基本保障時——甚至如汶萊、印尼亞齊省和新加坡都還保有懲罰同性性交的律法規定——台灣的同志權益則是遙遙領先。參見：Andrew Jacobs, "For Asia's Gays, Taiwan Stands Out as Beacon," *The New York Times*, Oct. 29, 2014, https://www.nytimes.com/2014/10/30/world/asia/taiwan-shines-as-beacon-for-gays-in-asia.html

保守得多，官員們一再阻止同婚法制化的討論。」[2] 而外交部更是早在專法送交立法院之前，就以世界同婚合法國家的彩虹地圖來宣揚台灣的「平權自信，世界同行」。[3] 一些媒體評論藉此肯定台灣主權與民主價值，推崇這種軟性民主是突破傳統外交困境的途徑，[4] 也有媒體報導同婚法制化將為台灣帶來龐大的粉紅經濟商機。[5] 近年來，同婚法制化已成為國際普遍用以衡量人權價值與自由民主的指標，現在也被一些倡議台灣主權的論述用以作為區隔中國大陸與台灣政體差異的工具：台灣如同歐美國家是自由民主與平等進步的同路人。[6] 諸如「台灣主權與同志運動、同婚法制化之間有多麼親密？」或者說，「國族意識形態（親中與台獨、傾華與反中）與同志運動、同婚法制化之間如何相互影響？」這類問題也引發了一些討論與研究。[7] 例如劉文就

2　李修慧，〈亞洲第一、通過同婚專法的那刻：外媒眼裡的台灣是什麼樣子？〉，《關鍵評論》，2019年5月17日，https://www.thenewslens.com/article/119303

3　政治中心綜合報導，〈亞洲第一部同婚法案！外交部霸氣喊：我台灣我驕傲〉，《ETtoday新聞雲》，2019年2月23日，https://forum.ettoday.net/news/1385084

4　Lukas Niu，〈同性婚姻合法化，所體現的「台灣價值」：跳脫傳統外交想像，我們用人權在國際綻放〉，《換日線CROSSING》，2019年5月20日，https://crossing.cw.com.tw/blogTopic.action?id=938&nid=11747

5　例如：簡翊展，〈台灣成亞洲平權燈塔 業者為粉紅經濟卯足全力〉，《芋傳媒》，2019年5月21日，https://taronews.tw/2019/05/21/346767/

6　相關論述可參見劉奕德論證中華民國在台灣以歐美酷兒自由人權論述來區隔中華人民共和國的研究。（Petrus Liu, *Queer Marxism in Two Chinas.*）

7　Ying-Chao Kao, "The Coloniality of Queer Theory: The Effects of 'Homonormativity' on Transnational Taiwan's Path to Equality," *Sexualities*, Oct. 11, 2021: 1-18; Minwoo Jung, "Imagining Sovereign Futures: The Marriage Equality Movement in Taiwan," *Social Movement Studies*, Dec. 9, 2021: 1-18; Adam Chen-Dedman, "Seeing China Differently: National Contestation in Taiwan's LGBTQ (*tongzhi*) Movement," *Nations and Nationalism* 28(4), Oct. 2022: 1212-1229; Adam Chen-Dedman, "*Tongzhi* Sovereignty: Taiwan's LGBT

提出「戰（暫）時的酷兒台灣主體」來跳脫中美冷戰地緣政治結構的認識框架，認為台灣的同志社群需要一種「策略性的同志國族主義」，一方面警覺國族主義可能帶來的危險，另一方面則要善用同志運動和同婚法制化的成果讓世界看見台灣。[8]

　　這些研究一方面反映了台灣年輕世代（所謂的天然獨或太陽花世代）對於中國崛起的立場，2014年香港的「雨傘運動」以及後續2019年的「反修例運動」（反對《逃犯條例修訂草案》運動之簡稱），更強化島內既有的反中（anti-China）或恐中（Sinophobia）的情緒，使得兩岸三地議題更為糾纏複雜，也讓相互討論和理解變得幾乎不可能。另一方面，這些研究對於同志運動和同婚法制化的敘事則再度複製了敵我對立、非此即彼的冷戰邏輯，尤其在透過所謂「進步價值」的種類與含量來區分「中國殖民主義或帝國主義」vs.「台灣民族主義或地方自決」，也就是採取看似普世化的人權論述作為評斷的標準——類似過往文化冷戰的型態，不只是以軍事、經濟和政治的競逐對抗為主，更是透過以人權論述為主導的文化征戰，因而重構了冷戰意識形態的對立情勢——而把對於同婚議題的不同意見都塞到親中與否、台獨與否的框架來解釋。這種機械化、教條化的二元對立，似乎排擠其他反思批判的空間，也讓「重新探索第三世界的可能性」好像成為台灣同志主權與人權的對立面。同婚法制化運動的論爭照見了後冷戰時期特定知識結構與論述系統的效應，冷戰遺緒所形構的分斷體制之幽魂仍舊飄盪在台灣的上空。

　　2022年第二十屆台北同志遊行舉辦的時候，蔡英文總統在推特

Rights Movement and the Misplaced Critique of Homonationalism," *International Journal of Taiwan Studies*, Aug. 11, 2022: 1-30.

8　劉文，〈非西方、亞洲或中美冷戰結構？重置酷兒臺灣的戰（暫）時主體〉，頁3-36。

（Twitter）貼了一則文章說道，當年參加第一屆遊行的人很難想像二十年之後，台灣會成為亞洲第一個「婚姻平權」的國家；她感謝台灣的民主與公民社會不斷對話和溝通，而能夠走向互相了解與包容的社會。在這則貼文的論述效應裡，我們似乎與蔡總統一起見證了台灣社會的進步與發展，也共同邁進了難以想像的未來，然而透過文章所呈現的線性時間敘事，那些與同性戀相連的歷史創傷、那些因同性愛欲所受到的汙名、羞恥、歧視與國家暴力，[9]似乎被這種進步的敘事所置換或取代了（小歷史經常被大歷史所掩蓋或曲解），而政府就能以一種訴諸自由、民主與平等的人權價值，來重構理想的公民社會與國族認同。並且這種未來性的實現（同婚法制化）更再度遮蔽了此刻性少數仍在遭受的苦難，也就是說，那些創傷已然成為過去，從而變得難以想像、不復記憶，甚至在自由人文主義人權論述的視野裡更是無法理解、不能述說（台灣早已不是第三世界？）。我認為是在這個意義上，同志運動和同婚法制化成為建構台灣主權與國族認同的另類神主牌（台灣和中國不同），也是提升外交地位與擦亮國際能見度的有效轉轍器（台灣與世界接軌）。我們還可以觀察到，過度強調「台灣價值」的結果，將可能加劇的敵意和反對情緒。每當代議體制選舉失敗時，每個人都在抓戰犯，外省籍第二、三代的身分成為某種原罪，統獨對立也更顯激化。而在同志相關議題上，如果有人批評民進黨的政策，經常會被貼上親中的標籤，像「毀家廢婚」或「藍甲」（支持國民黨或泛藍傾向的同志之簡稱）這類的不同意見，很容易就會在台灣主權

9　第一屆同志遊行的出發地——台北「新公園」——是戰後台灣的同志社群地標，1996年陳水扁任台北市長時改名為「二二八紀念公園」；改名後，同志轉移到公園旁邊的常德街聚集，1997年於該地發生警察臨檢同志的濫權事件。參見：喀飛，《台灣同運三十：一位平權運動參與者的戰鬥發聲》（台北：一葦文思，2021），頁56-59。

的光輝之中消失湮滅。我的說法並非在為「藍甲」甚至「護家盟」（台灣宗教團體愛護家庭大聯盟之簡稱）等的觀點做辯護，而是著重在如果我們都希望台灣是一個異質、多樣且包容的島嶼——一個集聚殊異者的「共生體」——或許需要更為謹慎地討論和設想主權議題以及性少數、包括其他少數者生存處境之間的關係。[10]

目前一些國外相關研究指出，法定的婚姻形式雖然為特定性／別少數帶來相關法律權益的保障，但同時也規範與限制我們對於性／親密關係的安排與想像，並擴及到不同議題如種族、階級、國族等橫跨政治、經濟、社會、法律、政策、制度以及文化面向的衝擊。[11]在台灣社會脈絡中，同婚成家作為一種法律政策與文化政治的持續性作用，也已經引發一連串的辯論。[12]就像陳昭如從女性主義角度所提醒的：

10　我是在社會主義脈絡採用「共生體」一詞，來自第一章討論無政府主義者謙弟批判當時的戀愛論並提出人我互助時的觀點。此外，日本當代馬克思主義哲學家柄谷行人（1941-）討論責任政治及倫理時，提醒我們馬克思原本把共產主義視為一種倫理學，是「自由而平等的生產者之聯合社會（Association）」，是要把消費－生產協同組合推行到全球，進而取代國家最終國家消失。（柄谷行人著，林暉鈞譯，《倫理21》，台北：心靈工坊，2011，頁236-242）這邊的「Association」也近似於我所說的「共生體」。

11　美國脈絡的同婚辯論參見：BeyondMarriage.org and Joseph DeFilippis (Taylor & Francis Group, LLC), "Beyond Same-Sex Marriage: A New Strategic Vision for All Our Families and Relationships: *July 1, 2006,*" *Studies in Gender Sexuality* 9(2), 2008: 161-171, https://mronline.org/2006/08/08/beyond-same-sex-marriage-a-new-strategic-vision-for-all-our-families-relationships/; Mary Bernstein, and A. Taylor Verta eds., *The Marrying Kind? Debating Same-Sex Marriage within the Lesbian and Gay Movement* (Minneapolis: University of Minnesota Press, 2013); Ryan Conrad, ed., *Against Equality: Queer Revolution, Not Mere Inclusion* (Oakland: AK Press, 2014).

12　關於台灣同性婚姻法制化運動發展的研究已累積不少成果，以下僅列舉一些不同領域的文獻。以「毀家廢婚」為主的左翼酷兒作者們自2013年一系列在「苦勞網」（www.coolloud.org.tw）的全面性批判的論戰文章集結，參見：想像不家庭陣線著，洪凌

婚姻平權已成為爭論的所在，各種婚姻及平等的觀點在其中彼此競爭與相互作用，而西方霸權則是既得到肯定又受到質疑。這種情況導致婚姻至上主義令人遺憾的興起、形式平等的持續盛行，以及在移植婚姻平權時女性主義聲音的喪失。〔中略〕當對婚姻軌跡的標準化敘述從關注男性優勢轉向排斥同性伴侶時——這種現象並非台灣獨有——令人擔憂的是，隨著婚姻平權運動的擴大，它正在失去批判的銳利性，並邊緣化了女性主義的關切。[13]

同性婚姻法制化未來將如何影響我們對於其他性／別少數與底層弱勢者們的權益保障與不同認識，包括阻礙我們反思批判普世人權或與西

主編：《想像不家庭：邁向一個批判的異托邦》（台北：蓋亞，2019）。關於同婚法制化運動的政治過程脈絡，參見：Ming-sho Ho, "Taiwan's Road to Marriage Equality: Politics of Legalizing Same-sex Marriage," *The China Quarterly* 238, Jun. 2019: 482-503. 關於同婚運動採用立法和訴訟併行的雙重策略並比較台美運動脈絡差異，參見：官曉薇，〈婚姻平權與法律動員：釋字第748號解釋前之立法與訴訟行動〉，《臺灣民主季刊》第16卷第1期（2019年3月），頁1-44。關於同婚運動以及保守宗教反對勢力浮現的脈絡與相關反思，參見：Hoching Jiang, "Marriage, Same-Sex, in Taiwan"; Ming-sho Ho, "The Religion-Based Conservative Countermovement in Taiwan: Origin, Tactics and Impacts," in David Chiavacci, Simona Grano, and Julia Obinger eds., *Civil Society and the State in Democratic East Asia: Between Entanglement and Contention in Post High Growth* (Amsterdam: Amsterdam University Press, 2020): 141-165. 自由主義的人權觀點，參見：Frédéric Krumbein, "Rainbow Island: Taiwan's Struggle for Marriage Equality," *Journal of Human Rights* 19(4), Sep. 2020: 484-500. 批判主流同化論述的觀點，參見：Eric K. Ku, "'Waiting for My Red Envelope': Discourses of Sameness in the Linguistic Landscape of a Marriage Equality Demonstration in Taiwan," *Critical Discourse Studies* 17(2), Aug. 20, 2020: 156-174.

13　Chao-ju Chen, "Migrating Marriage Equality Without Feminism: Obergefell v. Hodges and the Legalization of Same-Sex Marriage in Taiwan," *Cornell International Law Journal* 52, 2019: 142. 另參見：陳昭如，〈寧靜的家庭革命，或隱身的父權轉型？論法律上婚家體制的變遷〉，《近代中國婦女史研究》第34期（2019年12月），頁255-268。

方民主自由等價值規範的可能性，更有待持續且深入的探究。

本書最初的研究動機是在前述同志運動、婚姻平權運動與同性婚姻法制化推動所引發各方論戰的語境中浮現，[14] 並在同婚法制化所散發的彩虹認同氛圍中思考以下問題：其一，在現、當代的華文語境中，人們關於同性戀的感知或認識是什麼？其二，同性戀與婚姻家庭的交織如何影響人們對於同性戀的認識？其三，除了婚姻形式之外，同性的性／親密關係還有什麼可能的樣貌與其他的形態？我主要藉由分析男同性愛欲文學與相關論述來展開這些問題的思考：文學承載了難以再現的情感能量與生命經驗，透過打開文本空間，得以探究這裡面所能夠容納與體現矛盾曖昧、複雜難決的張力。通過文學與文化研究，我試圖勾勒同性戀生存樣態夾纏於自身在地的生活脈絡、同志公民身分與權益運動、反同宗教勢力與酷兒批判論述之間的緊張與為難：一方面這種夾纏似乎是第三世界同性戀置身後冷戰與新自由主義全球化之下的一種生命情境，[15] 另一方面這樣的生命情境或許也是一些朋友們或直面或選擇生命無以為繼的可能原因。透過民國時期歷史文獻的考掘（第一章）及小說書寫的分析（第二章），並藉由分

14　有關反同婚的保守派、擁同婚的進步派或自由派，以及毀家廢婚的左派或激進派等主要論戰三方的立場與論述之深入分析與反思批判，參見：卡維波，〈同性婚姻不是同性戀婚姻：兼論傳統與個人主義〉，《應用倫理評論》第62期（2017年4月），頁5-35；〈台灣同性婚姻的三方爭議〉，《人間思想》（台灣繁體版）第17期（2018年8月），頁78-91。

15　例如人類學者鮑比・貝內迪斯托（Bobby Benedicto）以自我民族誌探討同屬第三世界的菲律賓，其首都馬尼拉的都會中產酷兒們在全球化情境下面對歷史、階級及種族議題時的回應策略及共謀實踐：他稱為「全球邊緣，在地優越」。參見：Bobby Benedicto, "The Third World Queer," in E. H. Yekani et al eds., *Queer Futures: Reconsidering Ethics, Activism, and the Political* (Burlington: Ashgate, 2013), pp. 117-130.

析當代男同性愛欲小說中關於親密關係與婚姻家庭的想像與辯證（第
三章），以及位處結構底層與身受愛滋汙名的弱勢他者之存活與死亡
（第四章）——這兩個面向不僅關乎並構成當代同性戀生存情境的正
反兩面，更是影響且形塑同性戀認識論轉變的具體社會制度及歷史事
件——本書描繪了不同歷史情境中同性戀主體的生命樣態。

　　本書稱這些同性戀認識論轉變過程所形構的、非典異質的同性戀
主體之生命樣態為「愛的汙托邦」，並指出它們或是既被權力穿透又
施用於社會維穩、或是能生產批判反轉動能的「共生體」。本書最後以
「愛的汙托邦」這個具多重時空意涵的概念，來總結男同性愛欲文學
文本內外層次體現的「癖」、「窺」以及「愛」三種同性戀認識框架轉變
及其歷史關係性，以凸顯同性戀主體所面對的汙名歧視、生存情境、
性／親密關係形式，以及互助共生實踐之設想。那麼問題在於，我們
該如何共同生活在愛的汙托邦之中呢？這個概念與提案除了要凸顯
「愛的關係模式」之同性戀認識論外，從空間面向來看，是要在理論
上回應從社會主義傳統而來的「烏托邦」（utopia），[16] 以及傅柯在知識論

16　尤其參照已逝的拉丁裔酷兒學者穆尼奧斯（José Esteban Muñoz, 1967-2013）的精采研
　　究。他探索馬克思主義理論家布洛赫（Ernst Bloch, 1885-1977）的烏托邦理論，將此
　　概念運用到酷兒研究而建立一個「酷兒烏托邦主義」的模型，開展出討論關於酷兒正
　　面性的分析取徑。他以這樣的酷兒未來性介入當時學界的「酷兒反社會」論戰（論戰
　　脈絡參見：Robert L. Caserio et al., "The Antisocial Thesis in Queer Theory," *PMLA* 121(3),
　　May 2006: 819-828），並探討當代美國同志權益運動浮現之前的酷兒文化生產（例如
　　1971年「第三世界同性戀革命」團體的十六條宣言），指出那既不是難以回返的過往
　　懷舊，也不是遲而未到的未來企盼。烏托邦就是當下此處，並以一種批判與抵抗主
　　流的生成模式來運作。參見：José Esteban Muñoz, *Cruising Utopia: The Then and There
　　of Queer Futurity* (New York: New York University Press, 2009), pp. 3-11. 另可參考列維塔
　　斯（Ruth Levitas, 1949- ）分析烏托邦概念轉變的研究，其囊括了歐美主要討論烏托邦
　　的文學作品、選集、政治論述和學術研究。參見：列維塔斯（Ruth Levitas）著，李廣

與空間領域的「異托邦」(heterotopia)概念。[17] 就時間面向而言，則是想接合本書所分析的歷史文獻與文學文本，從民國時期馬克思主義青年胡秋原所設想以同性情誼為基礎的「友愛大同」理念，以及無政府主義青年以性愛自由為前提所提出的「互助共生」連帶，到創造社小說家郁達夫召喚域外同性愛事蹟所再現「愛的桃花源」想像，再到戰後台灣的光泰與邱清寶所描繪的同性婚家之實踐樣態，以及愛滋與藥物文學再現的性藥／派對等等另類的性／親密關係形式之轉變。這個集合體的想像不是以身分認同導向訴求公民權利或普世人權的「共同體」，而是持續在關係的變動狀態中想方設法謀生存活的「共生體」。有一些前行的同志研究或酷兒研究採用了左派理路中以烏托邦批判現實、表達欲望、激發變革與企盼未來的理論意涵，或是傅柯式觀點裡異托邦再現混亂矛盾、呈現競爭或維穩、蘊含抵抗反轉與差異創造潛能的概念特色，而「愛的汙托邦」與前二者的差異關鍵處在於——接合社會主義觀點的同性愛如何面對中國男色傳統、西方性科學的醫療化與社會道德的汙名化的歷史淵源。以「汙」代「烏」，[18] 是要將焦點從

益、范軼鐵譯，《烏托邦之概念》(北京：中國法政大學出版社，2018)。

17　傅柯在1967年的演講中則提出了具空間性辯證意涵的「異托邦」概念，他透過並置對照的方式呈現「地方(真實空間)－異托邦(虛實交錯)－烏托邦(無有之鄉)」三組概念之間的差異；他並以鏡子為例來描繪異托邦虛實交錯與矛盾弔詭的空間特質，以及人們在攬鏡自照所經驗到重構自我的主體化過程。參見：Michel Foucault, Jay Miskowiec tran., "Of Other Spaces," *Diacritics* 16(1), Jan. 1986: 22-27. 另參照王志弘以功能面向來整理「heterotopia」的意義矩陣，他主張要在特定歷史或經驗脈絡中來指認、區分與詮釋「heterotopia」通過何種機制而發揮什麼作用。參見：王志弘，〈傅柯Heterotopia翻譯考〉，《地理研究》第65期(2016年11月)，頁75-105。

18　如同高夫曼(Erving Goffman, 1922-1982)所指出的，汙名(Stigma)是在互動關係與情境脈絡浮現，而不是主體天生就有的本質論或者犯罪學標籤論的觀點。參見：高夫曼(Erving Goffman)著，曾凡慈譯，《污名：管理受損身分的筆記》(台北：群學，

小說所置身的時空脈絡中烏托邦空間的具體存在，轉移到關注這些文本所想像規劃的烏托邦並非傳統設想的如白紙般潔淨一致，這些被視為或自認為汙穢骯髒與不該存在的諸眾之生命樣態，根本不會被生產成、或認知為受汙者——因為以往的理論觀點主張烏托邦因為去除了私有制而能達到真正的平等，因此不會存在汙名歧視等不乾淨的人事物。此外，在文本內部，小說再現病理化、道德化但同時也有關係性的三種模式而描繪出同性戀認識論的矛盾混雜狀態；在文本之外的層次，小說的生產本身身處不同時代也與社會對話而表徵了這樣的渾沌曖昧狀態。[19] 因此，小說所再現的愛的汙托邦在概念上不是呈現線性或凝結的狀態，而是想要展現出不斷縈繞和持續變動的情境。它既表徵歷史與記憶、未來與想像，也關注當下日常經驗與感受。它是以同性友愛為基礎所設想的烏托邦理想，也是在現實世界日常縫隙中的異托邦閃現，更是與非正典的異質殘渣共生的汙托邦存在，時刻直面身處邊緣而生的汙名危險並千方百計以絕處求生。[20] 它既描繪幻想與空想的無何有之處，也體現虛實交錯與異質混雜的真實場址，小說角色

2010）。

19 以空間隱喻來表徵同性愛欲的文學書寫同時擴充了以三溫暖、酒吧和公園等實體空間作為同志歷史文化地景的觀點。見喀飛等著，邱怡瑄主編，《以進大同：台北同志生活誌》（台北：財團法人台灣文學發展基金會，2017）。

20 參照美國酷兒學者羅赫（Tom Roach）以同性友愛作為理論出發點——他認為傅柯的同性友愛觀是一種烏托邦，並主張友愛的特性不是社會的基礎，而是「無目的性的非形式關係」（a formless relation without telos）——來探討友愛的疏離、背叛、自我揭露與分享秘密並闡釋反關係性（anti-relationality）的倫理。他還以美國愛滋風暴時期的同性戀團體「ACT UP」與夥伴照顧系統（buddy system）為例，來說明團體所創發的生命政治的抵抗模式與激進民主的參與形式，並設想有別於以當代同志權益為主的性主體、性政治與性社群。參見：Tom Roach, *Friendship as a Way of Life: Foucault, AIDS, and the Politics of Shared Estrangement* (New York: SUNY Press, 2012).

的往昔回憶或未來夢想（如第三章討論的婚姻家庭）、縱情享樂的避難所與直面痛苦的安樂鄉（如第四章分析的性藥轟趴），以及表露真我與吐露內心的自敘傳（如第二章郁達夫與郭沫若的書寫）。

　　本書在橫跨百年的歷史系譜及關係連帶中追索同性戀認識論及主體變化的過程。第一章從胡秋原所設想的打破以異性戀生殖繁衍為主的人類結合、期許以愛和勞動為媒介的社會主義視野、完全消融各種界限區隔的「友愛大同」，到無政府主義青年謙弟及劍波在設想真正自由、平等與民主的社會中思考同性愛的情況。而第二章在一九一〇至一九四〇年代數量不多的男同性愛欲小說中——從郁達夫的〈茫茫夜〉到郭沫若的〈蔗紅詞〉，從沈從文的〈虎雛〉到葉鼎落的〈男友〉——同性愛並不全然表現對主流性別秩序的挑戰與抵抗，也有妥協與轉化；也不全然是隱喻家國衰敗的寓言，還有關注自我情感解放的象徵；更不全然受到西方現代性的性史敘事影響，而仍與中國傳統男色癖性的說法糾纏不清。

　　第三章在戰後台灣時空脈絡中面對著雙戰結構及後來新自由主義全球化的效應下，討論同性愛欲和婚姻家庭兩者之間的矛盾關聯，特定歷史情境中的婚家想像不僅重構冷戰之前的同性戀認識框架，也凸顯同性戀或許再次鞏固了婚家形式樣貌與內容成分，而未必都具備內爆婚家體制的潛能，進而暴露婚家體制所結構出的同性戀不可能與不合時宜（這個社會的本質不適合我們）。第四章在轉入新世紀期間愛滋及性藥／派對幾乎全面取代過往的認識論內涵而成為主導性框架時，藉由性藥／派對通俗文學來思考「同性戀的性藥愛滋化」延伸出來的生命倫理議題及主體存有狀態，進而探勘出愛滋治理及性藥／派對空間所生成的酷兒不妥協與不見容（我們的存在不適合這個社會）。本書也藉此刻畫沿途掉隊的同性戀主體——逃避婚姻的homo、被歷史

遺忘的深櫃同夫、跨國轉生的亞男同志、無力抵抗的運動分子、自憐自哀的荒人、回歸鄉土的歡人、縱情享樂的趴客、自我封閉的煙友、長期仰賴抗病毒藥物以維繫生命的愛滋感染者、自殺的癡妹罔兩與嗑藥活死人──看見這些既支撐體制與推動結構再生產工程、但同時又被體制結構所排除的「異質殘渣」，並冀求在艱難的生存處境及愛欲實踐之中，召喚百年前友愛大同的共生想像。

　　中國在廿世紀初期透過翻譯自日本及歐美的相關知識，「同性戀愛」也開始浮現在漢字文化圈中，並逐漸沉澱為現在我們用以認識及定義同性愛欲及實踐的主導性概念，進而在後／冷戰歷史過程中特殊化為奠基且增生成各式各樣的身分認同（LGBTQQIAA）[21]，甚至在新自由主義全球化情境下形成國家公民權利（如台灣的同性婚姻法）、政治倫理價值（如聯合國〔United Nations〕的國際人權公約〔International Bill of Human Rights〕）以及生死存亡決策（如世界衛生組織〔World Health Organization〕的愛滋醫療體制）的普世認知框架和衡量尺度。本書藉由小說書寫及論述材料，梳理從民國初年到新世紀之後漢語世界同性戀的認識論系譜及歷史關係性，藉由重返同性戀愛在民國時期甫浮現時意義尚未穩固的歷史階段；這個詞彙概念的迻譯及流轉不僅體現了中國的「跨文化現代性」，在認識論上也表徵著東亞現代「性」的一個重要面向。而本書也在歷史文獻與記憶、在當前政治與實踐、在幸福的想望與苦難的悼念、在可能性與不可能性之間，提出不同的主體認識與生活方式，以及想像另類的共生體。這個研究與書寫過程本身正是在實驗並創造一個互助共生的「愛的汙托邦」。

21　「LGBTQQIAA」即「lesbian, gay, bisexual, transgender, queer, questioning (one's sexual or gender identity), intersex, and asexual/aromantic/agender」的縮寫簡稱。

致謝

在本書的研究過程，我獲得許多人的幫助，她們鼓勵與支持我持續奮鬥完成這項工作。本書的基礎來自我的博士論文，我首先要感謝指導教授劉人鵬，她嚴謹的治學態度和扎實的學術訓練，奠定我的研究能力，我向她致以最誠摯的謝意。論文口試委員臺灣大學外文系朱偉誠、中央大學英美語系林建廷及黃道明、師範大學台文系曾秀萍，及成功大學中文系蘇敏逸，她們悉心的批評與溫暖的鼓勵，讓我的研究得以脫胎換骨。我也非常感謝偉誠的慷慨，為本書寫了精采的序文。

本書撰寫期間，我曾擔任陽明交通大學（台灣聯合大學系統）亞際文化研究國際碩士學位學程的助理教授級教學研究教師，非常感謝文化研究國際中心主任劉紀蕙，學程副主任莊雅仲，亞太／文化研究室陳光興及林麗雲，以及中央大學性／別研究室丁乃非、白瑞梅、林純德、何春蕤、甯應斌及游靜，她們的提攜與支持鼓勵，使我獲益良多。我也擔任清華大學中國文學系與人文社會學院學士班的兼任助理教授，感謝中文系蔡英俊、顏健富、楊佳嫻及羅仕龍，亞太／文化研究中心李丁讚、李卓穎及陳瑞樺，以及性別與社會研究中心林文蘭及方怡潔的支持。我也要感謝這些單位的前後任助理及夥伴們，特別是陳靜瑜、沈慧婷、林郁曄、黃勤雯及徐千惠的協助。我也很幸運地獲得許多前輩師長的教導及鼓勵：中研院歐美所王智明，文哲所彭小妍、陳相因及李育霖，政治大學台文所紀大偉及陳佩甄，社工所王增勇，輔仁大學心理系何東洪，中正大學歷史系郭秀鈴，淡江大學中文系黃文倩，中山大學劇藝系許仁豪，新加坡南洋理工大學中文系許維賢，美國克里夫蘭州立大學歷史系康文慶、美國波士頓大學世界語言

及文學系劉奕德，她們在專業領域的寶貴建議，是推進我完成本書的動力。

　　我要感謝給予我支持和協助的親朋好友，他們不僅是我在學術生活層面，更是在精神心靈層面的重要力量。亞太的家人們：林家瑄、宋玉雯、黃文俊、陳筱茵、蘇淑芬和鄭聖勳。新竹的家人們：李威宜和宋剛、陳立函和劉欣妮、廖子萱和陳俊豪。論文寫作支持小組的戰友：江河清、曾柏嘉、廖彥喬、龔文玲和江順楠。大叔團：林佑俊、李秉錡、何韋毅、陳奎勳、鄭易旻。台南團：林家暐、李依珊、劉哲宏和張舜哲。視聽社：陳彩凰、許秀珊、陳禹綱及黃湘雅。姊妹團：黃知宥和陳玟圻、陳芝安、陳冠中。同志諮詢熱線：喀飛、智偉、夜盲、小杜等工作人員和義工們。還有林俊穎、郭彥伯、艾可、陳珮君、陳冉涌、許霖、劉羿宏、劉冠伶、劉雅芳、顏訥、顏樞、畢海客、蕭凡鈞、邵悅、陳秋香、羅聖堡、呂政宜、賴佩暄、歐陽開斌、丘庭傑及周瑞安。特別感謝林俊穎和喀飛的推薦語。

　　倘若沒有陽明交通大學文化研究國際中心對本書的補助，以及陽明交通大學出版社的協力出版，本書很可能無法順利出版。我誠摯感謝本書的執行編輯陳筱茵、行政編輯蘇淑芬、美術設計羅文岑、校對楊雅婷及排版顏麟驊，以及出版社主編程惠芳。我要特別感謝筱茵和淑芬，因為她們的細心、負責與鞭策，讓本書成為一件深具意義的紀念品。

　　我也要感謝《中外文學》與《台灣學誌》的編輯委員會同意本書收錄之前發表的論文，第一章改寫自：〈自由、平等、同性愛：民國時期社會主義視野的性／別論述〉，《中外文學》第51卷第1期（2022年3月，頁131-162）；第四章的第二、三節改寫自：〈愛滋病毒、派對藥物與酷兒壞情感：《愛我就趁夏天》的「毒／藥」政治〉，《台灣學誌》第

11期（2015年4月，頁35-60）。

　　多多、聖勳、伯豪、光頭、貝蒂夫人等提早脫隊的摯友，以及這些年曾彼此相伴的愛人們，除了感謝，許多話已經來不及說出口，我想未來或許還有機會的吧。最後，由衷感謝我的父母、大弟小弟和家人們，她們總是支持我的任性完成自己想做的事。

參考書目

中文書目

[無署名],〈92人雜交28人患愛滋31梅毒 疾管局：疫情恐擴散〉,《蘋果日報》,
2014年1月21日。

[無署名],〈內褲男轟趴92人搖頭雜交〉,《中國時報》,2004年1月18日。

[無署名],〈同志肉慾橫流 派對愛滋穿梭〉,《中國時報》,2003年8月2日。

[無署名],〈同志愛滋派對 人權團體籲尊重當事人隱私〉,《中國時報》,2004年1
月20日。

[無署名],〈性病防治所：搖頭轟趴 愛滋病的溫床〉,《中國時報》,2004年1月20
日。

[無署名],〈寂寞同志 在轟趴肉慾裡沉淪〉,《蘋果日報》,2006年10月24日。

[無署名],〈轟趴走光92內褲男進警局 搖頭派對、多P雜交大場面罕見 起出數
百枚保險套、大批毒品查出一舞客是愛滋病患〉,《聯合報》,2004年1月18
日。

[無署名],〈本卷說明〉,《沫若自傳．第一卷：少年時代》,香港：三聯書店,
1978年。

[無署名],〈全譯加本特戀愛論〉,《新女性》第2卷第5期,1927年5月,頁119。

[無署名],〈同性愛的血案〉,《玲瓏》第2卷第53期（總53期）,1932年6月8日,
頁113-114。

[無署名],〈地方通信：無錫雞姦案〉,《申報》,1930年9月13日。

[無署名],〈胡秋原〉,「中央研究院近代史研究所」網站,https://mhdb.mh.sinica.
edu.tw/mhpeople/result.php?peopleName=%E8%83%A1%E7%A7%8B%E5%8E%
9F&searchType=1#4（最後瀏覽日期：2023年3月15日）。

[無署名],〈趙夢南為同性戀愛而死：在校之情形與死之證實〉,《中國攝影學會
畫報》第4卷第188期,1929年,頁298。

[無署名],〈蔡蕙芳為婚姻而死〉,《申報》,1931年12月22日。

A. E. Long著,漢譯,〈同性愛的研究和防止〉,《性科學》第2卷第4期,1936年

11月，頁15-26。

Edward Carpenter著，正聲譯，〈中性論〉，《婦女雜誌》第6卷第8期，1920年8月，頁1-14。

Lukas Niu，〈同性婚姻合法化，所體現的「台灣價值」：跳脫傳統外交想像，我們用人權在國際綻放〉，《換日線CROSSING》，2019年5月20日，https://crossing.cw.com.tw/blogTopic.action?id=938&nid=11747（最後瀏覽日期：2023年3月15日）

Mex Hirsch著，李武城譯，〈配偶的選擇（十九至二八）〉，《新女性》第3卷第6期，1928年6月，頁663-670。

P. W. J., U. D.著，行雲譯，〈同性愛可以治療〉，《健康生活》第23卷第5/6期，1941年3月25日，頁166-168。

Peter，《ES未竟之歌》，台北：基本書坊，2014年。

SEXLGBT（同志性板匿名帳號），《HIV教我的事》，2012年8月22日，https://docs.google.com/document/d/1Yde_okeCMjrcpjEv26z-K9E70seyU4LbtGFACtMsD8c/edit?pli=1（最後瀏覽日期：2023年3月15日）

T0P，《全部幹掉》，台北：基本書坊，2013年。

丁乃非、白瑞梅、劉人鵬，《罔兩問景：酷兒閱讀攻略》，桃園：中央大學性／別研究室，2007年。

丁乃非、林建廷、黃道明，〈左翼不進步：專題導言〉，《台灣社會研究季刊》第109期，2018年4月，頁1-4。

丁乃非著，黃道明譯，〈成者為妻，敗者妾妓：婚姻轉型與女權演化〉，丁乃非、劉人鵬、張馨文、黃詠光編：《罔兩問景II：中間物》，新竹：國立陽明交通大學出版社，2022年，頁126-159。

丁瓚，〈一個青年的同性愛問題〉，《西風》第99期，1947年10月，頁189-195。

大D＋小D，《搖頭花：一對同志愛侶的e-Trip》，台北：商周，2005年。

小YG行動聯盟，《跑趴指南》，台北：小YG行動聯盟／男同志減害健康聯盟，2011[2009]年。

工藤貴正著，範紫江、張靜、吉田陽子譯，吉田陽子校對、編修，《廚川白村現象在中國與臺灣》，台北：秀威，2017年。

巴代伊（Georges Bataille）著，賴守正譯，《情色論》（L'EROTISME），台北：聯經，

2012年。

巴特勒（Judith Butler）著，何磊、趙英男譯，《脆弱不安的生命：哀悼與暴力的力量》（ *Precarious Life: The Powers of Mourning and Violence* ），鄭州：河南大學出版社，2016年。

文榮光、陳珠璋，〈同性戀之臨床個案報告〉，《中華民國神經精神醫學會會刊》第6卷第1期，1980年1月，頁2。

王汎森，〈時間感、歷史觀、思想與社會：進化思想在近代中國〉，《思想是生活的一種方式：中國近代思想史的再思考》，台北：聯經，2017年，頁251-276。

王志弘，〈傅柯Heterotopia翻譯考〉，《地理研究》第65期，2016年11月，頁75-105。

王彥蘋，《狂喜舞舞舞：台灣瑞舞文化的追尋》，台北：世新大學社會發展研究所碩士論文，2003年。

王梅香，〈美援文藝體制下的台、港、馬華文學場域：以譯書計畫《小說報》為例〉，《台灣社會研究季刊》第102期，2016年3月，頁1-40。

王盛弘，〈借來的故事／夜間飛行〉，《關鍵字：台北》，台北：馬可孛羅，2008年，頁91-108。

王晴鋒，《同性戀研究：歷史、經驗與理論》，北京：中央民族大學出版社，2017年。

王智明，〈從文學革命到文化冷戰：侯健與新人文主義的兩岸軌跡〉，《台灣社會研究季刊》第105期，2016年12月，頁61-101。

王智明、林麗雲、徐秀慧、任佑卿編，《回望現實‧凝視人間：鄉土文學論戰四十年選集》，台北：聯合文學，2019年。

王欽，〈「個體」「主體」與現代文學的發生：以郁達夫《沉淪》為例〉，《中國現代文學研究叢刊》2018年第6期，2018年6月，頁215。

王德威（David Der-wei Wang）著，涂航、余淑慧、陳婧祾譯，《史詩時代的抒情聲音：二十世紀中期的中國知識分子與藝術家》（ *The Lyrical in Epic Time: Modern Chinese Intellectuals and Artists through the 1949 Crisis* ），台北：麥田，2017年。

丘畯，〈動物的「同性戀愛」〉，《生物學雜誌》第1期，1926年6月，頁69-75。

左皖瑄、俞戎航，〈男同志雜交搖頭內褲派對 保險套滿地 異味令人作噁〉，《東森

新聞網》，2004年1月17日，http://www.ettoday.com/2004/01/17/952-1574844. htm（網址連結已失效）

加本特（Edward Carpenter）著，樊仲雲譯，《加本特戀愛論》（*Love's Coming of Age: A Series of Papers on the Relations Between the Sexes*），上海：開明書局，1927年。

卡本特（Edward Carpenter）著，秋原譯，〈同性戀愛論〉（"The Homogenic Attachment"），《新女性》第4卷第4期，1929年4月，頁94-114。

——著，秋原譯，〈同性戀愛論（續）〉，《新女性》第4卷第5期，1929年5月，頁41-66。

卡維波，〈什麼是酷兒？〉，何春蕤主編：《酷兒：理論與政治》（《性／別研究》第3/4期合刊），桃園：中央大學性／別研究室，1998年，頁32-46。

——，〈逆流酷兒〉，《文化研究》第13期，2011年秋季號，頁324-337。後收於劉人鵬、宋玉雯、鄭聖勳、蔡孟哲編：《酷兒·情感·政治：海澀愛文選》，新北：蜃樓，2012年，頁309-324。

——，〈同性婚姻不是同性戀婚姻：兼論傳統與個人主義〉，《應用倫理評論》第62期，2017年4月，頁5-35。

——，〈當代台灣性意識形態之派別與變化〉，《人間思想》（台灣繁體版）第17期，2018年8月，頁63-77。

——，〈台灣同性婚姻的三方爭議〉，《人間思想》（台灣繁體版）第17期，2018年8月，頁78-91。

——，〈粉飾與同性戀民族主義之後〉，《台灣社會研究季刊》第111期，2018年12月，頁231-248。

卡賓塔（Edward Carpenter）著，沈澤民譯，〈同性愛與教育〉，《教育雜誌》第15卷第8期，1923年8月，頁1-10。

台灣同志諮詢熱線協會編，《性愛達人》，台北：台灣同志諮詢熱線協會，2013[2005]年。

本間久雄著，士驥譯，〈王爾德入獄記〉，《語絲》第5卷第43期，1930年1月6日，頁1-27。

玉壺，〈冰心演講同性愛記〉，《玲瓏》第6卷第28期（總246期），1936年7月22日，頁2131-2135。

白睿文，〈孽子、荒人、鬼兒：白先勇與台灣同志書寫的延續〉，白睿文、蔡建

鑫主編：《重返現代：白先勇、現代文學與現代主義》，台北：麥田，2016
　　年，頁169-211。

任培初，〈同性愛之不良結果〉，《玲瓏》第2卷第56期（總56期），1932年6月29
　　日，頁247。

伊藤虎丸著，孫猛、徐江、李冬木等譯，《魯迅、創造社與日本文學：中日近現
　　代比較文學初探》，北京：北京大學出版社，2005[1995]年。

光泰，《逃避婚姻的人》，台北：時報，1976年。

——，《逃避婚姻的人》（新版），台北：號角，1995年。

列維塔斯（Ruth Levitas）著，李廣益、范軼鐵譯，《烏托邦之概念》（*The Concept of*
　　Utopia, 1990），北京：中國法政大學出版社，2018年。

安井伸介，《中國無政府主義的思想基礎》，台北：五南，2013年。

安克強，〈一個悲傷靈魂的懺悔〉，《玫瑰花枯死了》，台北：皇冠，1991[1990]
　　年，頁65-74。

朱天文，《荒人手記》，台北：時報，1994年。

朱偉誠，〈受困主流的同志荒人：朱天文《荒人手記》的同志閱讀〉，《中外文學》
　　第24卷第3期，1995年8月，頁141-152。

——，〈台灣同志運動的後殖民思考：論「現身」問題〉，《台灣社會研究季刊》第
　　30期，1998年6月，頁35-62。

——，〈同志‧台灣：性公民、國族建構或公民社會〉，《女學學誌：婦女與性別
　　研究》第15期，2003年5月，頁115-151。

——，〈另類經典：台灣同志文學（小說）史論〉，朱偉誠編：《臺灣同志小說
　　選》，台北：二魚，2005年，頁9-35。

——，〈國族寓言霸權下的同志國：當代台灣文學中的同性戀與國家〉，《中外文
　　學》第36卷第1期，2007年3月，頁67-107。

——，〈西方友誼研究及其在地用處初探〉，《台灣社會研究季刊》第99期，2015
　　年6月，頁1-77。

——，〈文學史的發明或發現？評紀大偉《同志文學史：台灣的發明》〉，《台灣社
　　會研究季刊》第108期，2017年12月，頁165-181。

朱偉誠編，《臺灣同志小說選》，台北：二魚，2005年。

艾思奇，《大眾哲學》（1936年1月），《艾思奇全書‧第一卷》，北京：人民，2006

年。

行仁，〈同性戀愛與色情狂〉，《健康生活》第7卷第1期，1936年2月20日，頁13-
　　15。

何乏筆，《修養與批判：跨文化視野中的晚期傅柯》，台北：聯經，2021年。

何春蕤，〈性革命：一個馬克思主義觀點的美國百年性史〉，何春蕤主編：《性／
　　別研究的新視野：第一屆四性研討會論文集》，台北：元尊文化，1997年，
　　頁33-99。

───，〈從左翼到酷異：美國同性戀運動的「酷兒化」〉，何春蕤主編：《酷兒：理
　　論與政治》（《性／別研究》第3/4期合刊），桃園：中央大學性／別研究室，
　　1998年，頁260-299。

───，《性別治理》，桃園：中央大學性／別研究室，2017年。

吳佳原，《城市荒漠中的綠洲：臺北市男同志酒吧經驗分析》，台北：國立臺灣大
　　學建築與城鄉研究所碩士論文，1998年。

吳曉東，《1930年代的滬上文學風景》，北京：北京大學出版社，2018年。

呂芳上，〈1920年代中國知識分子有關情愛問題的抉擇與討論〉，呂芳上編：《無
　　聲之聲I：近代中國的婦女與國家（1600-1950）》，台北：中研院近史所，
　　2003年，頁73-102。

妙妙，〈同性愛的構成和防止〉，《現代青年》第3卷第3期，1936年5月15日，頁
　　21。

李世鵬，〈公眾輿論中的情感和性別：陶思瑾案與民國女性同性愛話語〉，《婦女
　　研究論叢》，2017年5月（總第143期），2017年9月，頁60-78。

李屹，《「同志」的誕生：概念史視角下行為語意朝認同語意之轉型》，台北：國立
　　臺灣大學社會學研究所碩士論文，2012年。

李宗武，〈性教育上的一個重大問題：同性愛之討論〉，《民國日報‧覺悟》，1922
　　年5月12日，第四張。

───，〈獨身傾向與危險〉，《晨報副刊》第1228期，1925年7月19日，頁91-92。

李玲，〈郁達夫新文學創作的現代男性主體建構〉，《中國現代文學研究叢刊》，
　　2015年第11期（總196期），2015年11月，頁136-147。

李修慧，〈亞洲第一、通過同婚專法的那刻：外媒眼裡的台灣是什麼樣子？〉，
　　《關鍵評論》，2019年5月17日，https://www.thenewslens.com/article/119303

（最後瀏覽日期：2023年3月15日）

李海燕（Lee Haiyan）著，修佳明譯，《心靈革命：現代中國愛情的譜系（1900-1950）》（*Revolution of the Heart: a Genealogy of Love in China, 1900-1950*），北京：北京大學出版社，2018年。

李歐梵，《現代性的追求：李歐梵文化評論精選集》，台北：麥田，1996年。

——（Leo Ou-fan Lee）著，王宏志等譯，《中國現代作家的浪漫一代》（*The Romantic Generation of Modern Chinese Writers*），北京：新星，2005年。

沈從文，〈虎雛〉，《沈從文全集・第七卷》，太原：北岳文藝，2002年，頁15-41。

——，〈論郭沫若〉，王訓昭等編：《郭沫若研究資料（中）》，北京：知識產權，2009年，頁553-558。

——，〈論中國創作小說〉，王自立、陳子善編：《郁達夫研究資料》，北京：知識產權，2010年，頁315-316。

沈澤民，〈愛倫凱的「戀愛與道德」〉，《婦女雜誌》第11卷第1期，1925年1月，頁28-43。

依格頓（Terry Eagleton）著，黃煜文譯，《如何閱讀文學》（*How to Read Literature*），台北：商周，2018[2014]年。

兩宮保衛著，兢存譯，〈女子同性愛的解剖〉，《健康生活》第1卷第3期，1934年9月15日，頁115-117。

周蕾（Rey Chow）著，蔡青松譯，《婦女與中國現代性：西方與東方之間的閱讀政治》（*Woman and Chinese Modernity: The Politics of Reading Between West and East*），上海：上海三聯書店，2008年。

孟維駛，〈同性戀的違法性〉，《警學叢刊》第14卷第2期，1983年12月，頁41-44。

官曉薇，〈婚姻平權與法律動員：釋字第748號解釋前之立法與訴訟行動〉，《臺灣民主季刊》第16卷第1期，2019年3月，頁1-44。

林宜慧，〈序：妖妖雪蓮〉，阿森著：《愛我就趁夏天》，新北：紫光，2005年，頁12-21。

林俊頴，《夏夜微笑》，台北：麥田，2003年。

林建廷，〈等待醫治的斷指：冷戰自由人文主義的國／種族殘缺敘事〉，《台灣社會研究季刊》第109期，2018年4月，頁5-35。

林運鴻，〈忘卻「階級」的兩種左派：比較台灣文學史論述中的「後殖民左翼」與「族群導向的階級敘事」〉，《中外文學》第46卷第2期，2017年6月，頁161-196。

林慰君，〈我之同性愛觀〉，《現代青年》第3卷第3期，1936年5月15日，頁12-14。

林麗雲，〈序言〉，王智明、林麗雲、徐秀慧、任佑卿主編：《回望現實・凝視人間：鄉土文學論戰四十年選集》，台北：聯合文學，2019年，頁4-25。

社團法人台灣露德協會，《娛樂性用藥減害手冊》，台中：社團法人台灣露德協會，2013年。

邱清寶，〈航行夏日風〉，《航行夏日風》，台北：皇冠，1983年，頁11-109。

──，〈地老天荒〉，《航行夏日風》，台北：皇冠，1983年，頁213-235。

──，〈夢香倫〉，《狂夏走音》，台北：派色文化，1990年，頁33-60。

邱雪松，〈「新性道德論爭」始末及影響〉，《中國現代文學研究叢刊》2011年第5期，2011年5月，頁124-132。

邱德亮，〈亦毒亦藥與鴉片政權〉，《新史學》第20卷第3期，2009年9月，頁127-155。

阿森，《愛我就趁夏天》，新北：紫光，2005年。

雨蒼，〈杭州同性戀愛慘案中之主角陶思瑾〉，《禮拜六》第465期，1932年8月13日，頁5。

咸立強，《尋找歸宿的流浪者：創造社研究》，上海：東方，2006年。

政治中心綜合報導，〈亞洲第一部同婚法案！外交部霸氣喊：我台灣我驕傲〉，《ETtoday新聞雲》，2019年2月23日，https://forum.ettoday.net/news/1385084（最後瀏覽日期：2023年3月15日）。

施特弗爾（Bernd Stöver）著，孟鐘捷譯，《冷戰1947-1991：一個極端時代的歷史》，桂林：灕江，2018年，頁8-15。

柄谷行人著，林暉鈞譯，《倫理21》，台北：心靈工坊，2011年。

柏拉圖（Plato）著，劉小楓編譯，《柏拉圖四書》，北京：生活・讀書・新知三聯書店，2015年。

柯乃熒，〈網路、搖頭與性的交錯：青少年男同志感染HIV的風險〉，《愛之關懷季刊》第63期，2008年6月，頁34-40。

洪凌，〈反常肉身奇觀，跨性酷異戰役：再閱讀科奇幻文學的酷兒陽剛與負面力量〉，《文化研究》第21期，2015年12月，頁161-198。

珍玲、S. C. H.，〈玲瓏信箱‧同性愛的女子〉，《玲瓏》第6卷第14期（總232期），1936年4月15日，頁1045-1047。

珍玲、寶玉，〈玲瓏信箱‧不要誤了一生幸福〉，《玲瓏》第2卷第79期（總79期），1932年12月21日，頁1354-1356。

禹磊，〈同性欲望敘述中的他者與界限：論郁達夫小說《茫茫夜》《秋柳》〉，《中國現代文學研究叢刊》2017年第7期，2017年7月，頁62-73。

紀大偉，〈帶餓思潑辣：「荒人手記」的酷兒閱讀〉，《中外文學》第24卷第3期，1995年8月，頁153-160。

——，〈在荒原上製造同性戀聲音：閱讀《荒人手記》〉，《島嶼邊緣》第14期，1995年9月，頁81-88。

——，《酷兒狂歡節：台灣當代QUEER文學讀本》，台北：元尊，1997年。

——，〈序二‧茫向色情烏托邦〉，徐譽誠著：《紫花》，台北：印刻，2008年，頁14-17。

——，《正面與背影：台灣同志文學簡史》，台南：國立臺灣文學館，2012年。

——，〈翻譯的公共：愛滋，同志，酷兒〉，《臺灣文學學報》第26期（2015年6月），頁75-112。

——，《同志文學史：台灣的發明》，台北：聯經，2017年。

胡秋原，〈新故的卡本特〉，《北新》第3卷第15期，1929年8月，頁37-65。

——，〈同性愛的研究〉，《同性愛問題討論集》，上海：北新書局，1930年，頁49-222。

——，〈中國人立場之復歸：為尉天驄先生《鄉土文學討論集》而作〉，《中華雜誌》第16卷第4期，1978年4月，頁37-43。後收於王智明、林麗雲、徐秀慧、任佑卿主編：《回望現實‧凝視人間：鄉土文學論戰四十年選集》，台北：聯合文學，2019年，頁44-90。

——，〈自序〉，《哲學與思想：胡秋原選集第二卷》，台北：東大，1994年，頁1-27。

郁達夫，〈茫茫夜〉，《郁達夫全集‧第一卷》，浙江：浙江大學出版社，2007年，頁139-169。

——,〈秋柳〉,《郁達夫全集·第一卷》,浙江:浙江大學出版社,2007年,頁337-375。

——,〈文藝私見〉,《郁達夫全集·第十卷》,浙江:浙江大學出版社,2007年,頁22-24。

——,〈《茫茫夜》發表以後〉,《郁達夫全集·第十卷》,浙江:浙江大學出版社,2007年,頁28-33。

——,〈答胡適之先生〉,《郁達夫全集·第十卷》,浙江:浙江大學出版社,2007年,頁37-40。

——,〈藝術與國家〉,《郁達夫全集·第十卷》,浙江:浙江大學出版社,2007年,頁57-62。

——,〈五六年來創作生活的回顧〉,《郁達夫全集·第十卷》,浙江:浙江大學出版社,2007年,頁308-313。

卿須,〈同性戀愛:少爺少奶奶皆女子也〉,《社會之花》第2卷第18期,1925年11月,頁1。

唐毓麗,〈病患的意義:談《天河撩亂》及《丁莊夢》的家族/國族紀事與身體〉,《興大人文學報》第49期,2012年9月,頁145-182。

夏志清著,劉紹銘等譯,《中國現代小說史》,桂林:廣西師範大學出版社,2014年,頁84-85。

孫明梅,〈我們不要畸形的性愛〉,《現代青年》(北平)第3卷第3期,1936年5月15日,頁22-24。

孫藝文,〈32同志拉K轟趴 逾20人染愛滋 檢警嚇到!〉,《今日新聞網》,2009年12月9日,http://www.nownews.com/n/2009/12/09/808274(網址連結已失效)

徐嘉澤,《窺》,台北:基本書坊,2009年。

徐譽誠,《紫花》,台北:印刻,2008年。

恩格斯(Friedrich Engels)著,谷風編輯部譯,《家庭、私有制和國家的起源》(*The Origin of the Family, Private Property and the State*),台北:谷風,1989年。

晏始,〈非戀愛論的又一派〉,《新女性》第2卷第6期,1927年6月,頁587-590。

桑梓蘭(Tze-Lan Deborah Sang)著,王晴鋒譯,《浮現中的女同性戀:現代中國的女同性愛欲》(*The Emerging Lesbian: Female Same-Sex Desire in Modern China*),台北:國立臺灣大學出版中心,2014年。

海澀愛（Heather Love）著，張永靖譯，〈污名的比較：殘障與性〉，《文化研究》第
　　13期，2011年9月，頁282-295。

——著，劉羿宏譯，〈倒退與酷兒政治的未來〉，劉人鵬、宋玉雯、鄭聖勳、蔡孟
　　哲編：《酷兒・情感・政治：海澀愛文選》，新北：蜃樓，2012年，頁229-
　　244。

納思邦（Martha Craven Nussbaum）著，方佳俊譯，《逃避人性：噁心、羞恥與法
　　律》（Hiding from Humanity: Disgust, Shame, and the Law），台北：商周，2007年。

郝士曼（A. E. Housman）著，饒孟侃譯，〈巴黎的迴音（續）〉，《東方雜誌》第28卷
　　第5期，1931年3月10日，頁105-112。

高夫曼（Erving Goffman）著，曾凡慈譯，《污名：管理受損身分的筆記》（Stigma:
　　Notes on the Management oF Spoiled Identity），台北：群學，2010年。

高德曼（Emma Goldman）著，劍波譯，〈結婚與戀愛〉（"Marriage and Love"），《新
　　女性》第2卷第1期，1927年1月，頁81-92。

——著，盧劍波譯，《自由的女性》，上海：開明書店，1927年。

張全之，《中國近現代文學的發展與無政府主義思潮》，北京：人民，2013年。

張志維，〈以同聲字鍊製造同性之戀：《荒人手記》的ㄈㄨㄟ語術〉，《中外文學》
　　第25卷第10期，1997年3月，頁160-179。

張淑瑛，〈愛滋感染者趴場概況〉，《娛樂性用藥對愛滋感染者影響之進階教育訓
　　練》課程手冊，台中：社團法人台灣露德協會，2014年。

張雅雯，〈同志團體：「伴侶關係」有助於愛滋防治〉，《華人健康網》，2012年6月
　　7日，https://www.top1health.com/Article/5564（最後瀏覽日期：2023年3月15
　　日）。

——，〈控制愛滋！施文儀：支持同性婚姻〉，《華人健康網》，2012年8月20日，
　　https://www.top1health.com/Article/7347（最後瀏覽日期：2023年3月15日）。

張瑞芬，〈明月前身幽蘭谷：胡蘭成、朱天文與「三三」〉，《臺灣文學學報》第4
　　期，2003年8月，頁141-201。

張漱菡，《胡秋原傳：直心巨筆一書生》（上、下冊），台北：皇冠，1988年。

張歷君，〈莎菲的戀愛至上主義：論丁玲的早期小說與廚川白村的戀愛論〉，《現
　　代中文學刊》2020年第4期（總67期），2020年8月，頁72-78。

張競生，〈性美〉，《張競生文集》，廣州：廣州，1998年，頁276-281。

──，《性史1926》，台北：大辣，2005年。

張鐵笙，〈如何防止青年的同性愛〉，《現代青年》第3卷第3期，1936年5月15日，頁17-20。

張灝，〈重返五四：論五四思想的兩歧性〉，余英時等著：《五四新論：既非文藝復興，亦非啟蒙運動》，台北：聯經，1999年，頁33-65。

梅家玲，〈性別論述與戰後臺灣小說發展〉，《中外文學》第29卷第3期，2000年8月，頁128-139。

──，〈發現少年，想像中國：梁啟超「少年中國說」的現代性、啟蒙論述與國族想像〉，《漢學研究》第19卷第1期，2011年6月，頁249-276。後收於梅家玲著：《從少年中國到少年台灣：二十世紀中文小說的青春想像與國族論述》，台北：麥田，2013年，頁33-73。

章錫琛，〈新性道德是什麼〉，《婦女雜誌》第11卷第1期，1925年1月，頁2-7。

──，〈我的戀愛貞操觀：寫在謙弟劍波兩君的文後〉，《新女性》第2卷第5期，1927年5月，頁533-536。

荷安珀（Amber Hollibaugh）著，梁俊文、黃道明譯，黃道明校訂，〈愛滋運動的社群照顧與慾望對話之必要：荷安珀訪談〉，黃道明主編：《當慾望碰上公衛：愛滋防治的解放政治》，桃園：中央大學性／別研究室，2016年，頁45-60。

許佑生，《男婚男嫁》，台北：開心陽光，1996年。

許欽文，《無妻之累》，上海：宇宙風社，1937年。

許維安，《「友誼」抑或「疾病」？──近代中國女同性戀論述之轉變（1920s-1940s）》，台北：國立臺灣師範大學歷史學系碩士論文，2019年。

許維賢，《從豔史到性史：同志書寫與近現代中國的男性建構》，桃園：國立中央大學出版中心，2015年。

許慧琦，〈1920年代的戀愛與新性道德論述：從章錫琛參與的三次論戰談起〉，《近代中國婦女史研究》第16期，2008年12月，頁29-92。

──，〈愛瑪·高德曼（Emma Goldman）及其《大地之母》（Mother Earth）月刊的行動宣傳：以其跨國網絡與性別論述為例〉，《近代中國婦女史研究》第20期，2012年12月，頁107-166。

郭松棻（署名羅隆邁），〈談談台灣的文學〉（初刊香港《抖擻》1974年創刊號），王智明、林麗雲、徐秀慧、任佑卿主編：《回望現實·凝視人間：鄉土文學論

戰四十年選集》，台北：聯合文學，2019年，頁28-43。

郭沫若，〈論國內的評壇及我對於創作上的態度〉，《學藝》第4卷第4期，1922年10月。後收於饒鴻競等編：《創造社資料（上）》，北京：知識產權，2010年，頁13-15。

──，《少年時代》，上海：新文藝，1956年。

郭真，《戀愛論ABC》，上海：世界書局，1929年。

郭曉飛，〈中國有過同性戀的非罪化嗎？〉，《法制與社會發展》2007年第4期，2007年8月，頁51-65。

陳千武著，彭瑞金編，《陳千武集》，台北：前衛，1991年。

陳冉涌，〈跨語際的觀念再造：一個1920年代中國女性同性戀愛話語的檢視〉，《台灣社會研究季刊》第122期，2022年8月，頁83-132。

陳平原，《中國小說敘事模式的轉變》，香港：香港中文大學出版社，2003年。

陳正國，〈新友誼與新政治：譚嗣同與清末世界主義〉，中央研究院近代史研究所演講紀要，2017年2月24日，http://mingching.sinica.edu.tw/Academic_Detail/547（最後瀏覽日期：2023年3月15日）

陳光興，《去帝國：亞洲作為方法》，台北：行人，2006年。

──，〈陳映真的第三世界：狂人／瘋子／精神病篇〉，《台灣社會研究季刊》第78期，2010年6月，頁215-268。

──，〈陳映真的第三世界：50年代左翼分子的昨日今生〉，《台灣社會研究季刊》第84期，2011年9月，頁137-241。

──，〈陳映真的第三世界：左翼的去殖民及其困境〉，《台灣社會研究季刊》第105期，2016年12月，頁153-220。

──，〈陳映真的第三世界：瓦解「本／外省人」、「台灣／中國人」、「美國人」、「歐洲人」……〔上〕〉，《台灣社會研究季刊》第107期，2017年8月，頁129-184。

──，〈陳映真的第三世界：瓦解「本／外省人」、「台灣／中國人」、「美國人」、「歐洲人」……〔下〕〉，《台灣社會研究季刊》第108期，2017年12月，頁105-155。

陳佩甄，〈現代「性」與帝國「愛」：台韓殖民時期同性愛再現〉，《台灣文學學報》第23期，2013年12月，頁101-135。

──，〈反共意識形態與性政治：1950-1960年代台韓社會中的他者們〉，《台灣學誌》第18期，2019年4月，頁21-42。

陳建忠，〈「美新處」（USIS）與台灣文學史重寫：以美援文藝體制下的台、港雜誌出版為考察中心〉，《國文學報》第52期，2012年12月，頁211-242。

陳思宏，〈指甲長花的世代〉，《指甲長花的世代》，台北：麥田，2002年，頁135-163。

陳映真，〈文學來自社會反映社會〉，《仙人掌》第5號，1977年7月。後收於陳映真著：《陳映真全集‧3》，台北：人間，2017年，頁54-72。

──，〈消費文化‧第三世界‧文學〉，《益世雜誌》第19期，1982年4月，頁66-73。後收於陳映真著：《陳映真全集‧5》，台北：人間，2017年，頁207-230。

──，〈美國統治下的台灣：天下沒有白喝的美國奶〉，《夏潮論壇》1984年6月號，頁12-25。後收於陳映真著：《陳映真全集‧7》，台北：人間，2017年，頁281-305。

──，〈世界體系下的「台灣自決論」：冷戰體制下衍生的台灣黨外性格〉，《夏潮論壇》1986年2月號，頁106-111。後收於陳映真著：《陳映真全集‧8》，台北：人間，2017年，頁148-158。

──，〈懷想胡秋原先生〉，《聯合報‧副刊》，2004年6月21日。後載《海峽評論》第163期（2004年7月）。後收於陳映真著：《陳映真全集‧21》，台北：人間，2017年，頁283-289。

陳昭如，〈婚姻作為法律上的異性戀父權與特權〉，《女學學誌：婦女與性別研究》第27期，2010年12月，頁113-199。

──，〈寧靜的家庭革命，或隱身的父權轉型？論法律上婚家體制的變遷〉，《近代中國婦女史研究》第34期，2019年12月，頁255-268。

陳慧文，《二十世紀前期中國的毀家廢婚論（1900s-1930s）》，新竹：國立清華大學中國文學系博士論文，2015年。

陳靜梅，《現代中國同性戀話語譯介及小說文本解讀》，成都：西南交通大學出版社，2013年。

傅柯（Michel Foucault）著，林志明譯，《古典時代瘋狂史》（Histoire de la folie à l'âge classique），台北：時報，2016年。

喀飛，〈糾葛愛滋污名的男同志轟趴風潮〉，酷兒新聲編委會主編：《酷兒新聲》，

桃園：中央大學性／別研究室，2009年，頁181-196。

——，《台灣同運三十：一位平權運動參與者的戰鬥發聲》，台北：一葦文思，2021年。

喀飛等著，邱怡瑄主編，《以進大同：台北同志生活誌》，台北：財團法人台灣文學發展基金會，2017年。

喀浪，《趴場人間》，台北：基本書坊，2008年。

善哉，〈婦女同性之愛情〉，《婦女時報》第7期，1912年7月10日，頁36-38。

彭小妍，〈性啟蒙與自我解放：性博士張競生與五四的色慾小說〉，《當代》第76期，1992年8月，頁32-49。

——，〈五四的「新性道德」：性情慾論述與建構民族國家〉，《近代中國婦女史研究》第3期，1995年8月，頁77-95。

——，《浪蕩子美學與跨文化現代性：一九三〇年代上海、東京及巴黎的浪蕩子、漫遊者與譯者》，台北：聯經，2012年。

——，〈以美為尊：張競生「新女性中心」論與達爾文「性擇」說〉，《中國文哲研究集刊》第44期，2014年3月，頁57-77。

——，《唯情與理性的辯證：五四的反啟蒙》，台北：聯經，2019年。

慨士、陳建晨、黃亞中，〈同性愛和婚姻問題〉，《婦女雜誌》第11卷第5號，1925年5月，頁727-729。

普賴德，建譯，〈真正的同性愛可以治療嗎？〉，《性科學》第2卷第4期，1936年11月，頁4-8。

曾秀萍，《孤臣‧孽子‧臺北人：白先勇同志小說論》，台北：爾雅，2003年。

——，〈夢想在他方？——全球化下台灣同志小說的美國想像〉，成功大學文學院主編：《筆的力量：成大文學家論文集》，台北：里仁書局，2013年，頁493-533。

——，〈驕傲現身下的負面情感：陳俊志「同志三部曲」紀錄片的幸福政治及其反思〉，《台灣文學研究學報》第23期，2016年10月，頁69-103。

——，〈灣生‧怪胎‧國族：《惑鄉之人》的男男情欲與台日情結〉，《台灣文學研究學報》第24期，2017年4月，頁111-143。

甯應斌，〈揚棄同性戀、返開新男色〉，《台灣社會研究季刊》第111期，2018年12月，頁165-229。

程光煒等,《中國現代文學史》,北京:北京大學出版社,2020年,頁45-47、84。

菲,〈同性愛兩女不嫁〉,《玲瓏》第4卷第3期(總128期),1934年1月17日,頁175-176。

萍,〈同性愛之原因與弊害〉,《玲瓏》第4卷第38期(總163期),1934年12月5日,頁2426-2428。

雁冰,〈新性道德的唯物史觀〉,《婦女雜誌》第11卷第1期,1925年1月,頁13-21。

黃道明,〈評馮姓教師案〉,《苦勞網》,2012年12月29日,http://www.coolloud.org.tw/node/72175(最後瀏覽日期:2023年3月15日)

——,〈紅絲帶主流化:台灣愛滋NGO防治文化與性治理〉,黃道明主編:《愛滋治理與在地行動》,桃園:中央大學性/別研究室,2012年,頁85-144。

——,《酷兒政治與台灣現代「性」》,香港:香港大學出版社/桃園:國立中央大學出版中心/台北:遠流,2012年。

——,〈列管制度下的醫療治理:「人類免疫缺乏病毒傳染防治及感染者權益保障條例」與新道德威權〉,《台灣社會研究季刊》第94期,2014年3月,頁107-145。

——,〈愛滋防治的解放政治〉,黃道明主編:《當慾望碰上公衛:愛滋防治的解放政治》,桃園:中央大學性/別研究室,2016年,頁116-122。

——,〈「盡忠追尋過去,大步走向醉生夢死,期待重生」:田啟元的愛滋生命與左翼酷兒劇場初探〉,《台灣社會研究季刊》第109期,2018年4月,頁73-116。

黃道明編,《愛滋治理與在地行動》,桃園:中央大學性/別研究室,2012年。

想像不家庭陣線著,洪凌主編,《想像不家庭:邁向一個批判的異托邦》,台北:蓋亞,2019年。

愛卿,〈獨身主義與同性愛〉,《玲瓏》第2卷第77期(總77期),1932年12月7日,頁1253。

楊玉峰,《煉石攻玉、思想啟蒙:夏丏尊譯介日人著譯的現代化意義》,香港:中華書局,2017年。

楊昌溪,〈同性愛的詩人魏倫〉,《現代文學評論》第1卷第3號,1931年6月,頁6-9。

楊風,〈墜落手札〉,《同志小說集：墜落之愛》,台北：唐山,2014年,頁33-95。

楊憂天,〈同性愛的問題〉(原載《北新》第3卷第2期,1929年),《同性愛問題討論集》,上海：北新書局,1930年,頁1-47。

楊聯芬,〈愛倫凱與五四新文化〉,《中國現代文學研究叢刊》2012年第5期,2012年5月,頁87-101。

──,《浪漫的中國：性別視角下激進主義思潮與文學(1890-1940)》,北京：人民文學,2016年。

葉鼎洛,《男友》,杭州：浙江文藝,2004年。

葉德宣,〈不識未來的肌肉：健身的殘酷樂觀〉,《中外文學》第46卷第1期,2017年3月,頁77-110。

葉瑩,〈同性愛不敵異性愛〉,《玲瓏》第2卷第79期(總79期),1932年12月21日,頁1377。

葉靈鳳,〈禁地〉,《幻洲》第1卷第3期,1926年11月,頁156-167。

解志熙,〈愛欲書寫的「詩與真」：沈從文現代時期的文學行為敘論〉,《欲望的文學風旗：沈從文與張愛玲文學行為考論》,台北：人間,2012年,頁14-64。

詹明信(Fredric Jameson)著,張京媛譯,〈處於跨國資本主義時代中的第三世界文學〉,張旭東編:《晚期資本主義的文化邏輯：詹明信批評理論文選》,北京：生活‧讀書‧新知三聯書店,1993年,頁516-546。

嘉本特(Edward Carpenter)著,海燕譯,〈戀愛論‧第七章〉,《民國日報‧婦女周報》第28期,1924年3月5日,頁4-6。

──著,海燕譯,〈戀愛論‧第七章(續)〉,《民國日報‧婦女周報》第29期,1924年3月12日,頁5-7。

廖宏杰,《幻城微光》,台北：時報,2020年。

廖勇超,〈尋求認同,洞穿幻見：《荒人手記》中(同性情欲)創傷空間與認同政治的對話〉,《中外文學》第32卷第3期,2003年8月,頁79-103。

福柯(Michel Foucault)著,佘碧平譯,《性經驗史》(Histoire de la Sexualité),上海：上海人民,2002年。

舞鶴,〈一位同性戀者的秘密手記〉,《十七歲之海》,台北：元尊文化,1997年,頁153-204。

蓋利曼著,洪譯,〈女性的同性愛和性的變態〉,《性科學》第2卷第4期,1936年

11月，頁13-15。

裴新（Cindy Patton）著，張竣昱譯，黃道明校訂，〈跟Tina談談：夢幻成真之際〉，黃道明編：《當慾望碰上公衛：愛滋防治的解放政治》，桃園：中央大學性／別研究室，2016年，頁151-174。

趙彥寧，〈痛之華：五零年代國共之間的變態政治／性想像〉，何春蕤主編：《酷兒：理論與政治》（《性／別研究》第3/4期合刊），桃園：中央大學性／別研究室，1998年，頁235-259。

趙園，《中國現代小說家論集》，台北：人間，2008年。

劉人鵬，〈晚清毀家廢婚論與親密關係政治〉，丁乃非、劉人鵬編：《置疑婚姻家庭連續體》，新北：蜃樓，2011年，頁33-68。

──，〈何震「女子解放」與《天義》的無政府共產主義視野〉，楊聯芬編：《性別與中國文化現代轉型》，北京：東方，2017年，頁36-62。

劉文，〈非西方、亞洲或中美冷戰結構？重置酷兒臺灣的戰（暫）時主體〉，《臺灣文學研究彙刊》第26期，2021年8月，頁3-36。

劉亮雅，〈擺蕩在現代與後現代之間：朱天文近期作品中的國族、世代、性別、情慾問題〉，《中外文學》第24卷第1期，1995年6月，頁7-19。

──，〈世紀末台灣小說裡的性別跨界與頹廢：以李昂、朱天文、邱妙津、成英姝為例〉，《中外文學》第28卷第6期，1999年11月，頁109-131。

劉亮雅著，王梅春、廖勇超譯，〈在全球化與在地化的交錯之中：白先勇、李昂、朱天文和紀大偉小說中的男同性戀呈現〉，《中外文學》第32卷第3期，2003年8月，頁63-78。

劍波，〈我的女性解放觀〉，《新女性》第1卷第9期，1926年9月，頁661-666。

──，〈談性愛〉，《幻洲》第1卷第7期，1927年1月，頁323-331。

──，〈非戀愛與戀愛貞操〉，《新女性》第2卷第8期，1927年8月，頁835-847。

──，〈新婦女的低級的和現實的享樂性〉，《新女性》第3卷第3期，1928年3月，頁247-252。

──，〈性愛與友誼〉，《新女性》第3卷第7期，1928年7月，頁733-741。

──，〈談『性』〉，《新女性》第3卷第8期，1928年8月，頁868-877。

──，〈論性愛與其將來的轉變〉，《新女性》第3卷第12期，1928年12月，頁1347-1362。

——，〈前言〉，劍波編：《戀愛破滅論》，上海：泰東書局，1928年，頁1-3。

廚川白村著，夏丏尊譯，《近代的戀愛觀》，上海：開明書店，1929年。

德里克（Arif Dirlik）著，孫宜學譯，《中國革命中的無政府主義》（*Anarchism in the Chinese Revolution*），桂林：廣西師範大學出版社，2006年。

潤雲女士，〈我所見聞的南國女郎同性愛（上）〉，《綢繆月刊》第1卷第1期，1934年9月，頁11-15。

——，〈我所見聞的南國女郎同性愛（下）〉，《綢繆月刊》第1卷第2期，1934年10月，頁15-18。

蔡孟哲，〈躺在哥弟的衣櫃〉，酷兒新聲編委會主編：《酷兒新聲》，桃園：中央大學性／別研究室，2009年，頁1-38。

——，〈愛滋、同性戀與婚家想像：《紙婚》的「殘／酷」政治〉，《女學學誌：婦女與性別研究》第33期，2013年12月，頁47-78。

——，〈愛滋病毒、派對藥物與酷兒壞情感：《愛我就趁夏天》的「毒／藥」政治〉，《台灣學誌》第11期，2015年4月，頁35-60。

——，〈自由、平等、同性愛：民國時期社會主義視野的性／別論述〉，《中外文學》第51卷第1期，2022年3月，頁131-162。

蔡振念，〈預借的現代性：論郁達夫對西方頹廢美學的挪用〉，《中正大學中文學術年刊》第13期，2009年6月，頁1-22。

蔣光慈，〈少年飄泊者〉，《蔣光慈選集》，香港：港青，1979年，頁1-84。

衛漢庭、陳牧宏，〈男同志與安非他命使用：文獻回顧與臺灣的挑戰〉，《愛之關懷季刊》第88期，2014年9月，頁6-13。

鄭聖勳，〈巨像：優勢男同志的文化再現〉，酷兒新聲編委會主編：《酷兒新聲》，桃園：中央大學性／別研究室，2009年，頁197-220。

鄭績，〈並非耽美：郭沫若在新文學視域下的性／別意識〉，《現代中文學刊》2018年第2期（總53期），2018年4月，頁25-32。

墾丁男孩，《男灣》，台北：寶瓶，2005年。

戴錦華，《隱形書寫：90年代中國文化研究》，北京：北京大學出版社，2018年，頁36。

謙弟，〈我所認為新女子者〉，《新女性》第1卷第11期，1926年11月，頁801-812。

──，〈近代已婚婦人解放論〉，《新女性》第2卷第2期，1927年2月，頁159-164。

──，〈對於金羅事件的批評〉，《新女性》第2卷第3期，1927年3月，頁320-324。

──，〈論「戀愛論」〉，《新文化》第1卷第3期，1927年3月，頁95-108。

──，〈戀愛貞操新論〉，《新女性》第2卷第5期，1927年5月，頁525-531。

──，〈非戀愛與戀愛〉，《新女性》第3卷第5期，1928年5月，頁501-525。

──，〈「尾巴」的尾巴〉，《新女性》第3卷第8期，1928年8月，頁877-883。

──，〈非戀愛與其他〉，《新女性》第3卷第11期，1928年11月，頁1237-1248。

──，〈近代的兩性結合〉，《新女性》第3卷第11期，1928年11月，頁1258-1262。

謝敏，〈時事特訊：胡秋原與徐翔〉，《社會新聞》第5卷第15期，1933年11月15日，頁232-233。

謝遠筍，《胡秋原》，陝西：陝西師範大學出版社，2017年。

賽菊蔻（Eve Kosofsky Sedgwick）著，金宜蓁、涂懿美合譯，何春蕤校訂，〈如何將孩子教養成同性戀：為娘娘腔男孩而戰〉，何春蕤編：《酷兒：理論與政治》（《性／別研究》第3/4期合刊），桃園：中央大學性／別研究室，1998年，頁11-25。

──著，楊雅婷譯，〈梅蘭尼・克萊茵與情感造成的差異〉（Melanie Klein and the Difference Affect Makes），劉人鵬、鄭聖勳、宋玉雯編：《憂鬱的文化政治》，新北：蜃樓，2010年，頁269-296。

鍾道詮，《男同志轟趴參與者的實踐經驗與在地知識》，台北：行政院衛生署疾病管制局科技研究發展計畫研究報告，2011年。

韓森，〈愛滋鬥士田啟元〉，1997年，原引網址：http://praatw.org/right_2_cont.asp?id=5；另見：https://sex.ncu.edu.tw/publication/2012/AGALA/pdf/03.pdf或http://tadels.law.ntu.edu.tw/wp-content/uploads/2020/02/communication100915.pdf（最後瀏覽日期：2023年3月15日）

韓道光，《男大當婚》，台北：基本書坊，2016年。

簡翊展，〈台灣成亞洲平權燈塔 業者為粉紅經濟卯足全力〉，《芋傳媒》，2019年5月21日，https://taronews.tw/2019/05/21/346767/（最後瀏覽日期：2023年3

月15日）

魏濁安（Giovanni Vitiello）著，王晴鋒譯，《風流浪子的男友：晚明到清末的同性
　　戀與男性氣質》（*The Libertines Friend*），台北：時報，2022年。

懷似，〈現代婦女同性愛的批判〉，《現代青年》第3卷第3期，1936年5月15日，
　　頁25-27。

羅一鈞，〈娛樂藥物使用對於愛滋防治及愛滋病毒感染者健康的影響：實例與國
　　內研究〉，《愛之關懷季刊》第88期，2014年9月，頁14-21。

──，〈愛滋防治中性行為與藥物使用對健康及傳染病的影響〉，《「毒品不防制，
　　愛滋難控制」：103年俱樂部藥物濫用暨毒品防制教育訓練（北部）》課程手
　　冊，台北：財團法人台灣紅絲帶基金會，2014年。

鏑銛，〈談同性愛〉，《現代青年》（北平）第3卷第3期，1936年5月15日，頁15-
　　16。

寶兒，〈女性們的同性戀愛〉，連載於《甜心》第12期，1931年8月29日，頁3-4；
　　第13期，1931年9月5日，頁10-12；第14期，1931年9月12日，頁11-12；
　　第15期，1931年9月19日，頁3-7；第17期，1931年9月26日，頁18-19。

蘇敏逸，《「社會整體性」觀念與中國現代長篇小說的發生和形成》，台北：秀威，
　　2007年。

──，〈轉折年代知識青年的文學視界：以《紅黑》為考察對象〉，《清華中文學
　　報》第19期，2018年6月，頁265-313。

蘇雪林，《中國二三十年代作家》，台北：純文學，1983年。

譯霜萍女士，〈女工不嫁主義〉，《申報》，1933年11月5日。

顧德琳（Gotelind Müller）著，洪靜宜譯，〈知易行難：中國無政府主義的婦女性別
　　論述及其落實限制〉，游鑑明、羅梅君、史明編：《共和時代的中國婦女》，
　　台北：左岸，2007年·，頁62-86。

日文書目

Ward, L. Frank and Carpenter, Edward 著，山川菊榮（山川菊榮）、堺利彥（堺利彥）
　　譯，《女性中心與同性愛》（女性中心と同性愛），東京：ARS合資會社，
　　1919年。

白水紀子（白水紀子），〈性的論述：聚焦於同性愛的相關言說〉（セクシャリテ
　ィのディスコース：同性愛をめぐる言説を中心に），小濱正子（小浜正子）
　編：《亞洲遊學191・性別的中國史》（アジア遊学191・ジェンダーの中国
　史），東京：誠勉，2015年，頁211-223。
清地由紀子（清地ゆき子），〈「同性愛」與「同性戀」的形成和建立：從近代中日詞
　彙交流的觀點來看〉（「同性愛」と"同性恋"の成立と定着：近代の日中語彙
　交流を視点に），《筑波大學地域研究》（筑波大学地域研究）第34期，2013
　年3月，頁225-246。

西文書目

"Emma Goldman in Washington D. C.," *Mother Earth* 11(1), Mar. 1916: 448.

"Samuel M. Jones," *Wikipedia, The Free Encyclopedia*, Wikimedia Foundation, 2021. Web. 10 Aug. 2021.

Ahmed, Sara, "Queer Feelings," in *The Cultural Politics of Emotion*, Edinburgh: Edinburgh University Press, 2004, pp. 144-167.

——, *The Promise of Happiness*, Durham and London: Duke University Press, 2010.

Altman, Dennis, "On Global Queering," *Australian Humanities Review*, Issue 2, Jul. 1996. http://australianhumanitiesreview.org/1996/07/01/on-global-queering

Barraclough, Ruth, et al. eds., *Red Love Across the Pacific: Political and Sexual Revolutions of the Twentieth Century*, New York: Palgrave Macmillan, 2015.

Bejel, Emilio, *Gay Cuban Nation*. Chicago: University of Chicago Press, 2001.

Benedicto, Bobby, "The Third World Queer," in E. H. Yekani et al. eds., *Queer Futures: Reconsidering Ethics, Activism, and the Political*, Burlington: Ashgate, 2013, pp. 117-130.

Berlant, Lauren, "Slow Death (Sovereignty, Obesity, Lateral Agency)," *Critical Inquiry* 33(4), 2007: 754-780.

Bernstein, Mary and A. Taylor Verta eds., *The Marrying Kind? Debating Same-Sex Marriage within the Lesbian and Gay Movement*, Minneapolis: University of Minnesota Press, 2013.

Boellstorff, Tom, "But Do Not Identify as Gay: A Proleptic Genealogy of the MSM Category," *Cultural Anthropology* 26(2), 2011: 287-312.

Butler, Judith, *Gender Trouble: Feminism and the Subversion of Identity*, New York: Routledge, 1990.

Carpenter, Edward, *Love's Coming of Age: A Series of Papers on the Relations of the Sexes*, Manchester: Labour Press, 1896.

——, "The Smith and the King," *Mother Earth* 6(12), Feb. 1912: 353-354.

——, *The Intermediate Sex: A Study of Some Transitional Types of Men and Women*, New York: Mitchell Kennerley, 1912.

——, *Ioläus: An Anthology of Friendship*, New York: Mitchell Kennerley, 1917.

——, *Towards Democracy*, London: George Allen and Unwin Limited, 1918.

Caserio, Robert L. et al., "The Antisocial Thesis in Queer Theory," *PMLA* (*Publications of the Modern Language Association*) 121(3), May 2006: 819-828.

Chen, Chao-ju, "Migrating Marriage Equality Without Feminism: Obergefell v. Hodges and the Legalization of Same-Sex Marriage in Taiwan," *Cornell International Law Journal* 52, 2019: 101-143.

Chen, Pei Jean [陳佩甄], "Decolonizing Love: Ambivalent Love in Contemporary (Anti) sexual Movements of Taiwan and South Korea," *Inter-Asia Cultural Studies* 19(4), 2018: 551-567.

Chen-Dedman, Adam, "*Tongzhi* Sovereignty: Taiwan's LGBT Rights Movement and the Misplaced Critique of Homonationalism," *International Journal of Taiwan Studies*, Aug. 11, 2022: 1-30.

—— "Seeing China Differently: National Contestation in Taiwan's LGBTQ (*tongzhi*) Movement," *Nations and Nationalism* 28(4), Oct. 2022: 1212-1229.

Chi, Ta-wei, "In the Name of Enlightenment: Pedagogy and the Uses of Same-Sex Desire in Early Twentieth-Century Chinese Fiction," *MCLC* (*Modern Chinese Literature and Culture*) 17(2), 2005: 167-201.

Chiang, Howard and Alvin K. Wong, "Queering the Transnational Turn: Regionalism and Queer Asias," *Gender, Place & Culture* 23(11), Feb. 2016: 1643-1656.

Chiang, Howard, "Epistemic Modernity and the Emergence of Homosexuality in China,"

Gender & History 22(3), Nov. 2010: 629-657.

Conrad, Ryan ed., *Against Equality: Queer Revolution, Not Mere Inclusion*, Oakland: AK Press, 2014.

Crimp, Douglas, "Mourning and Militancy," *October* 51, Winter 1989: 3-18.

Daring, C. B. et al. eds., *Queering Anarchism: Essays on Gender, Power, and Desire*, Oakland: AK Press, 2012.

Dean, Tim, *Unlimited Intimacy: Reflections on the Subculture of Barebacking*, Chicago: The University of Chicago Press, 2009.

Derrida, Jacques, "Plato's Pharmacy," in Barbara Johnson ed., *Dissemination*, Chicago: University of Chicago Press, 1981, pp. 61-171.

——, "The Rhetoric of Drugs," in Anna Alexander and Mark S. Roberts eds., *High Culture: Reflections on Addiction and Modernity*, Albany: State University of New York Press, 2003, pp. 19-44.

Drucker, Peter, "Gays and the Left: Scratching the Surface," *Against the Current* 68, Jul. 1997: 35-37.

——, *Warped: Gay Normality and Queer Anti-Capitalism*, Boston: Brill, 2015.

Edelman, Lee, *No Future: Queer Theory and the Death Drive*, Durham: Duke University Press, 2004.

Edwards, Jason, *Eve Kosofsky Sedgwick*, London & New York: Routledge, 2009.

Floyd, Kevin, *The Reification of Desire: Toward a Queer Marxism*, Minneapolis, London: The University of Minnesota Press, 2009.

Foucault, Michel, Jay Miskowiec tran., "Of Other Spaces," *Diacritics* 16(1), Jan. 1986: 22-27.

Foucault, Michel, Robert Hurley tran., *The History of Sexuality Volume I: An Introduction*, New York: Pantheon Books, 1978.

Foucault, Michel, Sylvere Lotringer ed., *Foucault Live (Interviews, 1961-1984)*, New York: Semiotexte, 1996.

Gay Left Collective eds., *Homosexuality: Power and Politics*, London: Allison & Busby, 1980.

Goldman, Emma, "Agitation En Voyage," *Mother Earth* 10(5), Jul. 1915: 185-188.

Gonçalves, Davi Martinelli et al., "Harm Reduction in Process: The ACON Rovers, GHB, and the Art of Paying Attention," *Contemporary Drug Problems* 43(4), Aug. 2016: 314-330.

Haritaworn, Jin, *Queer Lovers and Hateful Others: Regenerating Violent Times and Places*, London: Pluto Press, 2015.

Healey, Dan, *Homosexual Desire in Revolutionary Russia: The Regulation of Sexual and Gender Dissent*, Chicago & London: The University of Chicago, 2001.

Hekma, Gert et al., "Leftist Sexual Politics and Homosexuality: A Historical Overview," in Gert Hekma, Harry Oosterhuis and James Steakley eds., *Gay Men and the Sexual History of the Political Left*, New York: Harrington Park Press, 1995, pp. 1-40.

Hekma, Gert, Harry Oosterhuis and James Steakley eds., *Gay Men and the Sexual History of the Political Left*, New York: Harrington Park Press, 1995.

Hennessy, Rosemary, *Profit and Pleasure: Sexual Identities in Late Capitalism*, New York: Routledge, 2000.

Ho, Josephine Chuen-juei, "Queer Existence under Global Governance: A Taiwan Exemplar," *Positions: East Asia Cultures Critique* 18(2), 2010: 537-554.

Ho, Ming-sho, "Taiwan's Road to Marriage Equality: Politics of Legalizing Same-sex Marriage," *The China Quarterly* 238, Jun. 2019: 482-503.

——, "The Religion-Based Conservative Countermovement in Taiwan: Origin, Tactics and Impacts," in David Chiavacci, Simona Grano, and Julia Obinger eds., *Civil Society and the State in Democratic East Asia: Between Entanglement and Contention in Post High Growth*, Amsterdam: Amsterdam University Press, 2020, pp. 141-165.

Hongwei, Bao, *Queer Comrades: Gay Identity and Tongzhi Activism in Postsocialist China*, Copenhagen: NIAS Press, 2018.

——, *Queer China: Lesbian and Gay Literature and Visual Culture under Postsocialism*, India: Routledge, 2020.

——, *Queer Media in China*, London: Routledge, 2021.

——, *Contemporary Chinese Queer Performance*, London: Routledge, 2022.

Hsu, Rachel Hui-Chi [許慧琦], "Propagating Sex Radicalism in the Progressive Era: Emma Goldman's Anarchist Solution," *Journal of Women's History* 30(3), 2018: 38-

63.

——, "Rebellious Yet Confined: Women Dissenters on Love and Sexual Morality in *The Ladies' Journal and The New Woman*," in Michel Hockx, Joan Judge, and Barbara Mittler eds., *Women and the Periodical Press in China's Long Twentieth Century: A Space of Their Own?* Cambridge: Cambridge University Press, 2018, pp. 158-175.

——, "Cross-cultural Sexual Narratives and Gendered Reception in Republican China," *Journal of Modern Chinese History* 14(1), Jun. 2020: 111-134.

——, "Spiritual Mother and Intellectual Sons: Emma Goldman and Young Chinese Anarchists," *Twentieth-Century China* 46(3), Oct. 2021: 247-267.

Jacobs, Andrew, "For Asia's Gays, Taiwan Stands Out as Beacon," *The New York Times*, Oct. 29, 2014, https://www.nytimes.com/2014/10/30/world/asia/taiwan-shines-as-beacon-for-gays-in-asia.html

Jiang, Hoching [江河清],"Marriage, Same-Sex, in Taiwan," in Howard Chiang et al. eds., *Global Encyclopedia of Lesbian, Gay, Bisexual, Transgender, and Queer (LGBTQ) History*, Farmington Hills: Charles Scribner's Sons, 2019, pp. 1004-1008.

Jinhua, Dai [戴錦華], Dai Jinhua, Rebecca E. Karl tran., "The New Cold War? That Is the Question," [「新冷戰」? 一個問題] *position politics*, Issue 5, Apr. 2021. https://positionspolitics.org/the-new-cold-war-that-is-the-question/

Jung, Minwoo, "Imagining Sovereign Futures: The Marriage Equality Movement in Taiwan," *Social Movement Studies*, Dec. 9, 2021: 1-18.

Kang, Wenqing [康文慶], *Obsession: Male Same-Sex Relations in China, 1900-1950*, Hong Kong: Hong Kong University Press, 2009.

——, "Decriminalization and Depathologization of Homosexuality in China," in Timothy B. Weston and Lionel M. Jensen, eds., *China in and Beyond the Headlines*, Lanham: Rowman and Littlefield Publishers, 2012, pp. 231-248.

——, "Male Same-Sex Relations in Socialist China," *The PRC History Review* 3(1), Oct. 2018: 1-36.

Kao, Ying-Chao, "The Coloniality of Queer Theory: The Effects of 'Homonormativity' on Transnational Taiwan's Path to Equality," *Sexualitie*, Oct. 11, 2021: 1-18.

Kaplan, Robert D., "A New Cold War Has Begun," *Foreign Policy*, Jan. 7, 2019, https://

foreignpolicy.com/2019/01/07/a-new-cold-war-has-begun/

Kissack, Terence, *Free Comrades: Anarchism and Homosexuality in the United States, 1895-1917*, Oakland: AK Press, 2008.

Kong, Travis S.K., "Transnational Queer Sociological Analysis of Sexual Identity and Civic-political Activism in Hong Kong, Taiwan and Mainland China," *The British Journal of Sociology* 70(5), Aug. 2019: 1904-1925.

Krumbein, Frédéric, "Rainbow Island: Taiwan's Struggle for Marriage Equality," *Journal of Human Rights* 19(4), Sep. 2020: 484-500.

Ku, Eric K., "'Waiting for My Red Envelope': Discourses of Sameness in the Linguistic Landscape of a Marriage Equality Demonstration in Taiwan," *Critical Discourse Studies* 17(2), Aug. 20, 2020: 156-174.

Leaders (editorials), "A New Kind of Cold War," *The Economics*, May. 16, 2019, https://www.economist.com/leaders/2019/05/16/a-new-kind-of-cold-war

Lecklider, Aaron, *Love's Next Meeting: The Forgotten History of Homosexuality and the Left in American Culture*, Oakland: University of California Press, 2021.

Lee, Po-Han, "Queer Asia's Body without Organs: In the Making of Queer/Decolonial Politics," in J. Daniel Luther & Jennifer Ung Loh eds., *Queer Asia: Decolonising and Reimagining Sexuality and Gender*, London: Bloomsbury Academic, 2019, pp. 219-241.

Leiner, Marvin, *Sexual Politics in Cuba: Machismo, Homosexuality, and AIDS*, Boulder: Westview Press, 1994.

Liu, Petrus [劉奕德], *Queer Marxism in Two Chinas*, Durham & London: Duke University Press, 2015.

——, "Cold War as Method," *Prism* 16(2), 2019: 408-431.

Lumsden, Ian, *Machos Maricones and Gays: Cuba and Homosexuality*, Philadelphia: Temple University Press, 1996.

McRuer, Robert, *Crip Theory: Cultural Signs of Queerness and Disability*, New York: New York University Press, 2006.

Mieli, Mario, David Fernbach tran., *Homosexuality and Liberation: Elements of a Gay Critique*, London: Gay Men's Press, 1980.

Mitchell, David and Sharon Snyder, "Narrative Prosthesis and the Materiality of Metaphor," in Lennard J. Davis ed., *The Disability Studies Reader* (4th Edition.), New York: Routledge, 2001[2013], pp. 222-235.

Muñoz, José Esteban, *Cruising Utopia: The Then and There of Queer Futurity*, New York: New York University Press, 2009.

Perry, Amie Elizabeth[白瑞梅], "Exemplary Affect: Corruption and Transparency in Popular Cultures," *The Wenshan Review of Literature and Culture* 9(2), Jun. 2016: 39-71.

Puar, Jasbir K., *Terrorist Assemblages: Homonationalism in Queer Times*, Durham: Duke University Press, 2007.

——, "Homonationalism as Assemblage: Viral Travels, Affective Sexualities," *Jindal Global Law Review* 4(2), Nov. 2013: 23-43.

Race, Kane, *Pleasure Consuming Medicine: The Queer Politics of Drugs*, Durham: Duke University Press, 2009.

——, *The Gay Science: Intimate Experiments with the Problem of HIV*, New York: Routledge, 2017.

Race, Kane, et al., "The Future of Drugs: Recreational Drug Use and Sexual Health among Gay and Other Men Who Have Sex with Men," *Sexual Health* 14(1), 2017: 42-50.

Rao, Rahul, "Global Homocapitalism," *Radical Philosophy* 194, Nov./Dec. 2015: 38-49.

Roach, Tom, *Friendship as a Way of Life: Foucault, AIDS, and the Politics of Shared Estrangement*, New York: State University of New York Press, 2012.

Rosemary Hennessy, *Profit and Pleasure: Sexual Identities in Late Capitalism*, New York: Routledge, 2000.

Rowbotham, Sheila, "Edward Carpenter: Prophet of the New Life," in Sheila Rowbotham and Jeffrey Weeks eds., *Socialism and the New Life: The Personal and Sexual Politics of Edward Carpenter and Havelock Ellis*, London: Pluto Press, 1977, pp. 1-138.

——, *Edward Carpenter: A Life of Liberty and Love*, London & New York: Verso, 2009.

Rubin, Gayle, "Thinking Sex: Notes for a Radical Theory of the Politics of Sexuality," in Henry Abelove et al. eds., *The Lesbian and Gay Studies Reader*, London: Routledge, 1993, pp. 3-44.

Salton-Cox, Glyn, *Queer Communism and the Ministry of Love: Sexual Revolution in British*

Writing of the 1930s, Edinburgh: Edinburgh University Press, 2018.

Sang, Tze-lan Deborah, *The Emerging Lesbian: Female Same-Sex Desire in Modern China*, Chicago: University of Chicago Press, 2003.

Sedgwick, Eve Kosofsky, "Melanie Klein and the Difference Affect Makes," *South Atlantic Quarterly* 106(3), Jul. 2007: 625-642.

Tseng, Po-Chia [曾柏嘉], "Subordinated Agency: Negotiating the Biomedicalisation of Masculinity among Gay Men Living with HIV," *Sociology of Health & Illness* 43(6), Jun. 2021: 1486-1500.

W, Ann, "Emma Goldman in Washington," *Mother Earth* 11(3), May 1916: 515-518.

Wilson, Colin, *Socialists and Gay Liberation (A Socialist Worker Pocket Pamphlet)* , London: Bookmarks Publications, 1995.

Wong, K. H. Alvin, "When Queer Theory Meets *Tongzhi* in 'China'," *TSQ* 5(3), Aug. 2018: 507-513.

Zeitlin, Judith T., *Historian of the Strange: Pu Songling and the Chinese Classical Tale*, Stanford: Stanford University Press, 1993.

國家圖書館出版品預行編目（CIP）資料

愛的認識論：男同性愛欲文學的政治、情感與倫理＝The
epistemology of eros: the politics, affects, and ethics of male
homoerotic literature ／蔡孟哲作. -- 初版. -- 新竹市：國立
陽明交通大學出版社，2023.04
288面；14.8×21公分. --（亞洲現代性與批判思想系列）
ISBN 978-986-5470-63-0（平裝）

1. CST：同性戀　2. CST：知識論

544.751　　　　　　　　　　　　　　　　112004262

「亞洲現代性與批判思想」系列

愛的認識論：男同性愛欲文學的政治、情感與倫理

策　　畫：國立陽明交通大學文化研究國際中心
總 主 編：劉紀蕙
作　　者：蔡孟哲
特約編輯：陳筱茵
行政編輯：蘇淑芬
文字校對：楊雅婷
美術設計：羅文岑
內頁排版：顏麟驊

出 版 者：國立陽明交通大學出版社
發 行 人：林奇宏
社　　長：黃明居
執行主編：程惠芳
行　　銷：蕭芷芃
地　　址：新竹市大學路1001號
讀者服務：03-5712121#50503
　　　　　（週一至週五上午8:30至下午5:00）
傳　　真：03-5731764
E - m a i l：press@nycu.edu.tw
官　　網：http://press.nycu.edu.tw
FB粉絲團：http://www.facebook.com/nycupress

製版印刷：中原造像股份有限公司
出版日期：2023年4月初版一刷
定　　價：380元
I S B N：978-986-5470-63-0
G P N：1011200307

著作權所有　侵權必究

展售門市查詢
國立陽明交通大學出版社
http://press.nycu.edu.tw
三民書局
臺北市重慶南路一段61號
網址：http://www.sanmin.com.tw
電話：02-23617511

或洽政府出版品集中展售門市
國家書店
臺北市松江路209號1樓
網址：http://www.govbooks.com.tw
電話：02-25180207
五南文化廣場
臺中市西區臺灣大道二段85號
網址：http://www.wunanbooks.com.tw
電話：04-22260330

教育部高教深耕計畫特色領域研究中心
國立陽明交通大學文化研究國際中心
台灣聯合大學系統文化研究國際中心　資助